내학생을 위한
글쓰기 강의

대학생을 위한
글쓰기 강의

초판 발행	2011년 8월 22일
개정판 5쇄 발행	2023년 2월 24일

편저자	김양선 · 심보경 · 최성민
펴낸이	박찬익
편집장	권이준
펴낸곳	(주) 박이정
주소	경기도 하남시 조정대로45 미사센텀비즈 8층 F827호
전화	(031) 792-1195
팩스	(02) 928-4683
홈페이지	www.pjbook.com
E-mail	pijbook@naver.com
등록	2014년 8월 22일 제305-2014-000029호

ISBN	979-11-5848-106-3 (03710)

개정판

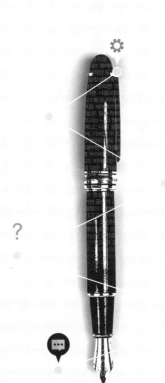

대학생을 위한

글쓰기 강의

김양선 · 심보경 · 최성민

(주)박이정

머리말

글쓰기는 다른 사람에게 글쓰는 이의 생각을 조리 있게 전달한다는 점에서 의사소통의 핵심적인 도구라 할 수 있다. 일상생활에서 말하기 능력이 중요한 것 못지않게, 다른 사람과의 원활한 의사소통을 위해서 글쓰기를 체계적으로 습득하는 일은 필수적이다. 또한 글쓰기는 나의 정체성을 입증하고, 나와 공동체의 발전에 기여할 수 있는 실천적인 행위이기도 하다. 이 때문인지 최근 몇 년 간 글쓰기 관련 서적이 꾸준히 출간되고, 판매 또한 증가하고 있는 추세이다. 하지만 대부분의 학생들은 글쓰기를 두려워한다. 그리고 싫어한다. 입시 위주의 초중고 교육에서 글쓰기 교육을 제대로 받지 못했거나, 받았다 하더라도 강제적인 독후감 쓰기, 논술 등 자발성이 결여된 글쓰기 경험이 대부분이기 때문이다. 좋은 글을 쓰기 위해서는 우선 글쓰기에 대한 두려움부터 버려야 한다. 부담을 갖지 말고 어떤 글이든 능동적으로 쓰고자 하는 자세를 갖추는 것이 중요하다. 더욱이 최근 글쓰기 능력을 강조하는 사회분위기를 고려할 때 '피할 수 없으면 즐기자'는 적극적인 마음가짐도 필요하다.

『대학생을 위한 글쓰기 강의』는 대학생들이 막연한 두려움과 부담감을 떨치고 글쓰기에 다가설 수 있도록 고민한 결과물이다. 좋은 글을 쓰기 위해서는 자신의 생각을 뒷받침해줄 근거자료가 풍부해야 하는데 『대학생을 위한 글쓰기 강의』는 이 점을 염두에 두고 다양한 읽기 자료를 제시하고자 했다. 효과적인 학습을 위해 학생들이 실제 작성했던 글을 다수 수록한 것도 이 책의 특징이다. 학생 글들은 좋은 글은 좋은 글대로, 나쁜 글은 나쁜 글대로 이 교재를 사용하는 학생들의 눈높이에 맞는 효과적인 안내자 역할을 할 것이다. 글쓰기와 관련한 이론을 길게 설명하기보다는 핵심적인 사항만 간단하게 제시하고 다양한 연습문제를 직접 해 볼 수 있도록 한 것도 실제적인 글쓰기 능력을 기르는 데 주안점을 두었기 때문이다. 학습자들의 눈높이에 맞춘 교재, 학생들이나 독자가 실제로 활용할 수 있는 교재를 만드는 것이 이 책의 필자들의 가장 큰 목표였다.

이 책은 대학에서 글쓰기 강의를 위한 교재로 집필되었지만 일반 독자들이 체계적인 글쓰기 훈련을 하는 데에도 참고가 될 수 있도록 내용을 구성했다. 주제 설정 및 구성 단계에서부터 실제 글쓰기 단계, 자기 글을 점검하는 단계까지, 발표나 토론 등 실제 말하기를 수행하는 단계까지, 독자들이 이 책을 활용하면서 체계적으로 글쓰기 능력, 그리고 말하기와 발표 능력을 향상시킬 수 있도록 고려하였다.

1부 '글쓰기의 요건'에서는 글쓰기의 의의와 그것의 바탕이 되는 비판적이고 분석적인 읽기의 중요성에 대하여 다루었다. 2부에서는 글쓰기의 기초가 되는 어법 훈련부터 주제 선정 및 개요작성의 단계까지를 제시했다. 3부에서 서론, 본론, 결론으로 구성된 한 편의 글을 완성하기까지의 절차를 체계적으로 학습한 후, 4부에서 실제적 사례를 통해 설명하는 글쓰기와 주장하는 글쓰기를 연습할 수 있도록 연계하여 구성하였다. 5부에서는 대학에서의 학습활동에 필요한 학술적 글쓰기를 중점적으로 다루었다. 함께 다룬 토의, 토론, 발표, 프레젠테이션은 자기 생각을 말하고 타인을 설득할 수 있는 전략을 제시하는 데 도움이 될 것이다. 마지막 6부에서는 다양한 실용적인 글의 작성방법 및 예를 제시했다.

이 책은 수록된 다양한 자료와 예시 글들에 많은 빚을 지고 있다. 좋은 글을 게재하는 데 동의한 필자들과 예문의 원 저자인 학생들에게 이 자리를 빌려 감사와 양해의 말씀을 전한다. 이 책은 2011년 첫 출간된 『대학생을 위한 글쓰기 강의』의 개정판이다. 오탈자를 비롯한 오류 외에 그동안 달라진 사실이나 글쓰기를 비롯한 매체 환경의 변화, 사회변동 등을 고려하여 예문이나 연습문제 등을 수정, 보완했음을 밝혀둔다. 시의성이나 참신성이 떨어지는 예문이나 연습문제도 교체하거나 삭제했다.

이 책을 지렛대 삼아 학생과 독자들이 학술활동에 필요한 비판적이고 창의적인 글쓰기 능력, 실용적인 글쓰기 능력을 함양하기를 바란다. 마지막으로 열악한 출판 환경에도 불구하고 이 책을 깔끔하게 세상에 내놓아 주신 박이정 편집부에 깊이 감사드린다.

『대학생을 위한 글쓰기 강의』 집필진
2016년 3월

목 차

제1부
글쓰기의 요건

chapter 01 글쓰기의 중요성

① 글쓰기의 의의

말과 글은 우리 생활에 없어서는 안 될 필수 요소이다. 일상적인 대인관계에서부터 전문적인 업무 수행에 이르기까지 우리는 말과 글을 통해 사회 구성원들과 의사소통을 한다. 인간은 언어로 사유하고, 자기 정체성을 드러내고, 타인과 소통하는 언어적 존재(homo loquens)인 것이다. 말과 글은 인간이 자신의 감정이나 사상을 표현하는 수단이라는 점, 청자나 독자의 반응을 전제로 한다는 점에서는 비슷하다. 하지만 말은 일회성, 즉각성, 임의성 같은 성질 때문에 한 번 발화되면 고치기 어렵다. 반면 글은 우리가 기록으로 보존할 수 있고, 수정이나 첨삭을 할 수 있다. 이런 차이에도 불구하고 말과 글이 의사소통의 수단으로서 나를 드러내고, 세상과 소통하는 실천적 활동을 가능케 한다는 점은 동일하다.

최근 글쓰기의 중요성이 부각되고 있다. 대학마다 글쓰기와 토론 등 의사소통 관련 교육을 강화하고 있고, 비즈니스 글쓰기, 저널리즘 글쓰기, 과학 글쓰기, 자서전 쓰기 등 특화된 글쓰기 강좌나 책들이 인기를 끌고 있다. 2015년 인터파크도서에서 발표한 바에 따르면 자사 '북 DB' 분석결과에서도 『유시민의 글쓰기 특강』, 『대통령의 글쓰기』 등 글쓰기 관련 도서 판매량이 전년 대비 19%나 증가했다. 사실 우리는 매일 글을 쓰며 살아가고 있다. 이메일, 휴대전화 문자, 답글과 댓글, 채팅 등 인터넷 글쓰기 활동, 회의 자료나 프레젠테이션 자료 작성 등 상당히 다양한 글쓰기를 하며, 또 할 수밖에 없는 세상에 살고 있다. 정보화 시대, 다매체 시대, 세계화 등 이 시대를 규정하는 말은 여러 가지이지만 결국 정보를 교환하고, 매체를 통해 자신을 표현하는 데 근간이 되는 것이 글쓰기와 말하기이기 때문이다.

글쓰기는 단순히 일반적인 문법규칙이나 기술을 습득하는 차원의 행위가 아니다. 글쓰기는 자신의 생각이나 사상, 감정이나 관점을 토대로 상대방에게 정보를 전달하거나, 상대방을 설득하거나 상대방과 친밀감을 형성하는 전략적인 활동이다. 또한 이와 같은 실천적 활동을 효율적으로 수행하기 위해서는 비판적, 통합적 사고 능력, 사회 문화적 맥락에 대한 이해, 자신과 타인의 글에 대한 통찰력 등이 두루 요구된다.

다치바나 다카시는 「도쿄대생은 바보가 되었는가」에서 현대인에게 필수적인 교양의 하나로 커뮤니케이터 능력을 들고 있다. 현대사회에서 필요로 하는 읽고 쓰는 능력으로 자료를 조사하고 문서를 작성하는 능력, 다른 사람을 설득하는 능력, 논쟁에서 이길 수 있는 토론 능력, 대중에게 문제의 논점을 알기 쉽게 전달하고 설득하는 능력을 제시하는 것이라고 역설한다. 즉 탁월한 영어 능력이나 전문지식 이전에 갖추어야 할 경쟁력으로 의사소통 능력을 꼽고 있는 것이다.

또한 글쓰기 능력은 대학에서 전문적이고 체계적인 전공공부를 수행하는 데 반드시 필요한 자질이다. 토론과 발표 능력 역시 마찬가지이다. 대학에서의 모든 수업은 간단한 리포트에서부터 소논문, 심지어 서술식 답안 작성에 이르기까지 다양한 글쓰기를 요구하고 있다. 또 조별 혹은 개인별 프로젝트와 이를 발표하는 식으로 수업이 진행되고 있다.

그뿐이 아니다. 최근 사회적 분위기 또한 지식정보화 사회에 걸맞은 인재의 자질, 직장인에게 필요한 직무역량으로 글쓰기를 비롯한 의사소통 능력을 꼽고 있다. 2015년 온라인리서치회사 마크로밀엠브레인에서 직장인 578명을 대상으로 한 설문조사에서 '보고서와 문서작성에 스트레스를 받은 적이 있다'고 답한 비율이 88.4%에 달했으며, '글쓰기 능력이 성공과 상관관계가 있다고 생각한다'고 답변한 비율 역시 77.7%로 대다수를 차지했다. 최근에는 낮아진 취업률 탓에 대학생들이 어학연수, 인턴, 영어공인점수, 공모전 등 각종 스펙 쌓기에 몰두하고 있지만 정작 인사담당자들이 대학생에게 필요한 스펙으로 드는 것은 의사전달 능력, 순발력 및 대처능력 즉 문제해결 능력이다. 이 역시 의사소통 능력과 관련이 있다. 교육과학기술부와 한국직업능력개발원의 주도하에 개발된 대학생 핵심역량 진단 시스템(K-CESA; Korea Collegiate Essential Skills Assessment)에서도 의사소통역량에 대한 평가는 필수 항목으로 들어가 있다.

요컨대 글쓰기는 첫째, 최근 우리 사회가 요구하는 경쟁력 있는 인재가 반드시 갖추어야 할 자질이며, 둘째, 사물이나 세계의 변화 양상을 비판적으로 수용하고, 다양성을 포용하는 통섭적 사고를 기를 수 있는 가장 효과적인 도구라 할 수 있다.

✒ 연습문제

///

1. 자기 전공 분야와 관련하여 글쓰기가 왜 중요한지 생각해 보자. 글쓰기의 중요성을 밝히는 글을 써 보자.

2. 최근 출간된 글쓰기 관련 도서 한 권을 읽고, 내가 참고하고 실천할 수 있는 글쓰기 전략을 찾아보자.

② 글쓰기에서 필요한 것

그렇다면 다른 사람의 마음을 움직일 수 있는 글쓰기, 남과는 차별화된 경쟁력 있는 글쓰기를 위해서 필요한 것은 무엇인가. 첫 번째, 문제의식을 가지는 것이다. 우리는 일상생활에서 항상 문제 상황에 부딪힌다. 사회나 국가 단위에서도 문제 상황이나 갈등은 존재한다. 왜 문제인지, 그런 문제가 생겨난 원인이 무엇인지, 다르게 생각할 가능성은 없는지, 문제를 해결할 방안은 없는지 세심하게 생각할 필요가 있다.

두 번째, 다른 시각에서 생각해 보는 것이다. 모든 대상은 어떤 시각에서 바라보는가에 따라 다양하게 해석될 수 있고, 또 모든 현상은 실로 다양한 함의를 담고 있다. 이때, 대상을 새롭게 바라보고 인식하려는 생각이 중요한 만큼, 새롭게 본 시각과 사고는 나름의 생산적인 의미를 지녀야 한다. 문제의식을 가지고 다른 시각, 새로운 시각을 갖는 것은 한 편의 글을 쓰기 위해 꼭 필요한 준비 과정에 해당한다. 이를 위해 다음의 방법들을 생각해 볼 수 있다.

평소에 일상적으로 보고 생각하는 사물과 관념일지라도 자신의 눈으로 새로운 의미를 부여해 보려는 태도를 지녀야 한다. '왜, 어째서, 어떻게'라는 질문으로 문제의식을 심화하면서 이를 다른 상황이나 대상과 연관성을 고려하거나 인과성 속에서 파악하려고 한다면 논리적으로 사고하는 것이 가능해진다. 또한 다양한 매체들을 접하면서 그것들을 자신의 눈으로 보려고 노력한다면 생각하는 힘과 비판적인 사고를 갖추는 데 유용하다.

예문

「잡종, 그 창조적 존재학」

잡종이란 말이 주는 어감에서 느낄 수 있듯이 사람들은 잡종을 천한 것으로, 되어서는 안 될 것으로 여겨왔다. 길짐승과 날짐승의 세계를 넘나들다가 결국 양쪽 모두에서 배척받은 박쥐의 이야기가 잡종의 부도덕성과 그로 인한 몰락을 잘 암시하고 있다. 우리가 사용하는 말에서도, 이것저것 섞인다는 의미의 '짬뽕'이나 우리가 어릴 때 얼굴색이 조금 검은 애들이나 머리가 꼬불꼬불한 애들에게 늘 붙여졌던 별명인 '튀기'같은 말들이 잡종을 좋게 안 보는 우리의 심성을 잘 드러내고 있다.

박쥐의 예를 다시 들어보자. 생물학적인 의미에서 박쥐는 물론 잡종이 아니다. 박쥐는 알이 아닌 새끼를 낳고, 젖을 먹이는 포유류이다. 이 박쥐가 길짐승의 집단에 속하지 못한 이유는 단지 새처럼 날아다녔기 때문이다. 원래 이야기에선 박쥐가 길짐승과 날짐승의 세계를 이간질하는 것으로 묘사되지만, 이야기를 조금 바꿔서 길짐승들과 날짐승들이 서로 말이 안 통하는 어떤 상황에 직면했고, 이런 상태에서 일촉즉발의 전쟁 상황까지 이르렀으며, 누군가가 싸움을 막기 위해서 두 집단을 중재해야 한다고 가정해보자. 이런 상황에서 최적의 중재자는 두 집단의 언어와 문화를 다 이해할 수 있는 존재, 두 집단의 성향을 반반씩 섞어서 가지고 있는 존재, 즉 바로 박쥐같은 존재가 될 것이다.

홍성욱, 『잡종, 그 창조적 존재학』, 『잡종, 새로운 문화읽기』(창비, 1998), 233~234쪽.

위 예문은 '박쥐'에 대한 고정관념을 깨고 있다. 이 글은 '박쥐'를 기회주의자가 아니라 서로 갈등하는 두 집단을 중재할 수 있는 긍정적 존재로 재조명하고 있다. 위 예문의 문제의식을 좀 더 확대한다면 현대사회에서 필요한 의사소통능력에 대해서도 논할 수 있고, 한국 사회에서 '박쥐'로 지칭될 수 있는, 즉 주변적 존재, 잡종(혼종)적 존재에 대한 깊이 있는 글쓰기를 할 수 있다.

이처럼 사람들이 상식적으로 생각하는 것을 뒤집어 보고, 관점을 달리 해 생각해 보기, 사물의 여러 현상을 좀 더 확대해서 구체화하기, 비판적으로 바라보기는 글쓰기의 주제를 설정하고 쓰는 데 풍부한 원천이 된다.

✒ 연습문제

//

1. 아래 〈예문〉의 다큐멘터리는 '왼손잡이'라는 발상에서 출발해서 우리 사회의 획일성과 통념, 타자를 배제하는 심리라는 묵직한 문제의식을 도출하고 있다. 예문의 문제의식을 확장시켜 글을 쓴다고 가정하고 주제를 생각해 보자.

 예문

「왼손에 관한 짧은 진실」(EBS-TV 「지식채널e」 동영상, 2007.10.8.)

왼쪽에서 뛰는 심장.

왼쪽 심장을 보호하기 위해 왼손에 방패, 오른손에 무기를 든 인류.

하지만 무기를 든 오른손은 상대의 심장을 공격한다.

힘센 손, 오른손의 승리.

태초에 두 손은 평등하게 태어났다.

그러나 선악과를 따는 이브, 16세기 마녀, 범죄자의 어두운 손은 모두 왼손 차지.

왼손(sinistra): 불길한, 불행한, 교활한, 타락한, 결함이 있는, 서툴고 어리석은 손.

운명의 여신은 오른손을 택했고

오른손은 올바른, 명예로운 손.

왼손을 오른손처럼 사용하는 왼손잡이는

동성애자, 장애인, 하층민, 배우지 못한 사람으로 규정한다.

그리고 왼손에게 가해지는 잔혹한 교정, 움직이지 못하도록 고정, 채찍질.

오른손 중심에서 불편한 왼손. 오른손이 눈치 채지 못하도록 남몰래 도왔던 손.

홀로 바쁜 오른손을 도우며 때로 왼손만이 보여줬던 재능은

자연이 지난 5000여 년간 변하지 않고 약 10%의 왼손잡이를 남겼던 이유.

그리고 왼손과 오른손이 꼭 필요했던 뱃사람들.

바다에 던져진 그물은 오른손과 왼손이 엮은 가장 조화로운 균형.

③ 좋은 글쓰기의 요건

자기 생각을 표현하고자 하는 욕구가 있는 사람이면 누구나 글을 쓸 수 있다. 하지만 글쓰기는 자기를 드러내는 행위인 동시에 갈수록 복잡해지는 세계를 인식하는 행위이자 그 세계가 제기하는 문제에 대해 자신의 입장을 표명하는 행위이다. 즉 독자를 고려해야 한다는 것이다. 그렇다면 자기를 표현하면서 타자를 고려하는 좋은 글을 쓰기 위한 구체적인 요건으로는 무엇이 있을까.

① 왜 글을 쓰는지, 목적을 분명히 한다.

글쓰기의 목적에 따라 글의 성격이 달라질 수 있다. 정보를 제공하기 위한 글인지, 다른 사람을 설득하기 위한 글인지, 독자가 해당 분야에 대한 전문적인 지식을 가진 사람인지, 일반 대중인지를 고려하여 글을 쓰도록 한다.

② 좋은 책이나 글을 많이 읽는다.

읽기가 전제되지 않은 쓰기는 있을 수 없다. 다른 사람의 글을 읽으면서 독자는 새로운 문제와 문제 해결을 위한 실마리를 찾고, 그것을 바탕으로 사고하고 분석하는 과정에서 자신의 생각을 발전시켜 문제를 해결할 수 있다.

③ 자료 조사를 충분히 한다.

특정 주제에 대해 새로운 내용을 쓰려면 그 주제에 관한 기존의 자료를 모두 검토해야 한다. 그래야 나의 생각이 새로운 것인지, 아니면 기존의 이야기와 차이가 없는지 확인할 수 있다.

④ 제목을 반드시 붙인다.

제목은 필자의 논점이 분명히 드러나도록 붙이는 것이 좋다. '사형제도에 관하여'와 같이 추상적인 제목보다는 '사형제도 존폐론', '사형제도 유지의 필요성'과 같은 제목이 더 적절하다.

⑤ 개요를 자세하게 작성한다.

글의 전체적인 구조도에 해당하는 것이 개요이다. 개요를 작성하면 자기 생각을 체계화해서 구체적으로 서술하는 데 도움이 된다. 잘 짜인 개요는 각 단락의 주제문으로 활용할 수도 있어 실질적으로 도움이 된다.

⑥ 글의 첫 문장, 단락의 첫 문장은 단문으로 가능한 짧게 작성한다.

글에서 독자의 주의력을 가장 잘 끌 수 있는 부분이 글의 첫 문장, 단락의 첫 문장이다. 그런데 이 첫 문장을 길게 쓰게 되면 논점이 흐려지고 장황해질 뿐만 아니라 어법적으로도 틀리기 쉽다. 짧게 써야 문장의 완결성이 유지되며, 핵심내용을 제대로 전달할 수 있다.

⑦ 특히 강조하고자 하는 문장은 단문으로 쓰라.

강조하고자 하는 문장은 주제문이다. 주제문은 단문으로 쓰는 것이 좋다. 이때 주어와 서술어는 가능하면 가까운 위치에 있어야 논점도 분명해지고, 어법적인 오류도 안 생긴다.

⑧ 잘못된 맞춤법, 띄어쓰기는 글의 신뢰성을 떨어뜨린다.

아무리 내용이 좋다 하더라도 글의 기본이 되는 맞춤법과 띄어쓰기에 문제가 있다면 독자들의 신뢰감을 얻기 힘들다. 글을 쓸 때 사전을 참고하거나 국어연구원과 같은 인터넷 사이트를 이용하여 맞춤법, 띄어쓰기 규칙을 습득하는 것이 좋다.

⑨ 워드로 작성 시 글을 다 쓴 후 반드시 출력해서 읽어보고 수정한다.

컴퓨터로 문서를 작성하고 난 뒤 화면 상태에서는 글을 꼼꼼히 점검해 볼 수 없다. 컴퓨터 화면에 들어오는 내용이 한정되어 있으므로 내용이나 논리 전개 과정의 오류를 파악하기도 힘들다. 전체와 부분의 오류를 두루 파악하기 위해서는 반드시 출력을 해서 수정을 하도록 한다.

⑩ 나의 생각과 남의 생각을 반드시 구분하라. 표절의혹에서 벗어날 수 있다.

나의 생각일 때는 '필자는', '~라고 생각한다'와 같은 표현을 쓰고, 남의 생각일 때는 '~에 따르면', '~의 주장(말, 글)에 따르면'과 같은 표현을 써서 구분을 해주도록 한다. 만약 그렇지 않을 경우 본인의 의도와는 다르게 남의 생각이나 글을 표절한 것으로 여겨질 수 있다. 인용부호를 사용하거나 주석을 다는 것도 방안이 될 수 있다.

⑪ 항상 '왜, 예를 들면'의 방식으로 생각하라.

'왜'는 자기가 말하고자 하는 바에 대한 이유를 서술하는 것이다. '예를 들면'은 자기가 말하고자 하는 바를 구체적인 증거를 들어 서술하는 것이다. 내용이 충실해지고 설득력이 있으려면 구상이나 개요 작성 단계에서부터 글을 쓸 때에도 이런 방식으로 생각하고 쓰는 습관을 기르는 것이 필요하다.

✒ 연습문제

1. 아래 〈글쓰기 습관 점검표〉를 보고 자신의 글쓰기 습관을 점검하고, 개선할 점을 적어 보자.

글쓰기 습관 점검표 (개인별 · 팀별 토의)

▲ 내용

1. 주제를 분명하게 설정하고 쓰는가?

2. 생각한 주제를 주제문으로 작성하는가?

3. 개요를 작성하고 쓰는가?

4. 주제와 관련하여 자료를 찾는 방법을 알고 있는가? 자료를 충분히 검토하는가?

5. 대안이나 해결방안을 구체적으로 생각하는가?

6. 독자를 고려하고 있는가?

7. 제목을 반드시 붙이는가?

▲ 형식

1. 글의 주제를 염두에 두고 구성 방식을 생각해 보았는가?

2. 단락을 정확하게 구분하고 있는가?

3. 서론, 본론, 결론 단락의 수는 적절한가?

4. 단락의 분량은 적절한가?

▲ 표현

1. 맞춤법, 띄어쓰기에 문제가 없는가?

2. 어려운 한자어나 외국어를 많이 쓰지는 않는가?

3. 문장은 간결하고 명확한가?

4. 어법에 맞게 문장을 쓰는가?

▲ 수정

1. 주제는 독창적이고 명확한가?

2. 글의 맥락은 전체적으로 자연스러운가?

3. 글의 구성 방식은 적절한가?

4. 맞춤법, 띄어쓰기, 어법에 맞게 썼는가?

5. 완성된 글을 소리 내어 읽었을 때 잘 읽히는가?

2. 자신의 글쓰기 능력은 어느 정도라고 생각하는가?

　　1) 매우 잘한다　　2) 잘한다　　　　3) 보통이다　　　　4) 못한다　　　　5) 아주 못한다

3. 1번과 관련하여 자신의 글쓰기의 문제점을 구체적으로 알고 있는가?

　　1) 매우 잘 안다　　2) 잘 안다　　　　3) 보통이다　　　　4) 모른다　　　　5) 아주 모른다

4. 글쓰기에서 가장 자신 없는 부분은 무엇인가?

　　1) 맞춤법/띄어쓰기

　　2) 어휘력

　　3) 응집문제(지시어/접속어, 문장 간의 연결/단락 간의 연결)

　　4) 어법에 맞는 문장

　　5) 단락 구분

　　6) 논리적 구성

　　7) 기타

5. 위의 표 및 4번과 관련하여 자신의 글쓰기의 가장 큰 문제점은 무엇이라고 생각하는가?
   그것을 고치기 위한 해결방안을 제시하시오.

6. '글의 힘을 느껴 본 경험'에 대해 서로 이야기해 보자. 아울러 '글쓰기란 (   )이다.'
   라고 정의한 후 그 이유를 말해 보자.

chapter 02 생각하는 힘과 읽기의 힘

① 생각의 힘과 글쓰기

글쓰기를 잘하고 싶다고 해서 무작정 펜을 들거나 컴퓨터 앞에 앉아 키보드를 두드린다고 되는 것은 아니다. 목소리가 좋다고 말을 잘하는 것이 아니듯 글씨 모양이 예쁘다고 글을 잘 쓰는 것도 아니다. 글에는 글 쓰는 사람의 생각과 지식, 감정이 담겨 있다. 그러므로 이런 요소들이 풍부할수록 글도 풍성하고 좋은 글이 될 수 있다. 특히 자신의 생각과 입장을 명확히 표현하고 다른 사람들의 이해와 동의를 구하기 위해서는 넓고 깊게 사고할 수 있는 생각의 힘이 필수적이다. 좋은 글쓰기를 위해서는 문법 지식과 문장력과 같은 '형식의 능력'도 필요하지만, 그에 못지않게 '내용의 능력'도 필요한 것이다. '내용의 능력'을 향상시키기 위해서는 사고력, 논리력도 필요하고 다양한 지식과 정보의 습득도 필요하다. 사고력이나 논리력은 어린 시절부터 오랜 세월에 걸쳐 형성되는 것이기 때문에, 글쓰기를 잘하고 싶다고 해서 금세 실력을 키울 수 있는 성질의 것은 아니다.

그렇다고 해서 스스로의 사고력과 논리력에 자신이 없다고 글쓰기마저 포기해서는 안 된다. 글쓰기는 사고력과 논리력을 바탕으로 이루어지는 것이지만, 글쓰기 그 자체가 사고력과 논리력을 향상시킬 수 있는 가장 좋은 훈련 방법이 되기 때문이다. 자신의 생각을 자꾸 글로 표현하는 연습을 해보아야 자신의 사고력과 논리력의 부족한 점도 발견되기 마련이고, 그 부족한 부분을 보충하기 위해 노력하다보면 사고력과 논리력도 향상되고 자신의 글쓰기 실력도 향상될 수 있을 것이다. 글쓰기의 과정을 따라 살펴보자면, 문제의식을 발견하고 글쓰기의 목표를 설정하는 과정에서 비판적 사고 능력을, 자료를 수집하고 분석하고 정리하는 과정과 주제를 구체화하는 과정에서 창의적 사고 능력을, 문장과 단락을 구성하여 배치하며 글 내용을 구성하는 과정에서 조직적 사고와 논리적 사고 능력을 키울 수 있게 된다. 또한 이미 쓴 내용을 교정하고 점검하는 과정에서는 평가 능력과 상위 인지 능력을 훈련하게 된다. 특히 대학에서 요구되는 학술적 보고서 작성이나 모둠 발표문 작성은 목표 집중적 문제 해결 능력을 학습하는 복합적 사고력 훈련이라 할 수 있다.

처음부터 완벽한 글을 쓸 수 있는 사람은 없다. 자신의 사고를 글로 표현하는 데에 조금씩 익숙해지도록 노력해야 한다. 글쓰기의 왕도가 있다면, 우선 꾸준히 써보라는 것, 그리고 좋은 글을 많이, 깊게 읽어보라는 것이다.

② 글읽기의 중요성

어떤 이들은 요즘 대학생이나 청소년들이 글을 잘 읽지 않는다고 힐난(詰難)하기도 한다. 사실 요즘 대학생이나 청소년들이 글을 잘 읽지 않는 것은 아니다. 인터넷으로 수많은 게시물과 뉴스 기사들을 접하는 것이나 친구들로부터 온 휴대폰 문자메시지를 읽는 것도 분명히 글을 읽는 것이다. 하지만 그러한 글들 가운데에는 문법 규칙에 어긋난 글, 논리적이지 못한 글, 감정에 치우친 글, 부정확한 정보와 지식이 담긴 글, 객관적인 설득력이 부족한 글, 남의 글을 함부로 짜깁기하거나 베낀 글, 의미를 정확하게 파악할 수 없는 글들이 너무나 많다.

글을 쓴다는 것은 자신의 사고의 깊이를 전달하는 것이며, 더 나아가서 자신의 인생과 삶의 철학을 글이라는 그릇에 담아 다른 사람과 소통하는 것이다. 따라서 글을 읽는다는 것 역시, 다른 사람의 사고와 철학을 이해할 수 있는 것이어야 한다. 요즘 대학생이나 청소년들의 글읽기, 즉 독서에 대하여 우려하는 이들의 목소리에는 사고와 철학이 담긴 좋은 글을 많이 읽지 않는다는 걱정의 마음이 담겨 있는 것이다.

좋은 글을 쓰기 위해서는 좋은 글을 읽어야 한다. 훌륭한 가수가 혼신을 다해 부른 노래를 들어본 적이 없는 사람이 노래를 잘 할 수는 없는 일이고, 뛰어난 스포츠 선수들의 멋진 경기를 본 적이 없는 사람이 운동 경기를 잘 할 수도 없는 일이다. 좋은 글을 쓰기 위해서는 좋은 글을 골라 읽는 노력부터 기울일 필요가 있다. 인터넷의 짤막한 글이나 자극적인 이미지, 화려한 영상에만 길들여져서 조금만 길이가 길고 어휘가 어려워도 읽으려 하지 않는 태도를 보인다면 대학에서 요구하는 글읽기·글쓰기에 익숙해질 수가 없다.

글읽기에 있어서 가장 중요한 것은 글쓴이가 강조하고 있는 것이 무엇인지를 발견하도록 노력해야 하는 일이다. 글쓴이가 자신이 쓴 글을 통해 독자에게 전달하고자 하는 점, 그중에서도 가장 강조하고자 하는 것은 바로 '글의 주제'이기도 하다. 글의 주제를 파악했으면, 주제를 뒷받침하고 있는 논거나 예시를 찾아보고 글을 구성하고 있는 각 요소들 사이의 논리적 관계를 분석하고 이해할 필요가 있다. 그런 뒤에는 글에 담겨 있는 정보나 지식에 대해 좀 더 깊이 있는 자료를 찾아볼 수도 있고, 글쓴이의 주장이나 생각에 비추어 자신의 입장을 정리하여 볼 수도 있다.

논리적으로 쓰여진 좋은 글을 읽는 것은 무엇보다 훌륭한 사고력 향상 방법이자 가장 효과적인 글쓰기 학습 방법이라는 점을 꼭 기억하도록 하자.

> **글읽기를 통한 글쓰기 훈련**
> 1. 다양한 주제·내용·형식·길이의 글을 읽음으로써 사고력·이해력·집중력을 키울 수 있다.
> 2. 글의 핵심적 주제를 파악하고 주제를 뒷받침하는 글의 구성 방식을 이해해 본다.
> 3. 글의 내용을 요약하거나 분석해보고, 자신의 입장과 다른 부분을 비판해 보기도 한다.
> 4. 모범이 될 만한 좋은 글을 많이 읽고 자신의 글쓰기와 비교해 보도록 한다.
> 5. 주변 친구들이 쓴 글을 서로 바꾸어 읽어 보고 장단점을 함께 이야기해 보도록 한다.

③ 읽기의 몇 가지 방법

(1) 요약하며 읽기

일기는 자신의 삶 하루하루를 기록하고 기억하는 좋은 글쓰기 방식이다. 어떤 이들은 매일 비슷한 일상이 반복되기 때문에 일기를 쓰기 어렵다고 말하기도 한다. 그 누구도 영화 속 인물처럼 매일 같이 놀랍고 새로운 경험을 하면서 살아갈 수는 없다. 어제와 대부분의 일상이 비슷하더라도, 조금은 어제와 다른 경험과 감상이 있을 때 그것을 주목하고 부각시킨다면 일기의 소재를 어렵지 않게 찾을 수 있다.

어린 아이들 가운데에는 일기를 쓰라고 하면 아침에 일어나서 지금까지 있었던 사소한 모든 일들을 너무나 상세하게 나열하려고 하는 경우가 있다. 이것은 자신에게 있었던 하루 동안의 사건들 가운데 무엇이 더 중요하고 중요하지 않은지, 경중(輕重)을 잘 파악하지 못하기 때문에 생기는 일이다. 하루에 있었던 수많은 사건과 경험들 가운데 무엇이 더 가치 있는 일이었는지를 따지는 것은 그래서 중요하다.

글이나 책을 읽을 때에도 마찬가지다. 이 세상에는 너무나 많은 글과 정보가 넘쳐 난다. 수많은 글들 가운데 무엇이 더 가치 있는 글인지를 따지지 못한다면 아무리 많은 글을 읽어도 자신이 얻을 수 있는 소득은 없다. 그리고 가치 있는 글을 읽는다고 해도 자신이 제대로 이해하고 이성과 감성으로 받아들이지 못한다면 또한 아무런 의미가 없다. 수많은 글을 읽고 이해하고 자신의 지식으로 담아두기 위해서 '요약하기'는 무엇보다 중요한 방법이다. 특히 학술적이고 논리적인 글을 읽을 때에는 적절한 방법으로 요약을 해나가면서 읽어야 그 내용을 보다 정확하고 분석적으로 이해할 수 있는 경우가 많다.

요약은 주어진 글을 읽고 그 주된 내용을 파악하여 보다 짧은 분량으로 정리하는 것을 말한다. 요약은 그저 글의 길이를 줄이는 것에 그치지 않는다. 요약의 과정에서는 요약하는 사람이 원래의 글을 이해한 관점이 개입되기 마련이다. 따라서 요약하기는 그 자체로도 하나의 창조적인 사고 활동이라고 할 수 있다.

요약은 글에 대한 이해도를 높일 수 있는 기회이며, 이미 누군가가 쓴 글을 자신의 언어로 다시 재조직하는 능력을 기르는 글쓰기의 한 방식이기도 하다.

'요약하며 읽기'에서는 제일 먼저 전체 글을 꼼꼼하게 읽고 글의 주제를 파악하는 것이 필요하다. 그리고 글의 단락마다 주제어(Keyword)와 중심 문장을 파악해야 한다. 주제어와 중심 문장을 중심으로 요약을 하되, 논리적 관계가 흐트러지지 않도록 유의해야 하며 비약이 일어나지 않도록 조심해야 한다.

> **📑 요약하며 읽기에서 중요한 능력**
> 1. 자신이 읽은 글 가운데 무엇이 중요한 것인지를 판단하고 구별하는 능력
> 2. 글의 내용을 비약 없이 간단하게 추상화하여 정리하는 능력

① 항목형 요약

항목으로 요약하는 것은 마치 글쓴이가 글을 쓰기 전에 구성하는 '개요'의 형태를 글을 읽은 독자가 추정하여 만들어보듯 쓰는 것이다. 글의 내용과 구조를 명확하게 파악할 수 있다는 점

이 유리하다. 중심 주제어를 중심으로 몇 가지 단어로 요약하며, 주제와 글 전체 전개를 고려하여 상위 항목과 하위 항목 관계를 나누어 정리한다. 필요에 따라 번호나 기호를 붙여 정리하면 편리하다.

 예문

디지털 시대의 글쓰기

아날로그 시대의 글쓰기가 직접 손으로 쓰는 형태라면 디지털 시대 글쓰기는 컴퓨터와 같은 디지털 기기를 활용하여 글을 쓰는 형태를 말한다. 컴퓨터의 워드프로세서 프로그램을 통해 글을 쓰는 것, 인터넷 게시판이나 블로그에서 이루어지는 글쓰기, 휴대폰과 같은 모바일 기기를 이용한 메시지 쓰기, 트위터나 메신저 프로그램을 이용한 온라인 글쓰기 등이 모두 디지털 글쓰기의 형태들이다.

아날로그 시대의 글쓰기와 달리, 디지털 시대 글쓰기의 특징을 꼽아보자면 우선 쌍방향성과 실시간성을 들 수 있다. 글을 쓰는 속도나 그것이 문자화되어 모니터 화면에 띄워지는 속도가 거의 일치하기 때문에 글의 내용에 대한 반응도 즉각적으로 이루어진다. 메신저나 채팅은 거의 실시간으로 글을 써서 주고받게 되며, 인터넷 게시판의 글도 흔히 '리플(reply)'이나 '댓글'이라고 부르는 반응글을 통해 쌍방향적인 소통이 빠르게 이루어진다.

과거 아날로그 시대에 붓으로 쓴 글이나 인쇄소에서 찍어낸 글은 쉽게 수정을 할 수가 없었던 데에 비해 디지털 시대의 글은 언제든지 손쉽게 고칠 수 있다. 자료가 잘못되었거나 자신의 생각이 바뀌었을 경우 인쇄된 책은 내용을 수정하여 다시 인쇄할 때까지 시간도 많이 소요되고 절차가 번거롭기도 하다. 하지만 인터넷상의 게시판에 쓴 글은 글쓴이가 로그인을 하거나 비밀번호 입력만 하면 언제든지 쉽게 수정을 할 수 있으며, 심지어 수정한 흔적도 거의 남지 않을 수 있다.

쉽게 수정할 수 있고 쌍방향적인 소통이 빠르게 이루어질 수 있다는 특성 때문에 디지털 글쓰기는 역동적이라고 할 수 있다. 발신자와 수신자 사이의 의사소통이 언제든지 가능하고 자신과 타인의 사고, 행동을 변화시킬 가능성이 커지기 때문이다.

과거의 글쓰기의 방식에서는 글을 써서 많은 사람들에게 자신의 정보와 생각을 전달하는 것은 소수의 사람들에게만 허용된 것이었다. 물론 일기나 편지는 문맹(文盲)만 벗어나면 누구나 쓸 수 있는 것이었지만, 수많은 일반적 대중들을 향해 글을 쓰는 사람은 기자나 작가, 학자처럼 별도의 자격을 갖춘 사람이어야 했다. 하지만 지금은 별다른 훈련이나 자격 요건 없이도 누구나 인터넷 게시판에 글을 써서 수많은 사람들이 그 글을 읽게끔 할 수 있다. 그만큼 글쓰기의 대중화가 이루어졌다고 할 수 있다.

이모티콘(emoticon)이나 줄임 표현 등을 통해 생각과 감정을 최대한 간략하게 표현하려는 것도 디지털 글쓰기의 특징이다. PC 통신 시대와 인터넷 시대, 스마트폰 시대를 거치면서 신속한 커뮤니케이션이 미덕인 시대가 되다보니, 과거보다도 더욱 간결한 표현을 즐겨 쓰게 되었으며 각종 신조어(新造語)들도 급격히 늘어나게 되었다.

과거의 글이나 책은 그 자체로 완결성을 갖춘 텍스트(text)들이었지만 인터넷상의 웹문서들은 수많은 하이퍼링크(hyperlink)들로 연결되어 있는 하이퍼텍스트(hypertext)들이다. 어디가 처음이고 끝인지 알 수 없도록 무한하게 연결된 망에서 수많은 글들이 상호 연결되고 상호 참조적인 관계에 놓여 있다. 글이 문자에만 의존하지 않고 이미지나 소리, 동영상과 같은 멀티미디어와 쉽게 결합하게 된 것도 중요한 변화 가운데 하나다.

하지만 디지털 시대의 글쓰기가 지닌 여러 가지 문제점도 부각되고 있다. 깊은 이성적 사유를 통해 나온 글보다 즉흥적이고 감각적인 가벼운 글들이 주를 이루고 있으며, 정보의 사실 여부나 출처를 신뢰하기 힘든 글들도 흔히 볼 수 있다. 이른바 '데이터 스모그'라고 불릴 만큼 불필요한 정보의 공급 과잉 문제도 심각하다. 남의 글을 베끼고 옮겨오는 일, 혹은 구입하는 일이 너무나 손쉬워졌기 때문에 표절과 짜깁기 글이 난무하는 상황을 맞게 되면서 글쓰기의 '윤리적 불감증'을 지적하는 사람도 많아졌다. 뿐만 아니라 인터넷상의 글쓰기가 익명성(匿名性)에 기대어 이루어지는 경우가 많다는 이유로 예의 없고 거친 글이 넘쳐나고 있다. 디지털 기기에 익숙한 정도나 세대에 따라 사용하는 표현과 어휘가 크게 달라서 사회적 갈등의 요인으로 대두되기도 한다.

『대학생을 위한 글쓰기 강의』 집필진

위의 예문 (『디지털 시대의 글쓰기』) 항목형 요약하기 사례

A. 디지털 글쓰기의 특징

   ① 쌍방향성과 실시간성   ② 수정 가능성과 편리성

   ③ 역동성   ④ 대중성

   ⑤ 인터넷 언어(이모티콘, 줄임말, 신조어 등)   ⑥ 하이퍼텍스트성, 멀티미디어 결합성

B. 디지털 글쓰기의 문제점

   ① 즉흥성   ② 부정확성

   ③ 비신뢰성   ④ '데이터 스모그'

   ⑤ '윤리적 불감증'   ⑥ 익명성으로 인한 과격성

   ⑦ 세대 간 소통의 불편과 갈등

② 서술형 요약

서술형으로 요약하는 것은 읽은 글의 내용을 문장의 형태로 나열하여 정리하는 것이다. 역시 주제어와 중심 문장을 중심으로 정리하되, 글의 내용을 지나치게 압축하거나 장황하게 나열하지 않도록 유의해야 한다.

아래에는 우리가 잘 알고 있는 고전소설『춘향전』의 내용을 요약한 세 가지 사례가 있다. 이 사례들을 비교해 가면서 읽어 보자.

『춘향전』요약 사례 ❶

숙종대왕 초 전라도 남원에 월매라는 퇴기(退妓)가 있었다. 그녀에게는 성참판과의 관계에서 낳은 춘향이라는 아리따운 딸이 있었다. 자색(姿色)이 천하일색인 춘향은 성장하면서 시서(詩書)에 능하였다. 만화방창한 봄날, 남원부사의 아들 이몽룡은 방자를 데리고 광한루에 올라 춘흥에 겨워 시를 읊고 있었다. 이때 춘향은 향단이를 데리고 광한루 앞 시냇가 버들 숲에서 그네를 뛰며 놀고 있었다. 우연히 춘향을 발견한 이도령은 한눈에 반하여 방자를 시켜 춘향을 불러오게 한다. 두 사람은 첫눈에 서로의 마음을 확인한다. 헤어지면서 이도령은 밤에 집으로 찾아가겠노라고 언약한다. 이날 밤이 되자 이도령은 방자를 앞세워 춘향의 집을 찾아간다. 그는 춘향과 백년가약을 맺고자 월매에게 자신의 결심을 밝힌다. 월매는 난

봉꾼의 수작 정도로 여기고 옥신각신했지만 결국에는 두 사람의 혼약을 수락한다.

이후 이도령은 밤마다 춘향을 찾아 사랑을 속삭인다. 그런데 이부사가 내직으로 전출하게 되어 이도령도 불가피하게 상경할 처지가 된다. 이도령은 춘향에게 후일을 약속하고 서울로 떠난다. 춘향은 이도령으로부터 기쁜 소식이 오기를 학수고대하며 하루하루를 지낸다.

이때 새로 부임한 신관 사또 변학도는 호색한답게 정사(政事)는 돌보지 않고 기생점고부터 시작한다. 50여 명의 기생을 점고한 그는 마지막으로 춘향을 발견하고 수청을 강요한다. 하지만 춘향은 이부종사는 할 수 없다며 수청을 거절한다. 변학도는 크게 노하여 태형을 가한다. 춘향은 죽기를 결심하고 마음을 바꾸지 않는다. 옥에 갇힌 춘향은 임을 그리워 하다가 잠이 들기를 반복한다. 변학도는 자신의 생신연에 마지막으로 춘향의 의중을 들어보기로 하고 만약 그때도 거절하면 처형하겠다고 한다.

서울로 올라간 이도령은 열심히 공부하면서 춘향과의 재회만을 생각한다. 장원급제하여 암행어사가 된 그는 전라도 땅으로 내려온다. 하루라도 빨리 춘향을 만나보고 싶은 생각에 남원으로 향한다. 도중에 농부로부터 춘향이 봉변을 당하고 있다는 이야기를 듣는다. 그길로 이도령은 걸인 복색을 하고 춘향의 집으로 가서 월매를 만난다. 월매는 딸을 구해줄 것으로 기대했던 이몽룡이 걸인의 모습으로 나타나자 크게 실망한다. 그리고 이제 딸 춘향이 죽게 되었다면서 신세타령을 늘어놓는다. 춘향은 옥중으로 찾아온 몽룡을 만나게 되지만, 어사가 되어 돌아왔음은 미처 알지 못하고 뒤늦게 돌아온 몽룡이 원망스럽기만 하다.

드디어 변학도의 생신연이 벌어지는 날이 밝았다. 각 읍의 관장들이 모두 모인 성대한 생신연이었다. 춘향은 여전히 수청을 거부한 채 죽임을 당할 각오를 품고 있었다. 이때 어사는 연회에 걸인의 행색을 하고 참석한다. 어사는 잔치의 말석에서 높을 고(高)에 기름 고(膏) 두 자를 운으로 시를 지어 탐관오리의 학정을 비판한다. 곧이어 '어사출도'의 소리가 울려 퍼진다. 탐관오리 변학도는 봉고파직되고 춘향은 위기에서 벗어난다. 춘향은 수절로 정렬부인으로 봉해지고, 이어사는 후에 좌우영상까지 지내게 된다.

『춘향전』 요약 사례 ❷

조선 숙종 때 어느 단옷날, 남원부사의 아들 이몽룡은 몸종 방자를 앞세우고 광한루 구경을 나섰다가 그네를 타는 아름다운 여인 춘향을 발견하고 한 눈에 반했습니다. 몽룡은 춘향의 어머니인 월매를 찾아가서 춘향과 평생을 함께 하고 싶다는 뜻을 밝히고 자신의 마음을 굳게 맹세하였습니다. 그날 이후 몽룡과 춘향은 날마다 만나며 사랑을 속삭이게 되었습니다.

하지만 몽룡의 아버지가 벼슬이 올라 서울로 가게 되면서 몽룡도 함께 떠날 수밖에 없게 되자 둘은 재회를 기약하며 슬픈 이별을 맞이했습니다. 곧이어 새로 남원부사로 부임한 변학도는 춘향에게 수청 들기를 강요했지만 춘향은 절개를 지키기 위해 고문을 당하게 되고 결국 옥에 갇히는 신세가 되었습니다.

한편 몽룡은 과거 시험에 장원급제를 하여 암행어사로 임명받아 전라도로 내려오던 중 남원 근방에 이르러 그동안의 사정을 알게 되었습니다. 변학도의 생일잔치가 벌어지던 날, 드디어 몽룡은 암행어사로 출두하여 변학도를 응징하고 춘향과 재회하게 되었답니다.

『춘향전』요약 사례 ❸

퇴기의 딸 춘향은 양반집 자제 몽룡과 만나 사랑에 빠진다. 집안의 반대와 계급의 차이, 그리고 변학도의 횡포에도 불구하고 춘향은 몽룡에 대한 사랑과 절개를 굳게 지킨다. 결국 암행어사가 되어 돌아온 몽룡과 춘향은 혼인하여 백년해로 하게 되고, 춘향은 크나큰 신분 상승을 이루게 된다.

연습문제

1. 「춘향전」의 세 가지 요약이 길이, 문체, 주제의식에 어떤 차이가 있는지 살펴보자.

2. 요약 사례 (1)에서 어려운 단어들을 뽑아 국어사전에서 찾아보자.

3. 모두가 잘 알고 있는 이야기, 가령 〈토끼와 거북이〉, 〈흥부전〉, 〈소나기(황순원)〉 가운데 하나를 골라, 각각의 줄거리를 5문장, 10문장, 15문장으로 요약하여 보자.

(2) 분석하며 읽기

초등학생 수준만 되어도 한글로 된 글이라면 어떠한 글이라도 소리 내어 읽을 수는 있다. 하지만 초등학생이 그렇게 소리 내어 읽은 글 모두를 이해할 수 있다고 볼 수 없다. 설령 글의 내용과 의미를 이해했다고 해도 올바른 읽기가 완성되었다고 볼 수는 없다. 우리가 대학생이 되어서도 '읽기'에 대해 배우고, 보다 올바른 '읽기'의 방법을 찾기 위해 노력하는 이유는 단어의 뜻과 문장의 뜻을 이해하는 것이 '읽기'의 전부가 아니기 때문이다.

읽기란 단순히 눈에 보이는 글자를 소리 내어 말하거나 뜻을 이해하는 데에 그치지 않고, 글을 이루고 있는 여러 가지 요소들의 논리적 관계를 이해하고 거기에 담긴 글쓴이의 생각을 발견하고 분석하는 것이다. 더 나아가 그것은 결국 나의 생각과 남의 생각을 견주어보는 것이 된다. '분석하며 읽기'란 우리가 세상을 살아가면서 보다 올바른 사고와 판단을 하기 위한 필수적인 능력이자 과정이라 할 수 있다.

📋 분석하며 읽기의 3 단계

1. 글의 전체 주제를 파악하고 각 구성 요소들 사이의 짜임새와 구조를 이해한다.
2. 어휘와 문장들에 담긴 글쓴이의 의도를 이해하고 글의 주요 명제를 파악한다.
3. 지식이나 정보, 글쓴이의 주장과 사고 등이 명확하게 잘 전달되었는지를 따져본다.

'분석하며 읽기' 방법에 대한 이해를 돕기 위해 그림을 분석하는 사례를 먼저 살펴보도록 하자. 우선 다음 그림을 차분히 살펴보도록 하자. 어떤 구성요소가 보이는가.

얀 반 에이크 (벨기에)
「아르놀피니 부부의 초상」
(1434년 작 · 런던국립미술관 소장)

이 그림을 언뜻 보면 한 쌍의 남녀가 한 손을 서로 맞잡고 있는 모습이 보인다. 찬찬히 살펴보면 강아지 한 마리, 벗어놓은 신발, 하나의 촛불만 켜져 있는 샹들리에가 눈에 띈다. 그리고 좀 더 살펴보면 두 사람이 맞잡은 손 위로 벽면에 걸린 작은 거울과 그 위에 무언가를 써놓은 글자를 발견할 수 있다. 교재에 옮겨놓은 그림은 크기가 작아서 자세히 보이지는 않지만, 원본 그림의 거울 속에서는 이 부부의 모습을 그리고 있는 화가의 모습을 찾을 수 있고, 그 거울 위로 "반 에이크가 여기에 있었노라 1434"라는 글씨를 볼 수 있다. 결국 이 그림은 단순한 두 남녀의 초상화가 아니라, 두 사람이 손을 맞잡고 혼인 서약을 하는 장면을 화가가 그림으로 증명한 일종의 '혼인증명서' 역할을 하는 그림이라는 사실을 알 수 있게 된다. 그리고 두 사람 주변의 물건들은 순결함과 정직함, 신성함을 상징하고 있음도 깨달을 수 있다. 더 나아가서 이 그림이 당시로서는 보기 드물게 유화로 그려졌기 때문에 세밀한 묘사가 가능했다는 점과 같은 배경지식이 뒷받침되고, 더불어 두 사람이 당시 관습처럼 교회가 아닌 곳에서 화가를 증인 삼아 결혼식을 해야 하는 이유가 무엇인지에 대한 의문도 스스로 제기해본다면 이 그림에 대한 더욱 흥미로운 분석도 가능할 것이다.

위의 그림을 이해하기 위해 상세하게 살펴보는 것이 필요한 것처럼 분석적 읽기의 기본은 글을 면밀하게 읽는 것이다. 꼼꼼한 독서를 통해 글의 구성요소들을 발견하고 각각의 의미를 이해한 뒤에, 글자 뒤에 숨겨진 상징적 의미나 사회적 의미까지 고민해 보면 글 읽기의 새로운 묘미를 만끽할 수 있을 것이다.

다음의 짧은 시의 내용을 살펴보자.

안도현의 시 「너에게 묻는다」

연탄재 함부로 발로 차지 마라
너는
누구에게 한번이라도 뜨거운 사람이었느냐

위의 시는 연탄재를 소재로 삼아 자신의 삶의 태도를 성찰하게 해주는 아주 짤막한 시이다. 내용은 복잡하지 않지만, 시의 길이만큼 성찰이 순간적으로 이루어지는 것은 아니다. 특히 '연탄재'라는 사물을 별로 본 적이 없는 젊은 세대들에게는 이 시의 단어 의미조차 이해하기 힘들 수도 있다.

이번에는 다음 시를 읽어 보면서, 그 안에 담긴 상징적 의미를 분석해 보자.

 예시

윤지영의 시 「교차로」

바람 세찬 거리에 서면
나는 교차로가 된다
바람이 끝없이 불어와
내 몸을 투명하게 비우고
사람들은 내가 거기 없는 듯
내 몸을 통과한다
그러다 문득
직진하는 사람과 좌회전하는 사람이
동시에 내 안에
멈출 때가 있다

윤지영, 『교차로』, 『굴광성 그 여자』(다층, 2007), 31쪽.

위의 시에서 특별히 어려운 뜻을 가진 어휘는 없다. 초등학생 정도만 되어도 이 시를 소리 내어 읽지 못할 사람도 없고, 이 시에 쓰인 단어와 문장의 국어적 의미를 이해하지 못할 사람은 없다. 그러나 휴대전화나 인터넷을 통해 끊임없이 누군가와 네트워크로 연결된 채 복잡한 현대 사회를 살아가지만, 원인을 알 수 없게 불쑥 찾아오곤 하는 소외감과 외로움에 대하여 이해하지 못한다면 이 시의 의미를 정확하게 이해했다고 보기는 어렵다. 특히 고등학교 때에 비해 훨씬 다양한 부류의 친구와 선후배를 만나 교류하게 되지만 마음을 터놓고 이야기할 친구를 아직 찾지 못하였거나 인간관계가 뒤엉킨 실타래처럼 꼬여버렸다고 느끼는 대학 신입생들이라면, 이 시에 등장한 '교차로'의 의미를 자신의 현실에 비추어 이해하고 공감할 수 있을 것이다.

시를 분석하며 읽는 것은 단순히 시에 쓰인 단어의 뜻을 이해하는 것에 그치는 것이 아니라, 거기에 담긴 시인의 의도와 상징, 그리고 주제 의식을 발견해내는 것이 되어야 한다. 이것은 비단 시와 같은 문학 작품에서만 그러한 것이 아니라, 모든 종류의 글에서도 그렇게 되어야 한다.

다음으로는 한 신문에 실린 다음 칼럼을 읽어보자. 그리고 글의 구성 방식과 글쓴이의 의도, 이 글이 전달하고자 하는 핵심적 주장이 무엇인지를 생각해보자.

 예문

「가수 벗거나, 죽거나」

걸 그룹 가수들의 노출을 놓고 점잖은 국회에서 말이 오갔다. ○○○당 안ㅁㅁ 의원은 어린 소녀들의 옷차림이 민망하다고 지적했다. 이에 KBS 사장은 단속을 강화하겠다는 답을 내놓았다. 지난 10월 18일 KBS 국정감사에서 있었던 일이다. 선정성을 걱정한 의원의 심정을 이해 못할 바가 아니다. 그러나 엄밀히 말하면 그의 지적은 오조준이다. 어린 소녀들의 선정적 옷차림, 과다한 노출 이유는 방송사가 단속을 덜해서도 아니고 소녀들이 철이 없어서도 아니다. 노출이 민망해서 문제라고 생각했다면 그 궁극적 원인을 따졌어야 했다.

국회에서 오조준된 발언이 있고, 방송사 사장의 미봉적 답이 있은 지 얼마 되지 않아 한 가수의 죽음이 알려졌다. 일인 밴드 '달빛요정만루홈런'의 이진원 씨가 11월 6일 뇌출혈로 숨을 거두었다. 홍대 앞에서 활동하며 몇 번의 앨범을 냈지만 서른일곱 먹은 그는 늘 생활고로 시달렸다 한다. 뇌출혈도 생활고와 관련된 것으로 짐작되어 주변의 안타까움이 더 한다. 창작에 대한 대가를 제대로 받아낼 수 없는 대중음악 시스템의 구멍이 그를 죽음으로 내 몰았다는 지적이 많다.

화려한 걸그룹 소녀들의 선정적 옷차림, 자취방에서 홀로 숨을 거둔 인디 가수의 비참함. 가수들의 뒷배경에 도사리고 있는 일에 주목하지 않으면 이 사건의 의미를 잡아챌 수 없다. 도대체 가요계에 어떤 큰 변화가 있었기에 우려할 만한 옷을 입은 어린 소녀 가수가 판을 치는 것일까. 창작의 대가를 받지 못하는 가수의 죽음은 어떤 연유로 발생하는 걸까. 가수를 가수답지 않게 만드는 가장 궁극적인 원인은 어디에 있는지를 밝혀내야만 이 질문들에 답할 수 있다.

가수가 노래를 담은 레코드, 씨디, 테이프를 팔아 생계를 꾸리던 일은 옛날이야기다. 가수의 노래는 MP3로 혹은 핸드폰의 소리음으로 주로 소비된다. 그 변화 과정에서 유통을 담당하는 KT, SK와 같은 이동통신사가 대중음악계의 큰 손이 되었다. 그들을 거치지 않고서는 대중음악 소비가 어려워졌다. 큰 손이 큰 권력이 되는 일은 뻔한 법. 노래 한 곡이 유통되면서 생기는 매출의 절반가량은 이통사가 제 몫으로 챙긴다. 창작하는 가수, 작곡, 작사자는 부스러기 몫을 챙기는 재주부리는 곰이 되고 말았다.

몫이 줄어든 가수가 선택할 수 있는 길은 뻔하다. 기획사에 줄을 대고 밤무대나 오락방송출연으로 생계를 이어가야 한다. 가수가 독자적으로 판단해서 할 수 있는 일은 없다. 기획사가 연출하는 대로 옷을 입고, 캐릭터를 만들어야 한다. 선정적인 옷을 입고 섹시 콘셉트를 만들어야 젊은이들의 행사에 출연할 수 있고, 오락 방송에도 출연이 가능하다. 그나마 기획사에 줄을 대지 않은 인디가수들은 생계를 꾸리기 위해 스스로 동분서주할 수밖에 없다. 창작하고 노래만 부르고 싶은 가수는 애초 존재할 수 없는 구조가 되고 말았다. 그래서 우리 주변엔 애정을 줄 만한 노래들이 점차 줄고 있다.

창작 의지를 꺾는 불합리한 대중음악 시장에 대한 지적은 오래 전부터 있어왔다. 막상 정책을 수립, 시행하고 대중음악 산업을 건전하게 육성할 문화체육관광부는 팔짱만 낀 채 좀체 움직이지 않는다. 입법기관인 국회는 선정성을 지적하는 데는 민첩하지만 궁극적인 원인을 파헤치는 데는 굼뜨다. 다양한 대중문화를 즐기는 일은 시민의 문화적 권리다. 하지만 지금 문화적 권리라는 말을 꺼내지도 못할 정도로 다양성은 초라하다. 또 그를 도모할 방책은 보이지 않는다. 대기업이 그 한 가운데 서 있어 교정하려니 여간 갑갑하지 않다. 그래서 미봉책만 내놓는 언론이나, 오조준에 머무는 국회나, 먼 산 구경하는 듯한 정부 모두가 무능하달 수밖에. 다양한 노래 제대로 한번 듣게 하는 배려도 못하면서 무슨 선진사회 운운하는지 참으로 부끄럽다.

원용진, 『가수 벗거나, 죽거나』, 블로그 『원용진의 미디어이야기』
http://airzine.egloos.com/2710319, 2010.11.12. (접속일 2011.6.20.)

위에 인용한 칼럼 글은 두 가지 사건을 소재로 시작하고 있다. 국회에서 걸 그룹 가수들의 지나친 노출이 문제시된 일과 한 인디 음악 가수가 뇌출혈로 사망한 일이 그것이다. 이 글의 글쓴이는 두 가지 사건 사이에 어떤 공통적 요인이 있다고 보았다. 바로 가수가 노래를 열심히 만들고 불러서만은 살아갈 수 없게 된 음악 유통 구조에 문제가 있다고 본 것이다. 그리고 이 문제점을 해결하기 위해 시민, 언론, 국회, 정부가 모두 노력해야 함을 역설하고 있다. 특히 통신 관련 대기업이 대중음악 시장을 좌지우지하는 구조를 바로 잡는 것이 필요하다는 점을 강조하고 있다.

요컨대 이 글은 '현상제시 – 원인분석 – 비판 및 해결방안'의 짜임새로 이루어진 구성이다. 이러한 짜임새는 사회 현실을 비판하거나 문제의식을 제기하는 글에서 흔히 볼 수 있는 구성 방식이다.

전체적인 글의 흐름과 그 흐름에 담겨 있는 글쓴이의 의도나 핵심적 주장을 이해하지 못하고 이 글을 읽으면 엉뚱한 오해와 오독이 일어날 수 있다. 실제로 인터넷에 실린 위의 칼럼 아래에는 "MP3로 편하게 음악을 듣는 게 잘못인가?", "어떤 분야이든 투자가 필요한 것 아닌가?", "글쓴이는 예쁜 얼굴과 멋진 몸매의 가수가 싫다는 것이냐? 솔직하지 않다."는 등의 댓글이 달려 있다. 이러한 댓글들은 위의 칼럼을 제대로 분석하여 읽은 것으로는 볼 수 없다. MP3를 다운받아 음악을 듣는 것은 자연스러운 변화일 뿐이고, 대중음악에도 적절한 투자가 필요한 것도 사실이다. 하지만 노력의 결실을 엉뚱한 이들이 독차지하는 투자와 유통 구조가 문제가 있다는 것이고, 가수가 얼굴과 몸매로 평가를 받고 인기를 얻는 현실 자체가 가수들 스스로의 자존감과 정체성을 해칠 우려가 있음을 지적하려고 한 것이 이 글의 글쓴이의 핵심적 의도와 주장이다.

(3) 비판하며 읽기

글을 읽고 나서 그 글에 대해 비판하는 것은 생산적이고 창조적인 사고 활동을 위해서도 반드시 필요한 일이다. 글 안에 담긴 글쓴이의 생각과 주장, 논거에 대해 쉽게 동조하지 않고, 표현 하나하나 문장 하나하나에서부터 논리적 일관성, 논거의 객관성, 주장의 타당성에 이르기까지 철저하게 비판적인 입장을 취해보는 것도 좋은 일이다. 물론 무조건적인 비판은 바람직스럽지 않은 것이지만, 독서 능력의 신장과 글쓰기 훈련을 위해서라면 일단 비판적 시각으로 다른 사람의 글을 꼼꼼히 살펴보는 것도 괜찮다.

2010년경 화제를 모았던 '타블로'라는 가수의 학력의 진위 여부에 대한 인터넷상의 논쟁을 떠올려보자. 인터넷에 떠도는 수많은 루머와 의혹들은 때로는 진실을 밝히기 위한 긍정적 노력이 될 수도 있지만, 때로는 어처구니없고 몰지각한 인신공격에 지나지 않을 수도 있다. 인터넷을 통해 이러한 글을 접하는 이들 각자가 논리적이고 비판적인 의식을 가지고 읽지 않으면,

근거 없는 유언비어에 휘둘릴 수 있음을 잊지 말아야 한다.

특히 주장과 설득의 내용이 담긴 논증의 글을 읽을 때에는 비판적 태도가 중요하다. ① 글에 드러난 주장이 타당하고 설득력이 있는가, ② 현실적으로 가능한 주장을 하고 있는가, ③ 주장에 활용한 논거가 정확하고 신뢰할 만한 것인가, ④ 글의 논리적 전개가 합리적이고 유기적으로 짜여 있는가, ⑤ 대안이나 해결 방안이 실현 가능한 것인가, ⑥ 너무나 당연한 주장이거나 지나치게 이상적인 의견이어서 무의미한 것은 아닌가, ⑦ 편견이나 고정관념에 사로잡혀 잘못 판단하고 있는 부분은 없는가, ⑧ 앞뒤가 맞지 않는 모순된 주장을 펴고 있는 것은 아닌가, ⑨ 어정쩡한 절충안이나 양비론(兩非論), 양시론(兩是論)은 아닌가, ⑩ 예상되는 반론에 대해 충분히 대비하고 있는가 등을 두루 따지고 살펴야 한다. 여기에 나열한 사항들은 다른 글을 비판적으로 읽을 때뿐만 아니라, 스스로 주장과 설득의 글을 쓸 때에도 유념하여야 할 부분들이다.

예를 들어 살펴보기로 하자. 아래는 한 신문의 사설이다. 이 사설의 내용을 비판적으로 읽어 보자.

「사설: 군 복무 가산점제 부활 망설일 이유 없다」

국방부가 어제 업무보고를 통해 군필자에게 공무원 채용이나 공기업 입사 등에서 일정한 가산점을 주는 군 복무 가산점제를 다시 도입하기 위해 병역법 개정을 추진하겠다고 밝혔다. 이는 국가안보총괄점검회의가 얼마 전 이명박 대통령에게 재도입을 건의한데다 한나라당 역시 최근 비슷한 움직임을 보이고 있는 데 따른 것으로 풀이된다. 결론적으로 군 복무 가산점제 재도입은 당연하며 꼭 필요하다는 게 우리 생각이다.

군 복무 가산점 제도는 1999년 헌법재판소의 위헌결정을 받아 시행 39년 만에 폐지된 바 있다. 하지만 당시 헌재는 가산점 제도 자체가 잘못이라고 한 것은 아니었다. 단지 군필자에게 만점의 3~5%를 가산점으로 주는 것은 근소한 점수 차로 합격, 불합격이 갈리는 점을 감안할 때 지나친 보상이므로 제도를 고치라는 뜻이었다. 실제 당시 헌재는 "가산점제는 취업 기회와 취업준비 기회를 잃는 군필자의 불이익을 보전하는 것으로 입법정책적으로 얼마든지 가능하고 필요하다"고 밝혔다.

무엇보다 천안함 폭침, 연평도 사태를 잇달아 겪으면서 국민들은 안보의 소중함과 군의 노고를 그 어느 때보다 실감하고 있다. 때로는 목숨을 내걸면서 생의 가장 소중한 시간을 군에서 헌신한 청년들에게 국가가 일정한 보상을 해주는 것은 너무도 당연하다. 사실 우리의 군 복무 제도는 면제자에게 일방적으로 유리하게 되어 있다. 군 면제를 받으면 학업이나 사회생활, 경제활동 등에서 군복무자보다 몇 년 앞서갈 수 있고 그 차이는 때로는 평생을 간다. 이 땅에서 병역비리가 절대로 없어지지 않는 이유이기도 하다.

따라서 이런 형평성 문제가 근본적으로 해결되지 않는 한, 가산점제는 군필자들에게 나라가 해줘야 하는 최소한의 보상이라고 본다. 다만 또다시 위헌 시비에 휘말리지 않도록 이번에는 사전에 세심한 조율을 해야 할 것이다. 여성단체나 장애인단체들이 반대하고 나설지 모르지만 군 가산점제는 그들에 대한 차별과는 차원이 다른 문제라는 점을 이해했으면 한다.

『사설: 군 복무 가산점제 부활 망설일 이유 없다』, 『한국경제』, 2010.12.30., 39면.

군 복무 가산점제에 대한 찬반 입장은 양쪽 모두 나름대로 일리 있는 주장들이다. 하지만 위의 글은 군 복무 가산점제의 찬반 입장을 떠나서도 문제점을 안고 있다. 위의 글에서는 "군에서 헌신한 청년에게 국가가 일정한 보상을 해주는 것은 너무나도 당연하다"고 했지만, 이를 인정한다고 해도 그 보상이 반드시 공무원이나 공기업 채용시의 가산점이어야만 하는 것은 아니다. 공무원이나 공기업에 응시하지 않을 군 복무자들에게도 공평하게 돌아갈 수 있는 보상이 더 효과적일 수 있기 때문이다. 또 위의 글에서는 군 복무 가산점제도가 없는 것이 "이 땅에서 병역비리가 절대로 없어지지 않는 이유" 가운데 하나인 것처럼 서술해 놓았지만, 헌법재판소에서 '지나친 보상'이라는 판단을 한 군 가산점제도가 있었던 1999년 이전에도 병역비리는 무수히 존재했다는 점에서 논리적이지 못한 진술이다. 위의 글의 결말부에는 "군 가산점제가 여성이나 장애인에 대한 차별과는 다른 문제"라면서 이 점을 여성단체나 장애인단체들이 이해해주길 바라고 있다. 하지만 여성과 장애인들이 현재 취업 시장에서 상대적 약자에 속하는 계층이라는 점을 고려할 때, 군 가산점제의 본의가 그렇지 않더라도 그들에 대한 취업차별을 심화시킬 우려는 제기될 수밖에 없다. 이러한 우려를 잠재울 수 있는 대안 없이 그들의 이해만을 바라는 것은 합리적인 문제 해결 방안이 될 수 없다.

사실 '비판하며 읽기'는 주어진 글을 읽고 이 글에 대한 비판을 제기하는 데에 그치는 것이 아니라, 그 글의 주제와 관련된 우리 사회 현실이나 정치, 정책, 사회 구조 등에 대한 비판과 토론으로 나아갈 때 더욱 의미가 있을 수 있다. 사회적 발전을 위해서는 사회 구성원들에 의한 비판과 토론이 활발하게 이루어질 필요가 있다. 여기에 대학생들도 지식인이자 사회의 중요한 구성원으로서 적극적으로 관심을 기울일 필요가 있다.

 연습문제

1. 다음의 예를 참조하여, 지금까지 자신의 인생을 항목형 또는 서술형으로 요약해 보자.

▲ **초등학교 5학년**
- 억지로 글쓰기를 강요받은 백일장에서 상을 받으면서 나도 모르게 숨겨진 재능을 발견.
- 담임선생님께서 2학기부터 일기장 검사를 안 하겠다고 하시면서 오히려 본격적으로 일기를 쓰기 시작할 수 있었음. 일기에 자유롭게 글을 쓰기 시작하면서, 장래 희망을 누가 물으면 소설가라고 대답하기 시작함.

▲ **초등학교 6학년**
- 스스로 창작한 동화를 처음으로 완성함. 가장 친한 친구한테 보여주었더니 어디서 베낀 것 아니냐고 해서 크게 싸움. 며칠 뒤 몇 년 전 학교 독서실에서 읽었던 동화와 거의 똑같은 내용이었다는 사실을 스스로 깨닫게 됨.

▲ **중학교 1학년**
- 초등학교에 비해 훨씬 많은 책이 있는 독서실이 가장 마음에 들었음. 그곳에서 본격적으로 소설 창작의 꿈에 부풀기 시작함. 하지만 황순원의 「소나기」를 읽고 이보다 나은 글을 쓸 수 없을 것이라는 생각에 좌절을 느낌. 친구들을 따라 PC방에 갔다가 소설가의 꿈을 버리고 프로게이머가 되겠다고 결심함.

「나의 장래 희망 변천사」 (학생글 일부)

맞벌이를 하신 부모님은 늘 바쁘셨고 외동딸이었던 나는 초등학교 시절에 늘 외로웠다. 부모님을 대신해서 할아버지와 할머니께서 어린 나를 돌봐주셨다. 할머니는 언제나 내 편을 들어주셨고, 말씀이 별로 없으셨던 할아버지도 가끔 무서울 때가 있긴 했지만 대체로 인자하신 분이었다. 하지만 나는 왠지 할아버지, 할머니가 부끄럽고 싫었다.

중학교에 들어가면서 나는 할아버지와 할머니에게 조금씩 반항을 하게 되었다. 학원 보충이라고 거짓말을 하고 친구들과 놀다가 집에 늦게 들어온 날도 여러 번 있었다. 그러던 어느 날 갑자기 할아버지가 심장마비로 쓰러져 돌아가시고, 곧이어 할머니도 중풍으로 쓰러지셨을 때 나는 모든 것이 내 잘못이라고 생각되었다.

「나의 외롭고 행복한 19년」〔학생글 일부〕

2. 다음 글을 읽은 후, 이 글에 담긴 핵심적 주장이 무엇인지 말해보고 그 주장에 대해 옹호하거나 비판하여 보자.

요즘 인터넷에는 무책임한 악플들이 많이 눈에 띈다. 악플로 인해 상처를 입고 자살을 선택하는 불행한 일도 심심치 않게 일어난다. 이런 악플 문제를 해결하기 위해서는 인터넷 실명제를 적극적으로 도입할 필요가 있다. 특히 중요 포털 사이트나 공공 기관, 언론 기관의 게시판에 글을 쓰거나 댓글을 달 때에는 반드시 실명(實名) 확인 절차를 밟고 글을 올리도록 할 뿐만 아니라, 글을 읽는 사람도 이 글을 쓴 사람이 누구인지 알 수 있도록 실명을 명시해두도록 의무화하고 법규화해야 한다. 악플을 다는 사람들은 대개 익명성(匿名性)에 기대어 비겁하게 글을 쓰는 것이기 때문에 실명을 노출하게 해놓으면 스스로가 부끄러워서, 혹은 처벌이 두려워서 악플을 달 수 없을 것이다.

〔학생글〕

3. 다음 글을 읽은 후, 이 글에 담긴 핵심적 주장이 무엇인지 말해보고 그 주장에 대해 옹호하거나 비판하여 보자.

우리는 평생을 경쟁 속에서 살아간다. 일부 지역에서는 아이가 태어나자마자 산후조리원, 돌잔치 장소, 영어 유치원을 예약하기 위해 경쟁이 치열하게 벌어진다고 한다. 학교에 들어간 이후에 성적과 입시를 위한 경쟁의 치열함은 두말할 것도 없다. 힘겹게 대학에 진학하고 나서도 취업을 위해 학점 경쟁, 외국어 시험 경쟁을 해야 하며, 취업을 해서도 살아남기 위해 더욱 치열한 경쟁을 벌여야 한다. 심지어 죽을 때에도 장례식장에 얼마나 많은 사람이 왔는지, 어디에서 장례를 치르고 어디에 묻히는지를 놓고 경쟁을 벌여야한다고 하니, 그야말로 요람에서 무덤까지 경쟁의 연속이라 할 만하다.

흔히 경쟁을 해야 일의 생산성이 높아지고 사회 전체에 활력이 생기며 개개인의 발전도 이룰 수 있다고 한다. 그런데 과연 우리 사회에서 경쟁을 긍정적이라 말할 수 있을까. 입시 경쟁, 취업 경쟁, 생존 경쟁 등 모든 경쟁에서는 승자도 존재하지만 언제나 패자도 존재할 수밖에 없다. 그리고 수많은 패자들이 경쟁에서 밀려났다는 이유로 목숨을 잃기도 한다. 승자의 경우라면 행복할 수 있을까. 그렇지도 않다. 지금 당장은 승자일지라도 하나의 경쟁이 끝나면 언제나 그 뒤에는 또 다른 경쟁이 도사리고 있기 마련이고, 결국 모든 경쟁에서 끝까지 승자로 살아남으리라는 장담은 그 누구도 할 수가 없다. 더군다나 우리 사회의 경쟁은 결코 공정하지도 않다. 공정하지 못한 경쟁은 사회 발전의 원동력이 되기는커녕, 사회적 좌절과 절망의 원인이 되고, 극심한 분노와 갈등만 낳게 될 뿐이다.

〔학생글〕

4. 다음 예문을 읽고 질문에 답해보자.

드라마, 영화, 대중음악, 문학작품에 이르는 다양한 '한류' 열풍 중에도 가장 강력한 한류의 주인공으로 다름 아닌 '뽀로로'를 꼽을 수 있다. '뽀로로'는 전세계 100여 개국에서 인기를 모으고 있는 텔레비전용 국산 애니메이션의 주인공이다. 특히 국내 어린이들에게는 '뽀통령'이라고까지 불릴 정도로 절대적인 지지를 받고 있다. 어린 아이들에게 '뽀로로'는 단순히 애니메이션의 주인공에 그치지 않는다. 뽀로로는 완구류, 문구류는 물론, 의류와 의약품에 이르기까지 수많은 유형의 상품에 자리 잡은 캐릭터이며, 영화와 연극, 뮤지컬로도 재탄생되었다. 경기도 동탄에는 뽀로로 테마파크까지 등장했다. 뽀로로는 '원 소스 멀티 유즈'의 대표적인 성공 사례로 꼽힐 만하다.

우리가 흔히 접하는 '원 소스 멀티 유즈'라는 말은 기존의 원작을 새로운 장르나 매체 환경으로 변형시키거나 재가공하여 활용하는 것을 의미한다. '원 소스 멀티 유즈'라는 표현 자체는 비교적 근래 디지털 환경과 더불어 등장했다. 디지털 환경은 다양한 매체 환경 가운데 소비자가 가장 편리한 매체를 선택하여 콘텐츠를 접할 수 있도록 만들었고, 기술의 발달로 인하여 매체에 따라 변형하여 재가공하기도 편리해졌기 때문에 하나의 원작을 다양하게 재활용하는 것은 '내세'가 되었다.

하지만 기존의 작품을 다른 매체에서 활용한다는 발상은 아날로그 시절부터 이미 있었던 것이다. 우리의 경우, 판소리 〈춘향가〉는 개화기 무렵 이후부터 이미 딱지본으로, 연극으로, 영화로, 창극으로, 라디오 드라마로, TV 드라마로, 발레로, 마당놀이로, 만화로, 애니메이션으로 끊임없이 재가공되어 재탄생되어 왔다. 특히 한국 영화의 역사에서 최초의 토키 영화, 최초의 칼라 영화, 최초의 칼라 시네마스코프 영화는 모두 '춘향 이야기'를 영상화한 작품들이었다. 춘향의 이야기가 이렇게 다양한 장르와 매체 환경으로 변형될 수 있었던 것은 춘향 이야기 자체의 매력 덕분이겠지만, 그것은 다시 말해서 수용자들에게 가장 익숙한 이야기이고 제작자에게 가장 안전한 이야기이기 때문이었다. 서양의 경우에도 오페라나 영화와 같은 새로운 예술 장르가 등장하던 초창기 때마다 비교적 인기 있던 기존의 서사를 재가공하여 제작하는 것이 일반적인 공식처럼 되었던 것은 대중들에게 있어서의 익숙함이 상업적 보증 효과로 작용했기 때문일 것이다. 1940년 소설가 이태준은 「춘향전의 맛」이라는 글에서 춘향전을 책으로, 영화로, 연극으로, 소리로 접할 수 있지만, 소리만큼 깊은 맛을 주는 것은 없다고 적어 놓았다. 춘향의 이야기는 그 무엇보다 '소리'로 불려질 때 제 맛이라면서, 판소리 〈춘향가〉를 그 어떤 춘향 이야기보다 우월한 것으로 꼽은 것이다.

요즘 '원 소스 멀티 유즈'가 각광을 받을수록, '멀티 유즈'된 사례들만이 아니라 원작으로서의 '원 소스'의 가치는 더욱 당연히 존중되어야 한다. '원 소스'는 멀티 유즈를 가능하게 한 원천이기 때문에 중요하기도 하지만, 무엇보다 '원 소스'를 만들어내는 과정이야말로 가장 창의적이고 창조적인 예술 활동이기 때문이다. 하지만 요즘 경제적 이윤을 창출하는 '멀티 유즈'에 대한 관심이 커진 것에 비하면 '원 소스'에 대한 관심이 부족한 것은 중요한 문제다.

지금 현재, 문화 예술조차도 산업화되고 상업화된 시스템 속에서 현실에서 '원 소스 멀티 유즈'는 '저비용 고효율'이라는 경제 논리의 다른 표현일 뿐이다. 가령 새로운 영화를 기획하거나 제작해야 하는 이들은 훌륭한 시나리오 작가를 양성하여 그의 창의적 아이디어를 활용하려 하기보다는 '멀티 유즈'에 활용할 '원 소스'를 기존의 연극에서, 만화에서, 소설에서 발견하는 방법을 택하곤 한다. 그것이 훨씬 간편하고 효율적이고 경제적이기 때문이다. 한때 전 세계의 가장 창의적인 이야기꾼들이 몰려들던 할리우드에서도 다른 나라 영화 시나리오의 리메이크작을 만들거나 기존 영화의 속편을 거듭 만들어내는 방식으로 안전하고 편리한 선택을 선호하고 있다. 가끔 새로운 '원 소스'를 만들어내려고 할 때에도 무엇보다 '멀티 유즈'를 염두에 두고 고부가가치 창출이 가능한 소스가 되도록 강요받는다.

롤랑 바르트의 말처럼 '작품에서 텍스트로'의 이행이 일어나나 싶더니, 어느 순간 '작품에서 콘텐츠로'의 변화가 현실이 되었다. 창작자의 예술혼이 담긴 '작품(work)'도 아니고, 수용자의 창의적 해석을 유도하는 '텍스트(text)'도 아니고, 이제 예술은 상업적 재가공의 대상이 될 한낱 '콘텐츠(contents)'로 규정될 뿐이다.

신의 영역에 견줄 수 있을 만큼의 창조 능력을 발휘해야 할 예술 창작자들은 '원 소스' 콘텐츠라는 원재료를 납품해야 하는 하청 생산자로 전락해버렸다. 대중들에게 익숙한 기존의 작품을 간편하게 재가공하는 대신, 어쩌면 대중들에게 외면 받을 수도 있을 새로운 작품을 오랜 시간 고통을 감내하며 창작할 만큼의 여유가 창작자들에게 주어지기란 쉽지 않다. '원 소스 멀티 유즈' 전략의 성공을 위해서라도 더욱 더 존중받고 지원받아야 할 '원 소스'의 창작자들은 불합리한 '저작권 양도 계약서'를 통해 '멀티 유즈'의 결실과는 무관한 존재처럼 내몰려 버렸다. 애써 그린 만화가 영화로, 게임으로, 아이들 장난감으로 변형될 때마다 누군가는 큰 수익을 올리지만, 정작 창작자에게는 별다른 경제적 이익이 돌아오지 않는 현실이 반복되고 있다.

생산 기지 역할에 충실했지만 가공 생산과 유통을 담당한 제국주의 국가들의 지배를 받을 수밖에 없었던 식민지 국가들의 처지는 지금 가난한 만화가에게, 시나리오 작가에게, 소설가에게는 남의 이야기가 아닌 것이다. 그들에게는 여전히 펜이, 혹은 작은 노트북이 들려 있지만, 이제 그것만으로 창조할 수 있는 것은 아무 것도 없게 되고 말았다.

최성민, 「원 소스 멀티 유즈라는 판타지」,
「중앙대 대학원신문」 제279호, 2011.4.20. (수정·편집)

1) 위 예문의 내용을 서론, 본론, 결론으로 나누고 요약해 보자.

2) 위 예문에서 제기하고 있는 현실의 문제점이 무엇인지를 간략하게 설명해 보자.

3) '원 소스 멀티 유즈'의 사례를 조사하여 설명해 보자.

제2부
글쓰기의 기초

정확한 단어 쓰기

1 틀리기 쉬운 한글 맞춤법

한글 맞춤법의 원리는 총칙 제1장 제1항에 "한글 맞춤법은 표준어를 소리 나는 대로 적되, 어법에 맞도록 함을 원칙으로 한다."라고 규정되어 있다. 즉, 한글 맞춤법은 의미를 파악하기 쉽게 어법에 맞게 적고, 뜻을 파악하는 데 차이가 없을 때는 소리 나는 대로 적는다. 한글 맞춤법은 1933년 ≪한글 맞춤법 통일안≫ 이후 조금씩 수정되어 오다가, 1989년 3월부터 새로운 ≪한글 맞춤법≫으로 제정, 공포되었다. 여기에서는 한글 맞춤법과 띄어쓰기, 표준어 규정, 외래어 표기법 등의 어문 규정들을 틀리기 쉬운 사례 위주로 살펴보고자 한다.

> **한글 맞춤법 제1장 총칙**
> 제1항 한글 맞춤법은 표준어를 소리 나는 대로 적되, 어법에 맞도록 함을 원칙으로 한다.
>
> **표준어 규정 제1부 표준어 사정 원칙 제1장 총칙**
> 제1항 표준어는 교양 있는 사람들이 두루 쓰는 현대 서울말로 정함을 원칙으로 한다.

(1) 전세방(傳貰房)과 전셋집(傳貰집)

'고유어+고유어', '고유어+한자어' 합성어에서는 앞말이 모음으로 끝나는 경우 ㉠ 뒷말의 첫소리 'ㄴ, ㅁ' 앞에서 'ㄴ'소리가 첨가될 때, ㉡ 뒷말의 첫소리 모음 앞에서 'ㄴㄴ' 소리가 첨가될 때, ㉢ 뒷말 첫소리가 된소리로 날 때 사이시옷을 적는다. ㉣ '한자어+한자어'의 합성어에서는 사이시옷을 적지 않으며 다만, 두 음절 한자어 가운데 '곳간(庫間), 셋방(貰房), 숫자(數字), 찻간(車間), 툇간(退間), 횟수(回數)'는 사이시옷을 적는다.

① 한자어+고유어/고유어+한자어/고유어+고유어: 사이시옷 적음

  ㄱ. 뒷말의 첫소리가 'ㄴ, ㅁ'나 모음으로 시작하는 단어 앞에서 'ㄴ소리'가 첨가될 때

    예) 아랫니, 제삿날, 곗날, 잇몸, 텃마당, 뒷머리

  ㄴ. 뒷말의 첫소리 모음 앞에서 'ㄴㄴ'소리가 첨가될 때

    예) 뒷일, 베갯잇, 욧잇, 가욋일, 사삿일, 훗일

  ㄷ. 뒷말의 첫소리가 된소리로 발음될 때

    예) 나룻배, 머릿기름, 혓바늘, 전셋집, 텃세, 햇수

② 한자어+한자어: 사이시옷을 적지 않음

  ㄱ. 초점(焦點), 외과(外科), 내과(內科): 사이시옷을 적지 않음.

  ㄴ. 곳간(庫間), 셋방(貰房), 숫자(數字), 찻간(車間), 툇간(退間), 횟수(回數)

    : 6개의 예외. 사이시옷을 적음.

(2) '-ㄹ걸'과 '-ㄹ까'

'ㄹ' 뒤에 오는 다음 어미들은 된소리로 발음되지만 예사소리로 적는다. 다만 의문을 나타내는 어미들은 된소리로 적는다.

① -(으)ㄹ걸, -(으)ㄹ게, -(으)ㄹ세, -(으)ㄹ세라, -(으)ㄹ수록, -올시다

  예) 언제까지나 너는 내가 지켜줄게.

    그는 이미 파리행 비행기에 탑승했을걸.

② 의문을 나타내는 어미: -(을)ㄹ까, -(을)ㄹ꼬, -(을)ㄹ쏘냐, -(을)ㄹ리까, -(을)ㄹ니까

  예) 내가 이 일을 하는 것이 옳은 걸까?

(3) '-로서'와 '-로써'

'-로서'는 자격, '-로써'는 수단이나 도구의 의미를 나타내는 조사이다.

① '-로서': 자격을 나타내는 조사

　　예) 나로서는 더 이상 할 말이 없다. / 부모로서 마땅히 해야 할 일

② '-로써': 수단이나 도구를 나타내는 조사. '로써'에서 '써'는 생략 가능

　　예) 요즘 학생들은 연필보다는 샤프로(써) 글을 쓴다.

　　　　그녀는 언제나 눈물로(써) 연민의 감정을 자극한다.

(4) '-함으로(써)'와 '-하므로'

'-으로'는 '수단'을 나타내는 조사이며, '-(으)므로'는 "이유, 까닭"을 나타내는 어미이다.

① '-으로'는 조사: '-으로'는 '수단'을 나타내는 조사로, 뜻을 강조할 경우 '-써'를 붙여 쓸 수 있음

　　예) 그녀는 언제나 성실함으로 주변 사람들의 신뢰를 얻었다.

　　　　일을 분업화함으로써 업무의 효율성을 높이려 합니다.

② '-(으)므로'는 어미: '-(으)므로'는 "이유, 까닭"을 나타내는 어미

　　예) 그는 부지런하므로 잘 산다.

　　　　그녀는 혜안을 지닌 지식인이므로 사람들에게 존경을 받는다.

(5) '-던'과 '-든'

지난 일을 나타낼 경우에는 '-더라, -던'을 쓰며, 선택의 의미의 경우에는 '-든지'로 적는다.

① '-던'은 지난 일을 나타내는 어미: -던, -던가, -던걸, -던데, 던들

　　예) 영화를 보고 얼마나 울었던지 눈이 퉁퉁 부었다.

　　　　네가 어릴 적에 살던 곳은 어디니?

② '-든'은 선택의 의미

　　예) 가든(지) 오든(지) 알아서 해라.

　　　　내가 무슨 일을 하든(지) 상관하지 마.

(6) '되라'와 '돼라'

'되라'는 '되- + -(으)라'로 간접적으로 명령할 때 쓰며, '돼라'는 '되-+-어- 〉 돼'의 형태로 '되-'에 '-어-'로 시작하는 어미가 연결되어 축약된 경우에 쓴다.

① '되라': '되-+-(으)라': 간접명령

　　예) 교수님께서는 즐기는 일을 하는 사람이 되라고 말씀하셨다.

② '돼라': '되-'에 '어'로 시작하는 어미가 연결되어 줄어든 경우

　　('되-+-어라' 〉 돼라)

　　예) 네 얼굴이 요즘 무척 안돼 보이는구나.(안되어〉안돼)

　　　　긍정적인 사람이 돼라.(되어라〉돼라)

(7) '-ㄹ는지'와 '*-ㄹ런지': 생각할는지, 생각할지

흔히 '-ㄹ런지'라고 말하지만 '-ㄹ는지'가 올바른 표현이다. 그리고 '-ㄹ지'가 더 자연스러운 표현이다.

예) 그가 우리의 생각을 어떻게 판단할는지(*판단할런지) 모르겠어.

(8) '율'과 '률': 백분율, 출석률

한자어 '률'은 모음이나 'ㄴ' 받침 뒤에 올 때는 '율'로 적으며 그 외의 경우와 외래어 다음에는 '률'로 적는다.

① 율: '율'은 모음이나 'ㄴ' 받침 명사 뒤에 씀
예) 백분율, 사고율, 모순율, 비율, 실패율, 환율, 선율, 전율

② 률: '률'은 그 외의 경우와 외래어 다음에 적음
예) 출석률, 성공률, 도덕률, 취업률, 입학률, 합격률, 슛률(shoot率)

(9) '-데'와 '-대': 예쁘데, 결혼했대

'-데'는 과거에 직접 경험한 사실 혹은 직접적인 추정을 표현할 때 쓰며, '-대'는 다른 사람의 말을 전달할 때 쓴다.

① '-데'는 과거에 직접 경험한 내용임을 표시함. 또는 직접적인 추정의 경우에도 씀
예) 어린 시절 정현이의 모습이 사랑스럽데. / 앨범을 보니 옛날에는 참 예뻤겠데.

② '-대'는 다른 사람의 말을 전달할 때 씀
예) 친구들이 그러는데 글쎄 세형이가 내일 군대간대.

(10) 준말 '깨끗하지'와 '깨끗지' / '간편하지'와 '간편치'

준말의 경우 무성음 받침 'ㄱ, ㄷ, ㅂ, ㅅ, ㅈ' 다음에서는 '하'가 통째로 탈락되며, 유성음 받침 'ㄴ, ㅁ, ㅇ, ㄹ' 또는 모음 뒤에서는 'ㅎ'음이 살아 거센소리로 발음된다.

① 무성음 뒤에서는 '하'가 통째로 탈락
예) 거북하지>거북지, 생각하건대>생각건대, 깨끗하지>깨끗지

② 유성음 뒤에서는 '하'에서 'ㅏ'만 탈락되고 'ㅎ'은 살아 거센소리로 발음됨

　　예) 간편하지〉간편치, 실천하도록〉실천토록, 사임하고자〉사임코자

(11) 란(欄)과 난(欄): '독자투고란'과 '칼럼난'

① 란: 한자어 뒤에 오는 1음절 한자어는 두음법칙을 적용하지 않음

　　예) 독자투고란(讀者投稿欄), 답란(答欄), 인용례(引用例), 작업량(作業量)

② 난: 고유어, 외래어 뒤에서는 두음법칙을 적용함

　　예) 어린이난(어린이欄), 가십난(gassip欄), 칼럼난(column欄)

③ 겹쳐 나는 한자어 표기는 본음대로 적지만 첩어적 성격을 강조해야 하는 것들은 두
　음법칙을 적용함

　　예) 낭랑(朗朗)하다, 역력(歷歷)하다, 녹록(碌碌)하다, 늠름(凜凜)하다, 적나라(赤裸裸)하다

(12) 부사 '이'와 '히'

부사의 끝음절은 발음에 따라 구분하여 적는다.

① 끝음절이 분명히 '이'로 소리나는 경우는 '이'로 적음

가붓이, 나붓이, 둥긋이, 따뜻이, 반듯이, 버젓이, 산뜻이, 의젓이, 고이, 날카로이, 헛되이,
집집이, 틈틈이, 겹겹이, 번번이, 일일이, 깨끗이, 가까이, 느긋이

② 끝음절이 '이'나 '히'로 나는 경우는 '히'로 적음

급히, 딱히, 속히, 극히, 솔직히, 소홀히, 꼼꼼히, 당당히, 능히, 도저히

(13) '체'와 '채'

① 체: 체하다, 척하다, 듯하다는 보조용언임
　　예) 그녀는 날 보고도 못 본 체했다. / 무척 아는 체하네.

② 채: 관형사형 어미 뒤에서는 의존명사 '채'를 씀
　　예) 그녀는 항상 불을 켠 채(로) 잠을 잔다.
　　　　그는 급한 마음에 신을 신은 채(로) 방으로 들어 갔다.

③ 째: 명사 뒤에서는 접미사 '-째'를 씀
　　예) 통째, 껍질째

(14) '다르다'와 '틀리다'

'다르다'는 '같지 않다'를, '틀리다'는 '어떤 일이 예정된 상태에서 벗어남'을 의미한다.

① 다르다(형용사): '같지 않다'의 의미
　　예) 교수님, 제 생각은 다릅니다(*틀립니다).

② 틀리다(동사): '셈이나 사실 따위가 맞지 않다'를 나타냄
　　예) 결산이 틀리다. / 우리가 생각했던 방향과 사뭇 틀리는데.

(15) '맞는'과 '알맞은'

① '맞다'(동사): '-는'은 동사에 결합되어 어떤 일의 진행을 나타내는 어미가 됨
　　예) 네 말이 맞다. / 그는 항상 맞는 말만 한다.　　[맞는(○)/맞은(×)]

② '알맞다'(형용사): '알맞다'는 형용사로 이 경우에는 '알맞은'으로 씀

예) 이 옷은 네게 꼭 알맞다. / 알맞은 역할을 하다.   [알맞은(○)/알맞는(×)]

(16) '바람'과 '바램'

'바람'은 '바라다(望)'의 명사형이며, '바램'은 '색이 변하다'는 의미의 '바래다'의 명사형이다.

① 바람
예) 우리의 바람은 국민 모두에게 유익한 정책을 수립하는 것이다.

② 바램
예) 흰색 티셔츠 색이 누렇게 바램.

(17) 접두사 '윗/위/웃': 윗도리, 위층, 웃어른

① '윗': 위와 아래의 대립이 있을 때는 접두사 '윗'을 씀
예) 윗도리, 윗니, 윗입술, 윗눈썹, 윗목

② '위': 거센소리나 된소리 단어 앞에서는 접두사 '위'를 씀
예) 위쪽, 위층, 위채

③ 웃: 위와 아래 대립이 없는 경우에는 접두사 '웃'을 씀
예) 웃어른, 웃돈, 웃옷(겉에 입는 옷)

(18) 접두사 '수/숫': 수개미, 수캉아지, 숫쥐

① 수: 수컷을 이르는 접두사는 '수'로 통일함
예) 수개미, 수곰, 수고양이, 수고래, 수벌, 수꿩, 수나사, 수놈, 수소, 수은행나무

② '수-/암-' 다음에서 거센소리로 발음될 경우에는 거센소리를 인정함

  예) 수(암)캉아지, 수(암)퇘지, 수(암)컷, 수(암)탉, 수(암)탕나귀, 수(암)평아리

③ 숫: 접두사 '숫-'은 '숫양, 숫염소, 숫쥐'에만 쓰임

  예) 숫양, 숫염소, 숫쥐

② 구별해서 써야 할 단어

국어에는 형태가 비슷하지만 의미가 달라 구별하여 사용해야 할 단어들이 있다. 형태가 비슷하면서 의미가 달라 구별하여 사용하는 것에 다음과 같은 것들이 있다.

다음 단어의 의미를 조사해 보자.

> 동기/동문/동창, 받치다/받히다/밭치다, 부딪다/부딪히다/부딪치다. 가름/갈음, 갱신/경신, 구분/구별, 부분/부문, 일체/일절, 돋우다/돋구다, 금세/금새, -(으)러(목적)/-(으)려(의도)그러므로(그러니까)/그럼으로(그렇게 하는 것으로), 이따가/있다가, 들러/들려, 매무시/매무새

(1) '맞추다'와 '맞히다'

'맞추다'는 '기준이나 다른 것에 비교하다'라는 의미이며, '맞히다'는 '맞다'의 사동사로 '적중하다'의 의미이다. 그러므로 '답을 맞추다'와 '답을 맞히다'의 의미는 서로 다르다. 예를 들어 '내가 문제를 모두 맞혔어'의 '맞혔어'는 '적중시키다'의 의미이며, '내가 쓴 답과 모범 답안을 맞추어 보았다'에서 '맞추어'는 '-과 비교하다'의 의미이다.

① 맞추다: '비교하다'의 의미

  예) 계산을 맞추어 보다. / 음식의 간을 맞추다.

② 맞히다: '옳은 답을 대다', '적중하다'의 의미

예) 우승팀을 맞히다. / 정답을 맞히다.

/ 도둑을 맞히다. / 답을 알아 맞혀 보세요.

(2) '벌이다/벌리다', '늘이다/늘리다'

① 벌이다: 싸움을 벌이다. / 사업을 벌이다. / 화투짝을 벌여 놓다.

벌리다: 입을 벌리다. / 자루를 벌리다.

② 늘이다: 고무줄을 당겨 늘이다. / 머리를 길게 땋아 늘이다(늘어뜨리다).

늘리다: 인원을 늘리다. / 재산을 늘리다. / 실력을 늘리다.

(3) '개발'과 '계발'

① 개발(開發): 개척하여 발전하다의 의미임

예) 개발사업본부 / 리조트 개발 / 경제 개발 / 신약 개발

② 계발(啓發): 지능이나 정신 따위를 깨우쳐 열어 줌

예) 지능 계발 / 인성 계발 / 소질 계발

(4) '결제'와 '결재'

① 결제(決濟): 증권 또는 대금을 주고받아 매매 당사자 간의 거래 관계를 끝맺음

예) 이 물건은 신용카드로 결제했어.

② 결재(決裁): 부하 직원이 제출한 안건을 허가하거나 승인함

예) 결재를 받다. / 결재 서류를 올리다.

(5) '부치다'와 '붙이다'

① 부치다: 힘이 부치다. / 편지를 부치다. / 안건을 회의에 부치다.
  / 논밭을 부치다. / 빈대떡을 부치다.
② 붙이다: 흥정을 붙이다. / 꽃꽂이에 취미를 붙이다. / 별명을 붙이다.

(6) '띠다', '띄다', '떼다'

① 띠다: 미소를 띠다. / 파란색을 띠다. / 그는 역사적인 사명을 띠고 태어났다.
② 띄다: 눈에 띄는 행동을 하지 마라. / 글은 띄어 써야 읽기가 쉽다.
③ 떼다: 젖을 떼다. / 영수증을 떼다. / 천자문을 떼다.

(7) '-노라고', '-느라고'

'-노라고'는 '자기 나름으로 한다고'라는 뜻을 표시하는 어미이며, '-느라고'는 '그렇게 하는 일 때문에'라는 뜻을 나타내는 어미이다.

① '-노라고': 잠도 못 자고 하노라고 했는데 잘 될지 모르겠어.
② '-느라고': 소설을 읽느라고 잠을 못 잤다.

 연습문제

1. 다음 어휘 중 한글 맞춤법에 맞는 것을 고르시오.

1) 1박 2일 여행을 가는데 (거추장스럽게/거치장스럽게) 웬 짐을 이렇게 많이 가져 왔니?

2) 너 혼자서 무엇을 그렇게 (구시렁거리고/궁시렁거리고) 있니?

3) 박현채 선수는 한국 신기록을 여덟 차례나 (경신/갱신)했다.

4) 사람들이 그를 영웅으로 (치켜세웠다/추켜세웠다).

5) 나도 왕년에는 (한가락하던/한가닥하던) 사람이다.

6) 강원도 평창은 (연거푸/연거퍼) 동계 올림픽 유치 실패를 딛고, 드디어 2018 동계 올림픽을 개최하게 되었다.

7) 졸업과 동시에 냉혹한 현실에 (부딪혔다/부딪쳤다).

8) 잘못한 사람이 (되레/되려) 큰소리를 쳤다.

9) (끗발/끝발) 있는 특정인에게 인사권을 부여하는 상황이 계속 된다면 한국의 미래는 밝다고 볼 수 없다.

10) 그 일을 마무리하기에는 시간이 너무 (밭다/받다).

11) (내로라하는/내노라하는) 과학자들이 유행성 출혈열이라는 괴질의 원인을 알아내려고 노력하였지만 모두 허사였다.

12) 음식이라면 역시 전라남도를 생각하게 된다. 저렴한 가격에 수십 가지의 반찬이 나오는 것과 같이 음식 인심이 후덕하기로 소문난 (때문/탓)이다.

13) 지금의 시련은 (머지않아/멀지 않아) 곧 행복이 찾아 온다는 삶의 일련의 약속이다.

14) 은행 계좌 이체로 아파트 잔금을 (치르다/치루다).

15) 지식e채널의 (시청율/시청률)이 점점 높아지고 있다.

16) 그 소리를 듣고 얼마나 (놀랐던지/놀랐든지) 땀이 흠뻑 났다.

17) 오늘 해야 할 (작업양/작업량)을 내일로 미루지 말고 모두 마무리하시기 바랍니다.

18) 올해는 생각보다 (펀드수익율/펀드수익률)이 별로 좋지 않다.

19) 아버지 (제사날/제삿날)만큼은 온 가족이 모여야 하지 않겠니?

20) 올해의 프로야구 우승팀을 (맞추어/맞히어) 보렴.

21) 사람들은 대부분 주유소에서 신용카드로 (결제한다/결재한다).

22) 집값이 올라서 (삭월세/사글세) 방도 구하기 힘들다.

23) 우리의 (바람/바램)은 대학 등록금 문제가 조속히 해결되는 것이다.

24) 백석 시에 (배어/베어) 있는 사랑의 시어는 21세기 현대인의 마음까지도 애잔하게 한다.

25) 지일 선생님의 그 한 마디가 삶의 전환점이 (되었다/되었다).

2. 다음 문장에서 한글 맞춤법이 잘못된 것을 고치시오.

1) 공간이 좁으므로 쓰지 않는 책상은 강의실 밖으로 드러내십시오.

2) 대학생의 신분으로 그런 행동은 일체 해서는 안 됩니다.

3) 내가 먼저 도서관에서 공부하고 있을께.

4) 요즘 몇 월 몇 일인지도 모를 성노로 바쁜 나날을 보내고 있다.

5) 할머니께서 뇌졸중으로 쓰러지셔서 지금 병원에 입원 중이셔.

6) 이제부터는 철부지 행동은 삼가고 대학생다운 태도를 보여 주었으면 하는 바램이다.

7) 네가 왜 이 일을 하지 못하게 가로맞고 나서는지 모르겠구나.

8) 윤서와 혜교는 뗄레야 뗄 수 없는 막역한 관계이다.

9) 우리는 민영이가 오디션에 탈락한 것도 모른 체 그 이야기를 하고 말았다.

10) 셋째, 찬반 토론을 하면서 촛점을 흐리는 발언은 하지 마시기 바랍니다.

11) 기업은 그녀의 발전 가능성을 인정하므로써 새 연구 프로젝트에 과감하게 투자하였다.

12) 이번 회의에 붙여진 안건은 등록금 인상에 대한 총학생회의 입장에 관한 것이다.

13) 그는 친구들과 동네 피잣집에서 자주 만나곤 했다.

14) 보수는 섭섭치 않게 드릴 것이니 잘 마무리해 주시기 바랍니다.

15) 그녀는 자신이 계획한 목표를 달성고자 온 힘을 다해 업무를 추진하였다.

16) 민주야, 이렇게 늦게 오면 어떻해?

17) 질문이 있으시면 서슴치 말고 말씀하시기 바랍니다.

18) 이번 이사 비용은 통털어 3백만 원이 들었다.

19) 이 자리를 빌어 감사의 말씀을 드립니다.

20) 그녀는 절대절명의 위기에서 삶의 전환점을 마련하였다.

3 띄어쓰기

띄어쓰기는 ≪한글 맞춤법≫ 총칙 제1장 제2항에 "문장의 각 단어는 띄어 씀을 원칙으로 한다"라고 규정되어 있다. 띄어쓰기의 기본 단위는 단어이며, 명사와 동사와 같은 실사(實辭) 부분은 띄어 쓰고, 조사와 어미와 같은 허사(虛辭) 부분은 붙여 쓴다. 특히, 의존명사 앞에서는 띄어 쓰고, 조사와 특수조사는 붙여 써야 함에 주의해야 한다.

📖 **한글 맞춤법**

제1장 총칙
제2항 문장의 각 단어는 띄어 씀을 원칙으로 한다.
제5장 띄어쓰기
제1절 조사
제41항 조사는 그 앞말에 붙여 쓴다.

---

(1) 띄어쓰기의 기본 원리

① 조사는 앞 단어에 붙여 쓰며, 조사가 여러 개 겹칠 경우에도 붙여 쓴다.

　ㄱ. 서술격조사: 너 때문이다. / 책이다. / 꽃입니다.

　ㄴ. 조사의 겹침: 춘천에서처럼만 / 강릉까지도 / 집에서만이라도 / 서울에서부터

　ㄷ. 어미 뒤: 나가면서까지도 / 믿기는커녕

② 의존명사 앞에서는 띄어 쓴다.

　ㄱ. 의존명사: 것, 나위, 대로, 데, 듯, 따름, 따위, 때문, 리, 바, 뿐, 분, 수, 양, 이, 척, 체, 터

　ㄴ. 의존명사는 용언의 관형사형 뒤에서 나타나는 경우가 많다.

　　예) 아는 것이 힘이다. / 참을 수 없다. / 집 떠난 지 3년

　　/ 두 말할 나위가 없다. / 네가 뜻한 바를 알겠다.

　　/ 그를 설득하는 데 며칠이 걸렸다.

③ 단위명사는 띄어 쓰되, 순서, 연월일, 시각을 나타낼 때, 아라비아 숫자 뒤에서는 붙여 씀을 허용한다. 수는 '만(萬)' 단위로 띄어 쓴다.

　예 1) 금 서 돈, 북어 한 쾌, 차 한 대

　　2) 100 원/100원, 두 시 삼십 분/두시 삼십분, 이 학년/이학년

3) 십이억 삼천사백오십육만 칠천팔백구십팔

④ 두 말을 이어주거나 열거할 적에 쓰는 단어들은 띄어 쓴다.

  예 1) 사과, 배, 귤 등이 있다.

    2) 회장 및 임원 / 시인 겸 소설가

⑤ 단음절로 된 단어가 연이어 나타날 적에는 붙여 쓸 수 있다.

  예 1) 그때 그곳, 좀더 큰것

    2) 이말 저말, 한잎 두잎

⑥ 보조용언은 띄어쓰기를 원칙으로 하되 붙여 씀을 허용한다. 다만 '-어지다', '-어하다'는 일률적으로 붙여 쓴다. 다만 앞말에 조사가 붙거나 앞말이 합성동사인 경우, 그리고 중간에 조사가 들어갈 적에는 그 뒤에 오는 보조 용언은 띄어 쓴다.

  예 1) 도와 드린다/도와드린다   올 듯하다/올듯하다

      아는 척한다/아는척한다

    2) '-어지다/-어하다': 이루어지다/만들어지다/미안해하다/행복해하다

    3) 잘도 놀아만 나는구나. / 네가 덤벼들어 보아라.

⑦ 고유명사, 전문용어는 띄어 씀을 원칙으로 하되 단위별로 붙여 쓰는 것을 허용한다. 고유명사 가운데 사람의 성과 이름, 성과 호 등은 붙여 쓰고, 이에 덧붙는 호칭어, 관직명 등은 띄어 쓴다.

  예 1) 김진영, 채미래 씨, 최치원 교수님

    2) 한국 대학교 기초 교육 대학(원칙)/한국대학교 기초교육대학(허용)

    3) 손해 배상 청구(원칙) / 손해배상청구(허용)

      청소년 보호법(원칙) / 청소년보호법(허용)

(2) 혼동하기 쉬운 띄어쓰기

① '지'의 띄어쓰기(의존명사/어미)

'지'는 용언의 관형사형 뒤에서 경과한 시간을 나타낸 경우에는 의존명사가 되어 띄어 쓴다. 막연한 의문이 있는 채로 뒤 절의 사실이나 판단과 관련시킬 때에는 어미가 되어 붙여 쓴다. 후행 서술어는 '알다, 모르다'로 제한된다.

ㄱ. 경과한 시간의 의미 〈의존명사〉

예) 그를 만난 지도 꽤 오래되었다. / 집을 떠난 지 3년이 지났다.

ㄴ. 막연한 의문 〈어미 -ㄴ지〉

예) 그 사람이 누군지 아무도 모른다. / 집이 큰지 작은지 모르겠다.

② '데'의 띄어쓰기 (의존명사/어미)

ㄱ. '장소, 경우, 일, 것'의 의미 〈의존명사〉

예) 그가 사는 데는 여기서 한참 멀다.

그 책을 다 읽는 데 삼 일이 걸렸다.

ㄴ. 어떤 사실을 먼저 언급할 때. 또는 스스로 감탄할 때 〈어미 -ㄴ데〉

예) 날씨는 추운데 눈은 내릴 것 같지 않구나.

누님이 정말 아름다우신데.

③ '바'의 띄어쓰기 (의존명사/어미)

ㄱ. 앞에서 말한 내용 그 자체 〈의존명사〉

예) 그는 어찌할 바를 모르고 쩔쩔맸다. / 각자 맡은 바 책임을 다하라.

ㄴ. 뒷 절에서 어떤 사실을 말하기 위해 그 사실이 있게 된 과거의 어떤 상황을 미리 제시할 때 〈어미 -ㄴ바〉

예) 입학 서류를 검토한바 몇 가지 미비한 사항이 발견되었다.

④ '밖에'의 띄어쓰기 (의존명사/조사)

ㄱ. 일정한 한도나 범위에 들지 않는 나머지 다른 부분이나 일 등을 나타낼 때 〈의존명사〉

예) 이 밖에도 이와 비슷한 내용은 많이 있다.

ㄴ. '그것 말고는'의 의미를 나타낼 때는 조사로 쓰인다. 이 경우 반드시 뒤에 부정어가 옴 〈조사〉

예) 그는 공부밖에 모른다. / 하나밖에 남지 않았다.

⑤ '대로/만큼/뿐'의 띄어쓰기 (의존명사/조사)

ㄱ. 관형사형 어미 뒤에서는 띄어 쓴다.

예) 예상했던 대로 시험 문제가 까다로웠다.

노력한 만큼 대가를 얻게 되었다.

그는 허공만 응시할 뿐 아무 말이 없었다.

ㄴ. 명사류 뒤에서는 붙여 쓴다.

예) 너는 너대로 나는 나대로

저 한옥만큼 멋지게 지으시오.

리포트를 해 온 사람은 도하뿐이었다.

⑥ '만'의 띄어쓰기 (의존명사/조사)

ㄱ. 경과한 시간을 나타내는 경우, '시간', '동안'을 의미한다. 〈의존명사〉

예) 도대체 이게 얼마 만인가.

ㄴ. 명사류 뒤에 붙어서 한정 또는 비교의 뜻을 나타내는 경우. '그러한 정도', '한정'을 의미한다. 〈조사〉

예) 그는 짐승만도 못하다. / 피곤해서 하루 종일 잠만 잤더니 머리가 아프다.

⑦ '망정'의 띄어쓰기(의존명사/어미)

ㄱ. 괜찮거나 잘된 일이라는 의미를 나타내는 경우 〈의존명사〉

예) 엄마가 옆에 있었으니까 망정이지 하마터면 아이가 크게 다칠 뻔했다.

ㄴ. 앞 절의 사실을 인정하고, 뒷 절에서 그것과 대립되는 다른 사실을 이어 말할 때 〈어미〉

예) 지방에 살망정 세상 물정을 모르지는 않는다.

⑧ 조사 '커녕'·'라고'·'부터'·'마는'의 띄어쓰기: 조사이므로 앞말에 붙여 쓴다.

　예) 졸리기는커녕 / "알았다"라고 / 하고서부터 / 친구로부터 / 말씀은 고맙습니다마는

⑨ '안되다/안 되다', '못되다/못 되다', '못하다/못 하다'의 띄어쓰기

　ㄱ. 하나의 형용사인 경우에는 붙여 쓴다.

　　예) 시험에 떨어졌다니 참 안되었다. / 그는 심보가 못됐다.

　ㄴ. '부정사(안/못) + 되다/하다'인 경우에는 띄어 쓴다.

　　예) 시험 시간이 아직 안 되었다./그녀가 떠난 지 채 1년이 못 되었다.

⑩ 접두사와 접미사의 띄어쓰기

　ㄱ. '제(第)'는 접두사이므로 붙여 쓴다.

　　예) 제1장(○) 제1 장(○) 제 1장(×), 제3실습실(○), 제2차 세계 대전(○)

　ㄴ. '짜리, 어치'는 접미사이므로 붙여 쓴다.

　　예) 순대 2000원어치 주세요. / 이것은 얼마짜리이냐?

　ㄷ. '드리다', '시키다'는 접미사이므로 붙여 쓴다.

　　예) 감사하다/감사드리다, 인사하다/인사드리다, 오해받다, 봉변당하다, 훈련시키다

⑪ 관형사의 띄어쓰기: 관형사는 뒷말과 띄어 쓴다.

　ㄱ. 한자어 관형사

　　예) 각(各) 가정, 만(滿) 나이, 전(全) 국민, 본(本) 사건, 별별(別別) 음식

　　　대외(對外) 사업, 순(純) 한국식, 매(每) 경기, 별(別) 사이가 아니다.

　ㄴ. 고유어 관형사

　　예) 갖은 노력, 온 세계, 긴긴 밤, 몇 명, 딴 일

⑫ '이, 그, 저, 아무, 여러'와 '의존명사'가 결합한 경우

'이, 그, 저, 아무, 여러'와 '의존명사'가 결합한 경우에는 띄어 쓰는 것이 원칙이지만 다른 낱말과 굳어져서 하나의 낱말처럼 쓰이는 것은 붙여 쓴다.

　ㄱ. '이, 그, 저'+'의존명사(것, 분, 이, 자, 놈, 쪽, 편, 곳, 때, 번)'

예) 이것, 저것, 그것 / 이분, 그분, 저분 / 이쪽, 그쪽, 저쪽
　　/ 이곳, 그곳, 저곳 / 이때, 그때, 저때 / 이번, 저번

ㄴ. '아무'+'의존명사(것, 데)'

　　예) 아무것, 아무데

ㄷ. '그동안', '그사이': 하나의 낱말처럼 쓰일 경우에도 붙여 쓴다.

🖋 연습문제

1. 다음을 바르게 띄어 써 보자. 띄어야 할 곳에 v표시를, 붙여야 할 곳에 ⌒ 표시를 하시오.

1) 해성이는 가족에게뿐만아니라 친구 들에게도 항상 웃는얼굴로 대한다.

2) 거치적 거리지말고 네자리에 가서 앉아있어라.

3) 그는 웃고만있을 뿐이지 말이없다.

4) 지금은 때를 기다리는수밖에없다.

5) 청소년기일 수록 단백질 섭취량이 상당히필요하다.

6) 민영이는 입원하고있던 병원에서 퇴원 했다.

7) 활짝핀 꽃은 금방시드니까 꽃봉오리가 있는걸로 사는것이 어떻 겠니?.

8) 정답을 맞히신 분 들에게는 소정의 상품을 드리겠습니다.

9) 칠칠치못하게 자기 물건하나도 제대로 못챙기니?

10) 이번 국어 능력인증시험은 100점은 커녕 50점 받기도 쉽지 않아 보인다.

11) 아무리 찾아보아도 주차할데가 없었다.

12) 하던일을 조금만 더하고 가자. 그러고나서 출발 해도 늦진 않을거야.

13) 500 여명의 내외빈이 참석한 가운데 입학식이 거행 되었다.

14) 오징어 한축은 스무마리, 마늘 한접은 100개를 일컫는 말이다.

15) 이렇게 세미나에 참석해 주서서 감사 드립니다.

16) 거실 청소를 하고나니 반들반들 한것이 기분 까지 좋아 진다.

17) 삼십삼억삼천오백칠십육만칠천팔백이십구

18) 어른이 말씀하시는 데 그렇게 말대꾸하는게 아니야.

19) 윤혁이가 미국으로 유학을 간지 1년이 되었다.

20) 나는 경험한 만큼만 보는 능력밖에 가지지 못한터라, 묘안을 제시해 줄수가 없구나.

21) 그녀를설득하는데며칠이걸렸다.

22) 시골에서 지낼 망정 세상 물정을 모르지는않는다.

23) 해가 질때까지 회의장에 남아있던 사람들은 다섯명뿐이었으며, 그들은 어찌할바를 모른
    채 주변을 서성거릴뿐이었다.

24) 기자 들은 대학 학보사때 배웠던 방식 대로 기사를 작성 하다 조금 씩 자기 만의 문체로
    표현하게된다.

25) 과학의 발전이 오히려 인류의 미래에 해가 될수 있다는 상황을 표현 하는 매체로는 영화
    를 들수 있다.

4 외래어 표기법

  국어사전을 보면 '외국어'는 모국어에 대립하는 개념으로 '다른 나라의 언어를 가리키는 말'
이라고 표기되어 있으며, '외래어'는 '외국에서 들어온 말로 국어처럼 쓰이는 말'이라고 적혀 있
다. 우리말을 적을 때 ≪한글 맞춤법≫에 따라 표기하듯이 외래어는 ≪외래어 표기법≫에 따
라 적어야 한다. ≪외래어 표기법≫은 외래어를 한글로 적는 방식을 정해 놓은 규칙이다. ≪외
래어 표기법≫은 완전히 우리말로 정착된 소수의 외래어에만 한정되는 것이 아니라 외국의 인
명, 지명까지 대상이 된다. 이러한 ≪외래어 표기법≫에는 다음과 같은 기본 원칙이 있다.

🔲 외래어 표기법
제1장 표기의 기본 원칙
1. 외래어는 국어의 현용 24자모만으로 적는다.
    예) 자: ㄱ, ㄴ, ㄷ, ㄹ, ㅁ, ㅂ, ㅅ, ㅇ, ㅈ, ㅊ, ㅋ, ㅌ, ㅍ, ㅎ
        모: ㅏ, ㅑ, ㅓ, ㅕ, ㅗ, ㅛ, ㅜ, ㅠ, ㅡ, ㅣ

2. 외래어의 1음운은 원칙적으로 1 기호로 적는다.
  예) [f] 발음은 'ㅍ'으로 적는다.
      파이팅(○)/화이팅(×), 패밀리(○)/훼밀리(×), 파일(○)/화일(×), 판타지 소설(○)
3. 외래어의 받침은 'ㄱ, ㄴ, ㄹ, ㅁ, ㅂ, ㅅ, ㅇ'만을 쓴다.
  예) 커피숍(○)/커피숖(×), 디스켓(○)/디스켙(×), 케이크(○)/케잌(×)
4. 파열음 표기에는 된소리를 쓰지 않는 것을 원칙으로 한다.
  예) 파리(○)/빠리(×), 카페(○)/까페(×), 테제베(○)/떼제베(×)
5. 이미 굳어진 외래어는 관용을 존중하되, 그 범위와 용례는 따로 정한다.
  예) 라디오(○)/레이디오(×), 카메라(○)/캐메러(×)

▶ [참고] 영어의 표기와 관련된 몇 가지 세부 규정들

• 장음 표기는 하지 않는다.
  예) team [tiːm] 팀(○) 티임(×)

• 단모음 뒤 어말 무성 파열음 [p], [t], [k]는 받침으로 적는다.
  예) cat캣 book북 cup컵

• 그밖의 어말, 또는 유음·비음([l], [r], [m], [n]) 앞의 [p], [t], [k]는 '으'를 붙여 적는다.
  예) soup 수프 cake 케이크 cart 카트 mattress 매트리스 macro 매크로

• 유성파열음([b], [d], [g]), 마찰음([s], [f] 등)은 어말 또는 자음 앞에 '으'를 붙여 적는다.
  예) lobster 로브스터 land 랜드 gagman 개그맨 bus 버스 graph 그래프

연습문제

1. 다음은 외래어 표기법이 잘못된 예이다. 바르게 고치시오.

까페	네비게이션	다이나믹
데이타	도너츠	디렉토리

디지탈	딸라	레포트
렌트카	로보트	로얄티
리더쉽	마켓팅	맛사지
매니아	매카니즘	메세지
미스테리	바디	바베큐
밧데리	부르조아	셋트 메뉴
소세지	스넥	스케쥴
스테인레스	심포지움	싸이렌
싸이트	써비스	써클
아나로그	악세사리	앙케이트
에니메이션	에어콘	엔돌핀
엘레베이터	오리지날	워크샵
윈도우즈	자켓	쥬스
째즈	챠트	카센타
카운셀러	카타로그	카톨릭
컨서트	컨셉	컨텐츠
컬럼	컷트	케릭터
코메디	콘트롤	크리닉
크리스찬	탑(top)	팜플릿
포탈 사이트	프렌차이즈	프로포즈
프리젠테이션	플래쉬	피알
화이팅	화일	환타지

문장 바로 쓰기

Ⅰ 정확한 문장 쓰기

글쓰기의 기본은 정확한 문장 쓰기에서부터 출발한다. 정확한 문장은 자신의 생각을 명확하게 나타낼 수 있으며, 읽는 사람 역시 그 글을 쉽게 이해할 수 있다. 문장을 정확하게 쓰려면 문장에 대한 올바른 문법 지식이 있어야 한다. 그렇다면 정확한 문장이란 어떤 것일까? 그것은 문법에 맞는 문장을 말한다. 문법(文法)은 문장을 이루는 가장 기본적인 규칙이다. 그 규칙을 벗어난 문장은 옳은 문장일 수 없다. 특히 글은 독자가 쉽게 이해할 수 있도록 그 내용을 명확하고 논리적이며 어법에 맞게 써야 한다.

정확한 문장을 이해하기 위해서는 한국어 문법의 특성을 이해할 필요가 있다. 한국어 문장의 특징은 다음과 같다.

첫째, 국어는 '주어-목적어-서술어' 구조의 언어이다. 따라서 전체 문장의 의미를 판단하는 서술어가 문장의 끝에 나오므로 정확한 문장의 의미를 파악하기 위해서는 끝까지 들어야 한다. 그리고 일반적으로 문장에서 중요한 사항들은 뒷부분에서 결정된다. 그래서 후치사 언어(後置詞 言語)라고도 한다. 문장에서 격조사, 보조사, 어미 등의 역할이 중요하다.

둘째, 국어는 자유어순(free word order)이다. 가령, '나는 어제 윤서를 미술관에서 만났다'라는 문장이 있을 때 '미술관에서 나는 어제 윤서를 만났다', '만났다, 나는 어제 윤서를 미술관에서'와 같이 자유롭게 어순에 변화를 줄 수 있다.

셋째, 국어는 경어법이 발달한 언어이다. 국어의 경어법은 화자와 청자와의 관계를 고려하여 상하관계, 상황에 따라 알맞게 표현해야 한다. 높임법, 대우법, 존대법과 같은 이름으로 불리기도 한다.

넷째, 수식어는 피수식어 바로 앞에 오는 것이 바람직하다. 수식어에는 관형어와 부사어, 구와 절 등이 있다. 관형어는 체언을, 부사어는 용언을 수식하는데 각각의 수식어는 피수식어 바로 앞에 오는 것이 바람직하다.

다섯째, 국어는 주요 문장성분의 생략이 가능한 언어이다. 특히 "어디 가니?" "밥 먹으러"와 같은 대화체 문형에서는 문장성분의 생략이 가능하다. 하지만 정확한 글을 위해서 문어(文語) 문장구조에서는 필수성분을 생략하지 않는 것이 바람직하다.

여섯째, 이중주어(二重主語) 문장이다. 이중주어 문장이란 한 문장에 두 개의 주어가 있는 것을 말한다. 국어의 이중주어문은 서술어가 '예쁘다, 많다, 길다, 바쁘다'와 같은 서술어가 형용사인 것이 일반적이다. 예컨대 '막내 이모는 얼굴이 예쁘다'는 이중주어 문장이다.

② 바르지 못한 문장 바로 잡기

문법이나 논리에 어긋나는 문장을 비문(非文)이라고 한다. 비문은 대개 글 쓰는 사람의 사고 체계 흐름의 혼란에서 비롯된다. 그렇기 때문에 논리적으로 생각하는 훈련을 하는 것은 바른 문장쓰기에 도움이 된다. 특히 문장의 기본 단위인 주어와 서술어가 일치하도록 하는 것이 중요하다.

대학생들이 많이 틀리는 문장의 오류로는 문장이 길어져 주어와 서술어의 호응이 맞지 않는 경우, 필수성분이 생략된 경우, 문장과 문장을 연결해 주는 연결어미가 자연스럽지 못한 경우, 시제가 부적절한 경우, 조사 사용이 잘못된 경우, 글이 객관화되지 못한 경우, 문장을 장황하게 쓴 경우 등이 있다.

(1) 문장의 필수성분이 빠진 경우

[예문ㄱ] 그녀는 자신이 이기적인 줄 알면서도 남에게는 듣기 싫어한다.
[예문ㄴ] 냉정하게 전력을 평가해 봐도 한국이 자력으로 16강 티켓 가능성은 높은 편이다.

위의 [예문ㄱ]은 목적어가 생략되어 전체적으로 문장이 어색하다. 이 문장은 '남에게는' 뒤에

'그런 말을'과 같은 목적어를 넣어주면 자연스러워진다. [예문ㄴ]은 서술어가 생략되어 있는 문형으로, '16강 티켓을 획득할 가능성은'처럼 서술어를 보충해 주어야 한다.

(2) 문장성분 간의 호응문제

문장을 이루는 기본적인 요소는 주어, 목적어, 서술어이다. 문장의 의미를 정확하게 전달하기 위해서는 문장성분 간의 호응 관계가 적절해야 한다.

> [예문ㄷ] 이것은 아직도 한국 사회가 무사안일주의를 벗어나지 못했다는 생각이 든다.
> [예문ㄹ] 교육과학기술부는 새 교과서를 편찬하면서 전인교육의 충실화에 두었다.

위의 [예문ㄷ]은 주어 '이것은'과 '생각이 든다'가 서로 호응을 이루지 못하고 있다. 따라서 이 문장을 바르게 고치면 '이것은 아직도 한국 사회가 무사안일주의를 벗어나지 못했다는 사실을 반영하고 있다'가 된다. [예문ㄹ]은 목적어와 서술어의 호응이 바르지 못하다. '두다'라는 동사는 '-을 -에 두다'와 같이 목적어를 필요로 하므로 '그 목표를'을 '전인교육의' 앞에 넣어야 바른 문장이 된다.

(3) 조사, 어미가 잘못 사용된 경우

국어의 조사와 어미 등은 주로 문법적인 관계를 나타내는 기능을 맡는다. 그러므로 이들을 바로 사용하지 못하면 어색한 문장이 된다.

> [예문ㅁ] 대학에도 시장 논리가 확산되면서 인문학의 연구 활동의 여건이 나빠졌다.
> [예문ㅂ] 한국 정부는 독도 영유권 문제에 대하여 일본에게 강력히 항의하였다.
> [예문ㅅ] 무엇을 진리로 생각하고 어떤 행위를 옳다고 여기고 어떤 형태를 좋아하느냐에
>   따라 한 집단의 문화적 특징이 드러난다.

위의 [예문ㅁ]처럼 조사 '의'를 반복해서 사용하는 것은 바람직하지 않다. 이 문장은 '대학에도 시장 논리가 확산되면서 인문학을 연구할 수 있는 여건이 나빠졌다'로 수정하는 것이 좋다. [예문ㅂ]에서 '에게'는 사람이나 동물에게만 쓰고, '에'는 무정물에만 사용되는 조사이다. 그러므로 '일본에게'를 '일본에'로 고쳐야 한다. 글을 쓰다보면 '-어, -어서, -고, -며, -는데' 등과 같이 활용형을 반복하여 사용하는 경우가 있다. 동일한 유형의 활용을 반복하여 사용하면 문장이 어색해진다. 그러므로 위의 [예문ㅅ]의 '여기고'는 '여기며'로 고쳐 반복을 피해야 한다.

(4) 중복된 표현이 쓰인 문장

의미의 중복이나 동일어구의 반복 사용은 간결한 문장을 만들 수 없으므로 주의해야 한다.

> [예문ㅇ] 두 명의 젊은 청춘남녀가 담소를 나누며 박물관을 둘러보고 있다.
> [예문ㅈ] 남녀평등의 시작은 기존 사고와 관습이 상당 부분 남성 중심이었다는 것을 깨닫는 데서 출발한다.

위의 [예문ㅇ]에서 청춘에는 '젊은'의 의미가 내포되어 있으므로 '두 명의 청춘남녀가 담소를 나누며 박물관을 둘러보고 있다'로 바꾸는 것이 좋다. [예문ㅈ]의 문장에서 주어는 '시작은'이고 서술어는 '출발한다'이다. 이 문장은 주어와 서술어의 호응 관계를 이루지 못할 뿐만 아니라 의미가 같은 어휘가 반복적으로 사용되고 있으므로 '남녀평등의 시작은'을 '남녀평등은'으로 고치는 것이 좋다.

(5) 불필요한 피동형 문장

문장에서 꼭 피동형 문장을 써야 할 경우를 제외하고는 능동형 문장을 쓰는 것이 바람직하다. 게다가 '-되어지다'와 같은 이중 피동문은 쓰지 않는 것이 좋다.

> [예문ㅊ] 경쟁력 강화와 생산성의 향상을 위해 경영 혁신이 요구되어지고 있다.

위의 [예문ㅊ]은 이중 피동형 문장이다. '요구되어지고 있다'를 '요구되고 있다'로 고치는 것이 자연스럽다.

(6) 문장이 장황하고 긴 문장

문장은 장황하고 긴 문장보다는 단문의 간결한 문장으로 쓰는 것이 좋다.

> [예문ㅋ] 긴 문장을 대하다 보니 독자들은 주체 못할 호흡으로 숨이 가빠지거니와 여러 정보를 한꺼번에 접함으로써 종국에는 무슨 이야기를 읽었는지조차 헷갈리게 되어 독자들을 끌어 모아도 시원찮은 판국에 오히려 글의 긴장감을 떨어뜨리고 있으니, 완성도로 따지자면 낙제점에 가까운 글이다.

[예문ㅋ]의 문장은 너무 길다. 다음과 같이 문장을 나누어 고쳐 볼 수 있다.

☞ 긴 문장을 대하다 보니 독자들은 주체 못할 호흡으로 숨이 가빠지게 마련이다. 더욱이 여러 정보를 한꺼번에 접함으로써 종국에는 무슨 이야기를 읽었는지조차 헷갈리게 된다. 필자는 독자들을 끌어 모아도 시원찮은 판국에 오히려 긴장감을 떨어뜨리고 있다. 이런 글은 완성도로 따지자면 낙제점에 가깝다.

📑 문장 쓰기의 핵심
1. 문장성분 간 호응 관계를 고려한다.
2. 필수성분을 생략하지 않는다.
3. 조사, 어미, 접속어, 시제 등을 정확하게 쓴다.
4. 모호한 문장을 쓰지 않으며 구체적으로 표현한다.
5. 피동형 '-되어지다', 사동형 '-시키다' 표현에 주의한다.
6. 문장의 대칭구조를 고려한다.
7. 외국어 번역체 문장을 쓰지 않는다.
8. 글은 객관적으로 쓰며, 장황하게 쓰지 않는다.

연습문제

//

1. 다음의 문장을 올바른 문장으로 고쳐 보자.

1) 문장성분 간의 호응 관계를 고려한다.

① 대학은 정치, 문화, 경제, 예술에 이르기까지 지식을 폭넓게 익힐 수 있다.

② 내일은 비가 예상됩니다.

③ 그녀는 마음먹은 일은 절대로 하고 만다.

2) 생략된 필수성분 넣어 문장의 완성도를 높여 보자.

① 잠실 구장에서는 LG가 5 대 2로 두산을 시즌 첫 3연패로 몰아 세웠다.

② 일본 동북부 지역에 있는 교민들에게 전하려는 국내 가족과 친지들의 방송신청이 쇄도했다.

③ 지난 시간을 돌이켜 보면, 내가 이 자리에 오르기까지 많은 도움을 주었다.

3) 문장의 대칭구조를 고려한다.

① 모든 계획은 거시적 안목과 그 나름의 성격을 파악해야 한다.

② 대학은 모든 시대와 나라에서 형성된 심오한 진리 탐구와 치밀한 과학적 정신을 배양하는 학문의 전당입니다.

③ 동아리 활동은 공부에는 큰 도움이 되지 않고 사회생활을 하는 데 도움이 되었다.

4) 조사, 어미를 정확하고 적절하게 쓴다.

① 교수님께서는 리포트 주석 작성법에 대하여 몇 번이고 설명하셨지만 아직도 그것을 이해하지 못하는 학생들은 많습니다.

② 도영이는 나에게 그것이 무엇이냐고 꼬치꼬치 캐물었다.

③ 머리와 상체를 가슴까지 끌어당겨 5초 동안 유지하고 편다.

5) 피동형 '-되어지다', 사동형 '-시키다' 표현에 주의한다.

　① 자금이 어디에 쓰여졌는지 조사하고 있다.

　② 감사원 발표 중 법원의 허가 기준을 벗어난 감청이 성행하고 있다는 지적은 하루 빨리 시정되어져야 할 대목이다.

　③ 교육개발센터에서는 신입생을 대상으로 파워포인트 프로그램을 교육시켜 드립니다.

6) 글은 객관적으로 쓴다.

　① 그는 일을 처리함에 있어 항상 신중하게 결정하는 것 같다

　② 노사정 협의체란 것이 실효성이 있을지 의문이다.

　③ 자신들의 이익만을 챙기기 위해 국회의원들이 혐오시설 건립을 반대하는 꼴을 보면 가관이다.

2. 다음 문장을 글의 전반적인 흐름을 해치지 않는 범위 내에서 문장의 길이를 최대한 줄여 보자.

1) 건강에 좋은 웰빙음식이 현대인에게 선풍적인 인기를 끌고 있다.

2) 영화로 비유하자면, 널리 읽히는 글, 술술 넘어가는 문장은 감독 자신의 세계만을 고집하며 타인들이 지루해하는 장면을 가감 없이 내보내는 예술 영화보다는 관객의 취향을 고려하여 힘이 넘치는 장면들을 집중적으로 내보내는 할리우드식 영화에 가깝다고 볼 수 있다.

chapter 03 단락 쓰기

① 단락의 개념

단어가 모여 문장이 되고, 문장이 모여 단락이 되고, 단락이 모여 한 편의 글이 완성된다. 단락이란 하나의 중심 생각을 나타내는 문장이 여럿 모인 것을 말한다. 이것은 글에서 행으로 구분되는데, 새 행이 시작되어 다음 새 행이 시작되기 직전까지를 한 단락으로 본다.

② 단락의 기본 요건

단락은 다음과 같은 기본 요건들을 갖추어야 한다.

(1) 단락은 오직 하나의 중심 생각으로 이루어져야 한다. 그러기 위해서 가능하면 대상 범위를 좁히고 제한하는 것이 좋다.

(2) 단락은 통일성이 있어야 한다. 즉, 소주제문과 뒷받침 문장이 같은 내용이어야 한다.

(3) 단락은 일관성이 있어야 한다. 소주제문을 구체화하는 뒷받침 문장들이 자연스럽고 이치에 맞게 배열되는 것을 말한다.

③ 단락 쓰기에서 자주 범하는 오류

(1) 문장과 단락을 혼동하는 경우

단락을 형식적으로 구분하는 방법은 줄을 바꿔 쓰는 것, 칸을 들여 쓰는 것이다. 이것은 원고지에 쓰거나 컴퓨터로 문서 작업을 하거나 마찬가지이다. 그런데 습관적으로 한 문장이 끝날 때마다 줄을 바꿔 쓰는 학생이 있다. 이러한 것은 생각이 정리가 안 된 채 글을 쓰거나 배경지식이 없어서 쓸 말이 없는 경우에 일어나는 현상이다. 그 외에 인터넷 글쓰기가 이런 습관을 낳기도 한다. 본인의 평소 인터넷 글쓰기 태도를 떠올려 보자. 이메일이나 게시판에 글을 쓸 때 일정한 길이가 되면 저절로 줄 바꿔 쓰기가 되는데, 그 전에 미리 줄을 바꿔 쓰는 습관을 갖고 있는 경우가 많을 것이다. 이런 습관들이 굳어지면 대학생에게 필요한 체계와 형식을 갖춘 글을 쓰기 힘들어진다.

(2) 단락과 글을 혼동하는 경우

⑴의 경우와는 정반대로 단락을 나누는 형식적 구분인 줄을 한 번도 안 바꾸고 글을 쓰는 경우이다. 이 경우 글의 논지를 파악하기 힘들 뿐만 아니라 서론-본론-결론의 구분조차 모호해진다. 이런 현상은 개요를 작성하지 않고 글을 쓸 경우 많이 나타난다.

(3) 한 단락에는 하나의 소주제문만 있어야 하는데 그렇지 않은 경우

이것저것 주장을 늘어놓는 경우이다. 이 경우 단락의 일관성, 통일성, 응집성을 크게 해치게 된다. 또한 다음 단락을 쓸 때 마찬가지로 일관성이 없다보니 단락마다 내용이 겹치거나 중언부언할 가능성이 많다.

(4) 특정 단락이 너무 길어진 경우

대표적인 예로 서론과 본론의 구분이 명확치 않아 서론을 길게 쓰는 경우, 서론-본론-결론 세 단락으로 기계적으로 나눠 쓰다 보니 본론의 전체 분량이 길어지는 경우, 결론이 없거나 1~2 문장 정도로 지나치게 짧은 경우를 들 수 있다.

그렇다면 한 단락의 분량은 어느 정도가 적절한가. 자신의 핵심주장을 담은 선명한 주제문, 이를 뒷받침하는 문장들만 독자 입장에서 보았을 때 갖춰져 있으면 분량은 상관이 없다. 다만 지나치게 길 경우 내용이 중언부언되거나 일관성을 해칠 수 있으므로 주의해야 한다. 글쓰기 연습을 하면서 자기 나름대로 적정분량을 정해놓는 것도 방법이 될 수 있다. 글 전체의 길이에 알맞게 단락의 분량을 적당히 정해놓고 써보자.

4 단락과 소주제문

한 단락에서 중심 생각이 표현된 문장을 소주제문이라고 한다. 소주제를 효과적으로 제시하기 위해서는 이것을 뒷받침해 주는 문장이 필요하다. 즉 단락은 소주제문과 뒷받침 문장으로 구성된다고 할 수 있다.

주제문은 첫째, 최소한 완전한 문장의 형태를 갖춰야 하고, 둘째, 제한된 하나의 생각을 진술하고, 한 단락 안에서 논의될 수 있도록 대상을 충분히 구체화해야 한다. 단락을 한정해야 하며 요점을 정확히 나타내야 한다. 주제문은 완전한 서술형 문장으로 표현하며 의문문, 감탄문, 부정문은 피한다. 또한 주제문의 표현은 정확하고 구체적이어야 하며 '-라고 생각한다', '-인 것 같다' 등의 표현은 피한다.

(1) 대주제(가주제)를 작성한다. 대주제는 글의 중심 생각이다.
예) 대주제: 한류 지속화

(2) 소주제(참주제)를 작성한다.

소주제는 대주제에 대하여 필자가 가치 평가를 내린 주제이다. 소주제는 단락의 중심 생각으로 대주제를 뒷받침해야 한다.
예) 주제: 한류의 지속화 방안들

(3) 주제문 작성
예) 한류를 지속화하기 위해서는 다양한 콘텐츠 개발과 마케팅 전략이 필요하다.

🖋 연습문제

//

1. 다음 [보기]를 참조하여 다음의 대주제에 알맞은 주제문을 작성하여 보자.

> [보기]
> 대주제: 고령화 사회
> 주제문: 노인들의 삶의 유형을 체계적으로 분석하여 1:1 맞춤형 실버산업을 개발하여 삶의
>   질을 향상해야 한다.

1) 외국산 수입식료품 유입

   주제문:

2) 대학문화 정체성 찾기

   주제문:

3) 효율적인 스마트폰 사용 방법

   주제문:

5 단락의 기능과 전개방식

단락은 대체적으로 일반적인 진술을 한 후 구체적인 설명으로 이어 나간다. 즉, 소주제문을 명시한 후 이를 부연하거나, 예를 들거나 입증하면서 뒷받침 문장들을 나열하는 것이다. 두괄식은 주제문을 명시한 후 이를 부연하거나, 예를 들거나 입증하면서 풀어쓰는 뒷받침 문장들을 나열하는 것이다. 미괄식은 뒷받침 문장들이 먼저 나오고 주제문이 뒤에 나오는 것이다. 양괄식은 주제문에 이어 뒷받침 문장들이 나오고 다시 이를 아우르는 주제문으로 끝맺는 경우이다. 단락의 유형에 따라 소주제문과 뒷받침 문장의 위치가 바뀔 수도 있지만 하나의 소주제문

과 여러 개의 뒷받침 문장으로 단락이 구성된다는 점은 변함이 없다.

 예문

(가): 두괄식 단락의 예

　나는 누구에게 읽히기 위해서 글을 쓰는 것은 아니다. 그런 의미에서 내 글은 소용없는 글인 것을 안다. 어느 소설가나 문필가가 소용없는 글을 쓰려 들 것인가. 그러나 나는 문학가가 아닌 것을 스스로 안다. 그런 까닭에 애당초에 그런 야망은 버린 지 오래다. 고요한 밤에 좋은 친구가 있어 내 창문을 두드린다면 얼마나 반가우랴. 그와 차를 마시며 도란도란 마음속의 심회를 풀 수 있다면, 내 무엇 하러 원고지 위에 붓을 달리랴. 벗이 없는 까닭에 종이 위에 대화를 나누는 것이다.

　　　　윤오영, 장하늘 편, 『글을 쓰는 마음』, 『소리 내어 읽고 싶은 우리문장』 (다산초당, 2005).

 예문

(나): 미괄식 단락의 예

　성형으로 고친 외모는 첫인상에 긍정적 영향을 주는 하나의 요소에 불과하다. 심리학자들에 따르면 좋은 첫인상은 얼굴뿐만 아니라 패션 감각, 헤어스타일, 몸에 밴 친절함, 유머 감각, 명료하고 유쾌한 의사전달능력 등의 개성이 함께 어우러져 만들어진다고 한다. 젊음 하나만으로도 충분히 아름다운 청소년들이 연예인을 좇아 무작정 성형의 늪에 빠져드는 것은 사회적으로 심각한 문제. 부모님과 학교 선생님들은 엔터테인먼트 산업의 이런 위험성을 청소년들에게 확실하게 가르쳐 주어야 한다. 그리고 세상에는 외모와 관련 없이 자기 몸값을 올리거나 보장받을 수 있는 직종과 방법이 수없이 존재한다는 것을 제대로 알려줄 필요가 있다. 성형에 의한 '겉치레' 차별화가 아닌 자신만의 개성과 능력을 계발하는 것이 진정한 차별화임을 깨달아야 한다.

　　　　김인규, 『시론: 성형 권하는 사회』, 『조선일보』, 2007. 12. 11.

예문 (가)의 단락은 주제문이 단락의 맨 앞에 제시되고, 이어서 주제문의 '누구에게 읽히기 위해서 글을 쓰는 것이 아니다.'라는 주제를 뒷받침하는 여러 문장들로 구성되어 있다. 각 문장들은 누구에게 읽히기 위해 글을 쓰는 것이 아니라 자신과의 내면의 대화 방법으로 글을 쓴다는 이야기로 일관되게 서술되고 있다. 이와 같은 두괄식 구성은 필자의 주장을 처음에 제시함으로써 독자의 관심을 집중시키고, 글의 요지를 쉽게 파악할 수 있다는 장점이 있다. 반면 필자의 의도가 너무 분명하게 드러나 글을 읽고 해석하는 즐거움을 반감시킬 수 있다.

반면, 예문 (나) 단락은 '성형으로 고친 외모는 첫인상에 긍정적 영향을 주는 하나의 요소에 불과하다'라고 밝힌 다음, 단락의 끝에 이것을 종합하여 '성형에 의한 겉치레 차별화가 아닌 자신만의 개성과 능력을 계발하는 것이 진정한 차별화임을 깨달아야 한다'는 주제문을 제시하고 있다. 이와 같은 미괄식 구성은 주제를 극적으로 강조하는 데 효과적이지만, 내용에 따라 독자가 필자의 의도를 파악하기 어렵다는 부담이 있을 수 있다.

6 잘 쓴 단락과 잘못 쓴 단락

아래 단락은 잘 쓴 단락과 잘못 쓴 단락을 제시한 것이다. 아래 제시된 단락을 읽어보고 좋은 단락의 요건에 대하여 생각해보자.

(다): 잘 쓴 단락의 예

역사는 사람을 현명하게 하고, 시는 지혜롭게 하며, 수학은 치밀하게 하고, 자연과학은 심원하게 하며, 윤리학은 중후하게 하고 논리학과 수사학은 담론에 능하게 한다. 학문은 발전하여 인격이 된다. 뿐만 아니라 적당한 학문으로 제거할 수 없는 지능의 장애란 없다. 그것은 마치 육체의 질병에 대하여 그것을 치료할 수 있는 적합한 운동이 있는 것과 같다. 예컨대, 투구는 결석병과 신장에 좋고, 사격은 폐와 가슴에 좋으며, 가벼운 보행은 위에 좋고, 승마는 머리에 좋은 것 등과 같은 것이다. 그러므로 누구나 만일 머리가 산만하면 수학을 배우게 하는 것이 좋다. 그것은 실제로 수학 문제를 풀 때 머리가 조금이라도 헷갈리면 처음부터 다시 시작해야 하기 때문이다 만일 식별력이 없고 차이를 분별하는 능력이 부족하다면 스콜라 철학자들을 연구하게 하는 것이 좋다. 그들은 '머리카락 하나라도 갈라 보려고 하는 치밀한 사람들'이기 때문이다. 만일 문제를 충분히 검토하고 한 가지를 증명 또는 예증하기 위하여 다른 것을 제시할 능력이 불충분하다면, 법의 판례를 연구하게 하는 것이 좋다.

프란시스 베이컨, 『학문에 대하여』 (종이와 펜, 2004).

위의 예문 (다) 단락은 '학문적 장애를 보완하는 방법'이라는 주제를 바탕으로 구체적인 예를 통해 글을 서술하고 있다. 위의 주제문은 첫 번째 문장이다. 위 단락의 내용은 육체적 질병을 치료할 수 있는 적합한 운동이 있듯이 지능 장애도 보완할 수 있는 적절한 학문이 있음을 주장하고 있다. 그리고 실제로 신체적 장애와 지적 장애에 어떤 운동과 학문이 좋은지에 대하여 예를 들어 설명하고 있다. 위의 글은 단락의 통일성과 일관성, 완성도 면에서 좋은 단락이라고 볼 수 있다.

 예문

(라): 잘못 쓴 단락의 예

몸짱 열풍은 자신만의 개성을 살리는데 문제가 되므로 바람직하지 않다. 사람들은 각자 가지고 있는 개성이 다른데도 유행의 흐름상 원하지 않아도 따라가는 경우가 많다. 특히 우리나라의 경우 유행이 빨리 변하기 때문에 돈과 시간 낭비가 크다. 빨리 몸짱이 되기 위해 하루에 몇 시간 씩 운동하고 쉬지도 않아 자기 몸을 버리는 경우가 많다. 마르거나 뚱뚱해도 자기만의 개성을 살리면 그것이 더 멋있을 수 있다.

〔학생글〕

예문

(마): 잘못 쓴 단락의 예

　　휴대폰의 사용은 개인의 생활을 좀 더 유익하게 해준다는 면에서 바람직하다. 현대에는 전자 정보통신 분야에서 비약적인 발전을 하고 있다. 우리나라는 세계에서 세 번째 손가락 안에 들 정도로 정보통신 분야의 선진국이고 그의 산물이라 할 수 있는 휴대폰을 전 국민의 80% 이상이 소유하고 있다. 그로 인해 전 국민의 의사소통의 가장 우선 순위는 휴대폰이라고 해고 과언이 아니다.

〔학생글〕

　　예문 (라)의 경우 주제문에서는 개성 상실을 근거로 제시하고 있는데 정작 뒷받침 문장에서는 '돈과 시간 낭비가 크다'거나 '건강을 해치는 것'을 문제로 서술하고 있다. 따라서 주제문과 뒷받침 문장 간에 일관성, 통일성이 없다. 예문(마)의 경우 주제문과 뒷받침 문장이 일치하지 않는다. 주제문에서는 '개인의 생활을 유익하게 해준다.'고 했는데 뒷받침 문장에서는 이에 대해 서술하기보다는 휴대폰 보급률에 대해서 서술하고 있다.

 연습문제

//

1. 다음 화제를 구체적인 주제문으로 고쳐 쓰고, 고쳐 쓴 주제문에 뒷받침 문장을 덧붙여 단락을 완성해 보자.

1) 네티즌 문화

2) 리포트 표절 문제

3) 스마트폰

4) 독서토론

5) 대학 동아리

2️⃣ 다음의 주제문을 바탕으로 3-4개의 뒷받침 문장을 사용하여 다음 단락을 완성해 보시오.

1) 글은 바로 우리들 자신이다._____

_____

_____

_____

_____

_____

_____

_____

_____

2) 지식정보화 사회에서는 사회 계층에 따라 자료 활용 능력에 차이가 있다. _____

_____

_____

_____

_____

_____

_____

_____

_____

_____

3. 다음의 한 단락을 두 단락으로 확장하여 보시오.

　표면적인 여건만 살펴보면, 현대는 개성을 실현하기에 아주 적절한 시대처럼 보인다. 종교며 이데올로기 같은 거대 서사들이 사라지고, 개인의 자유를 제한하는 제도적 억압이 상대적으로 약화되었다. 절대적인 물질적 궁핍도 사라졌다. 개인은 자유롭게 자아를 실현할 수 있다. 절대적인 기준에서 그렇지는 않지만, 전 시대에 비하면 개인에게 허용되는 자유의 폭은 엄청나게 넓어졌다.

> 　표면적인 여건만 살펴보면, 현대는 개성을 실현하기에 아주 적절한 시대처럼 보인다. 종교며 이데올로기 같은 거대 서사들이 사라지고, 개인의 자유를 제한하는 제도적 억압이 상대적으로 약화되었다. 절대적인 물질적 궁핍도 사라졌다. 개인은 자유롭게 자아를 실현할 수 있다. 절대적인 기준에서 그렇지는 않지만, 전 시대에 비하면 개인에게 허용되는 자유의 폭은 엄청나게 넓어졌다.

4. 다음을 주제로 하는 세 단락의 글을 써보자.

1) 내가 좋아하는 세 가지 물건

2) 내 인생의 세 가지 사건

5. 다음은 단락 쓰기의 문제점이 나타난 것이다. 다음 단락의 문제점을 생각해 보아라. 그리고 한글 맞춤법과 문장이 어색한 부분도 고쳐 보아라.

> 1) 표절은 사람들이 생각을 하지 않게 만든다. 예를 들어 인터넷상에서 다른 사람들이 쓴 리포트나 비법노트를 보고 마치 자기 자신이 쓴 것처럼 표절하고 있다. 심지어 돈을 주고 남의 것을 사서 표절하기도 한다. 또 음악에서도 멜로디뿐만 아니라 가사에서도 비슷하게 만들어 자신만의 노래로 바꾸어 만든다. 이렇게 쉽게 힘을 들이지 않고 사용하기 때문에

사람들이 이 유혹에서 빠져나오지 못하는 것 같다. 그러므로 표절을 조금이나마 막기 위해서는 인터넷에서 유료로 해놓아도 사는 사람이 있기 때문에 인터넷에 올려놓지 말고, 법의 규정을 한층 더 강화해서 표절을 못하게 해야 한다.

2) 이공계를 기피하는 현실을 말해보자. 이공계를 기피하는 원인 중에 하나는 여러 가지가 있겠지만 그 하나는 이공계를 나와도 사회적인보장이 안 된다는 것 이다. 이공계는 다른 계통보다도 공부할 량이나 숙제량이나 엄청나게 많다. 그래서 그렇게 놀 시간도 없이 리포트나 시험공부 때문에 치여 살면서 겨우 졸업을 해도 이공계 쪽에서는 성공할 수 있는 보장이 적다. 차라리 법 쪽이나 의학 쪽으로 가는 것이 더 사회적이고 안정한 보장을 받는다. 그리고 국가적인 차원에서도 우리나라는 과학 쪽에 많은 돈을 지원하지 않는 것 같다. 그리고 이공계 쪽은 일도 해야 할 게 많고, 거의 쉬지도 못 하기 때문에 그리고 그에 비하여 월급을 받는 액수도 적기 때문에 이공계를 기피한다고 나는 생각한다.

3) 인터넷 댓글은 이제 없어서는 안 될 존재가 되어버렸다. 우리가 자주 접하는 방송이나 언론매체에서 보듯이 네티즌들의 댓글로 인해 좋은 점들이 있지만 나쁜 점이 더 많아지는 것 같다. 우리가 잘 아는 연예인들에 비판적인 시선을 자주 볼 수가 있다. 네티즌들의 관심은 약이 될 수도 있지만 그것이 과해서 연예인들에게 상처와 심리적 고통 그리고 죽음에까지 이르게 한다. 이렇게까지 누구 한 사람을 몰고 가는 네티즌들의 생각은 바뀌어야 한다. 우리나라는 잘못을 하면 이 문제를 부풀리는 경향이 있는데 이런 문화를 없애고 개선하여서 보다나은 인터넷 댓글 사회를 만들어 갔으면 좋겠다.

chapter 04 주제 선정과 개요 작성

Ⅰ 주제를 탐색하는 방법

주제란 글을 통해 필자가 전달하고자 하는 중심 생각이다. 좋은 주제는 주제와 관련된 자료 수집을 한 후 글쓴이의 관점에서 화제를 구체화한 것이다. 무엇을 쓸 것인가의 대상과 범주를 정해야 하며 독자의 수준과 관심 영역 역시 고려해야 한다. 주제를 찾기 위해서는 생각의 단서를 잡아 이것을 심화, 발전시켜야 한다. 다음에서 제시하는 몇 가지 과정은 주제선정을 위한 방법들이다.

(1) 브레인스토밍(Brainstorming)

브레인스토밍은 다양한 아이디어를 떠올리거나 창의적인 사고를 하기 위한 자유발상법 훈련이다. 이 말은 머릿속에 폭풍을 일으킨다는 뜻으로, 상식의 틀을 무너뜨리고 관습화된 의식을 극복하여 생각을 자유롭게 이끌어내는 것이다. 브레인스토밍을 활용한 주제 탐색 방법은 화제를 자유롭게 사고하여 생각을 다양하게 이끌어 내어 미처 생각하지 못했던 참신한 아이디어를 발견하는 장점이 있다.

> **브레인스토밍의 예시**
> 〈 소비 〉
> ☞ 과소비, 경제사이클, 과시, 소모, 독과점, 에누리, 브랜드, 대형마트, 재래시장, 명품, 짝퉁, 바코드, 전자태그, 신상정보유출, 충동구매, 광고, 쇼핑, 전자상거래, 약관

위의 예시는 '소비'하면 떠오르는 생각을 자유롭게 적은 것이다. 이러한 아이디어를 바탕으로 '현대인의 소비의 취향', '명품선호', '짝퉁의 문제점', '브랜드의 힘', '네이밍의 효과' 등의 주제를 만들 수 있다.

또한 예를 들어 글쓴이가 '대학생활'이라는 주제로 글을 쓴다고 하고 주제를 구체적으로 확장해 보자. 먼저, '대학생활'이라는 단어를 중심으로 글쓴이가 대학생활에서 중요하게 생각하는 ① 캠퍼스의 낭만, ② 학점 관리, ③ 스펙 쌓기 등을 세부주제로 확정한다. 그리고 다시 '캠퍼스의 낭만'에서 인간관계를 위한 동아리 활동, MT, 술자리, 캠퍼스커플 등으로 확장, '학점 관리'에서는 계절학기, 전공공부, 과제제출. '취업스펙 쌓기'는 봉사활동, 자격증 취득, 교환학생, 스페인어 공부 등으로 사고를 확장, 주제를 구체화할 수 있다.

 연습문제

///

1. 다음 화제에 대하여 자유롭게 브레인스토밍해 보고, 그 중 하나를 골라 다양한 주제를 나열해 보자.

1) 나의 관심사

2) 아르바이트

3) 학점인플레의 문제점

(2) 주제문으로 구체화하기

'주제문으로 구체화하기'는 주제문을 통해 다양한 핵심어를 모색하고, 각 핵심어와 관련된 생각을 모아 주제를 탐색하는 방법이다. 이 방법의 장점은 주제 또는 화제와 관련된 아이디어를 통해 내용을 생성해 내고 그것을 일정한 기준이나 관점으로 나누어 대상을 범주화하는 사고 훈련을 할 수 있다는 점이다. 예를 들어 '요가와 자연치유'라는 글을 쓴다고 하자. 이에 관한 내용을 생성하기 위해 왼쪽에는 주제문을 적고 오른쪽에는 핵심어를 적는다. 가령, 주제문은 '요가는 스트레스에 지친 현대인의 삶을 치유하는 자연치료의 효과가 있다'라고 적는다. 그리고 오른쪽 핵심어 영역에는 '현대인, 스트레스, 마음근육, 단전강화, 호흡법, 자신과의 대화, 이완, 명상, 인도, 요기, 요기니, 바가바드기따, 우파니샤드, 요가수트라, 삶의 질, 행복, 정화, 우주' 등의 단어를 생성할 수 있다. 각각의 핵심어는 단어와 단어의 상호 연관성을 고려하여 범주화하며 이를 통해 주제는 생성, 확장될 수 있다.

■ 예시

[주제문]
요가는 스트레스에 지친 현대인의 삶을 치유하는 자연치료의 효과가 있다.

☞

[핵심어]
현대인, 스트레스, 마음근육단련, 단전강화, 호흡법, 자신과의 대화, 이완, 명상, 인도, 요기, 요기니, 바가바드기따, 우파니샤드, 요가수트라, 삶의 질, 행복, 정화, 우주

 연습문제

1. 다음 주제문에 대하여 핵심어를 중심으로 내용을 생성해보자.

1) 문화 생활은 사람의 마음을 풍요롭게 한다.

2) 현대인에게는 타인과의 소통을 위한 노력과 훈련이 필요하다.

3) 대학생은 주체적이어야 한다.

(3) 육하원칙 질문법 활용하기

육하원칙 질문법을 활용하여 주제를 탐색하는 방법은 누가, 언제, 무엇을, 어디서, 어떻게, 왜와 같은 질문을 이용하여 내용을 형성하는 방법이다. 일반적으로 인터뷰 기사나 신문기자가 기사를 쓸 때 사용하는 방법이다. 이것은 구체적인 문제의식을 이끌어 내고, 이것을 해결할 수 있는 대안을 찾는 것은 육하원칙 질문법의 긍정적인 부분이다. 이 중에서 '무엇을', '왜', '어떻게'의 요소가 중요하다. 예를 들어 '대학인에게 한자가 필요한 이유'라는 주제로 글을 쓴다면 육하원칙에 따른 기본 질문을 한다. 그리고 심층적으로 원인, 결과, 비교, 영향, 전망, 대안 등의 질문으로 문제를 심화, 확장한다.

기본질문 (육하원칙에 의한 질문)

1. 무엇: 대학인에게 한자가 필요한 이유는 무엇인가?
2. 왜 : 대학인에게 한자는 왜 필요한가?
3. 어떻게: 한자에 대해 대학생들은 어떻게 반응하는가?
4. 누가: 누가 한자를 공부해야 하는가?
5. 언제: 한자는 언제 공부하는 것이 좋은가?
6. 어디: 한자에 대한 정보는 어디서 얻는가?

심층질문

원인, 결과, 비교, 영향, 전망

대학인에게 한자(漢字)가 필요한 이유

사회자: 오늘은 〈21세기를 살아가는 대학인에게 한자는 어떤 의미이며, 우리의 삶에서 한자는 어떤 영향을 미치는가〉라는 주제로 이야기를 나누어 보려고 합니다. 모두 편안한 마음으로, 개인적인 경험을 중심으로 대학인에게 한자가 갖는 의미와 기능에 대해 이야기해 봅시다. 먼저 저의 경우를 말씀드리면, 한국연구재단 〈해동제국기 지명에 반영된 한일중세어 표기법〉 프로젝트 수행 시, 대마도 나가토메 히사에[永留久惠] 선생님과 대담한 적이 있습니다. 일상대화로는 소통할 수 없던 학술·전문용어를 한자로 필담(筆談)하며 대화를 나누었더니 의미를 이해하는 데 상당히 효과적이었습니다.

황희숙: 글을 잘 읽기 위한 도구로 한자가 꼭 필요하다고 봅니다. 저는 역사학을 전공하는데 저희 과에서는 『삼국사기(三國史記)』, 『삼국유사(三國遺事)』 등 원문을 강독하는 수업이 많습니다. 한자를 공부하지 않으면 수업을 따라갈 수 없지요. 그래서 이왕 필요한 한자를 더 공부해서 어문회 3급까지 합격했지요. 그 전에는 책에 한자가 나오면 이해할 수 없어 한 페이지도 못 읽고 포기하는 경우가 많았지만, 이제는 책읽기가 수월해져 전공공부에 더 애정을 갖게 되었어요.

이시형: 저도 전공이 철학인지라 한자공부의 필요성을 절감합니다. 워낙 한자를 모르니까 동양철학 시간에 교수님께서 한 학기에 1,000자 이상 써오기 과제를 내주셨습니다. 또한 전공 외에도 신문을 볼 때, 한자를 병기하지 않아 그 뜻을 정확하게 파악하지 못할 때가 많습니다. 신문을 통해 정치·사회, 국제 분야 등의 식견을 넓히는 것은 대학인에게 필요합니다. 그러므로 강제적으로라도 한자는 공부해야 합니다.

박다해: 저는 언어병리학을 전공하는데, 제 전공은 한자와 큰 관련성이 없다고 생각했어요. 그런데 수업 시간에 교수님께서 자음과 모음의 변별성에 대해 설정성(舌頂性: 혀가 정점에 이름)과 성절성(成節性: 음절의 정점을 이루는 분절음)에 대해 말씀하시는 데 전혀 의미를 파악할 수 없었어요. 한자를 조금만 알았더라면 수업을 이해하는 데 얼마나 도움이 되었을까 하며, 처음으로 한자의 필요성을 인식하게 되었어요.

사회자: 언어병리학 같은 외국 학문은 특히 한국어에 대한 깊은 이해를 토대로 용어 정리를 해야 합니다. 정의가 명확하지 않아 개념을 이해하는 데 혼란스러워하는 학생들을 보면 안타까울 때가 있습니다. 그럼 다음에는 대학한자교육의 문제점과 해결방안에 대해 의견을 나누어 보겠습니다.

김병철: 현재 초등학교에서는 학교장 재량으로 한자수업을 하고 있기 때문에, 간혹 한자를

접해보지 못하고 졸업하는 학생들이 있습니다. 또한 중·고등학교 때 한자를 배운다고 하더라도 시험대비만을 위한 주입식 수업이 종종 있습니다. 한자교육의 관건은 흥미로운 교수법에 있습니다. 한자의 생성원리에 대한 학생들의 흥미유발에 관한 노력이 계속되어야 합니다. 예를 들어 '[男=田+力]을 밭에서 힘쓰는 사람, 현재는 직장에서 일하는 사람'으로 설명하면 쉽게 이해할 수 있습니다. 이처럼 뜻이 담겨 있는 부수가 모여 단어를 형성하는, 과학적이고 체계적인 원리를 일깨워주면 자연히 동기유발이 되리라 봅니다. 즉, 주입식 교육이 아닌, 교수자와 수강자 간의 능동적이고 활발한 상호작용이 필요합니다.

　사회자: 그렇다면 대학인들이 한자를 재미있게 공부할 수 있는 아이디어, 비법에 대하여 자유롭게 의견을 제시해 봅시다. 여러분의 아이디어가 다른 학생들에게 적극적인 도움과 동기유발을 할 수 있으리라 봅니다.

　황희숙: 고전 원문 읽기를 추천합니다. 『논어』, 『중용』 등 고전을 원문으로 읽으면서 한자의 뜻과 음도 공부하면 옛사람들의 지혜도 배울 수 있어 일거양득이라고 생각합니다.

　심희정: 지난 겨울방학 때 독학으로 한자자격증 시험공부를 했는데 한자의 뜻과 음을 통째로 외우려고 하니 잘 안됐어요. 그래서 중국어 공부를 하셨던 어머니께 여쭤보았더니 한자의 원리부터 생각해보라고 하셨어요. 예를 들어, '休'는 '人'과 '木'이 합쳐져서 된 글자로 나무 아래에서 사람이 쉰다는 뜻으로 [쉴 휴]의 의미를 공부하는 거죠. 이러한 방법으로 한자의 원리를 이해하며 공부하는 것이 기본이라고 생각해요.

심보경, 『대학인에게 한자가 필요한 이유』, 『어문생활』 제140호, 한국어문회, 2009.7.

　위의 예문은 기본 질문인 '대학인에게 한자가 필요한 이유가 무엇인가'를 중심으로 질문하고 있으며 심층질문으로 한자교육의 문제점과 대안, 한자를 재미있게 공부할 수 있는 방법을 소개하고 있다. 이러한 방법으로 주제를 탐색하고 생성해 나가면 심화된 문제의식과 대안을 찾아낼 수 있다.

🪶 연습문제

〰〰〰〰〰〰〰〰〰〰〰〰〰〰〰〰〰〰〰〰〰

1. 다음 주제로 글을 쓰려고 한다. 육하원칙 질문법 활용하기 방법으로 주제를 탐색해 보자.

1) 대학생의 독서경향은 현실적이다.

2) 페이스북은 사회적 소통을 위한 문화 공간이다.

② 개요작성

주제를 효과적으로 나타내기 위해서는 수집한 자료들을 어떤 순서로 배열할 것인가를 구상해야 한다. 이 구상을 알기 쉽게 정리해 놓은 것이 개요이다. 즉, 개요는 글을 쓰기 위한 '설계도'이다. 개요를 작성하는 이유는 ① 글 전체의 균형을 잡고 글의 일관성을 한 눈에 파악할 수 있으며, ② 중요한 요점이 빠지는 일이 없도록 사전에 방지할 수 있고, ③ 집필 과정에서 일어나기 쉬운 내용상의 중복을 막을 수 있기 때문이다.

(1) 개요작성의 기본 요건

ㄱ. 개요는 주제를 향하여 통일성 있게 구성되어야 한다.
ㄴ. 개요는 처음부터 끝까지 논리가 정연해야 한다. 사고의 단위는 분명하고 논리의 비약이 없어야 한다.
ㄷ. 대항목, 중항목, 소항목 등의 상위 개념과 하위 개념이 명확하고 대등해야 한다. 상위 항목과 하위 항목을 부호나 숫자로 일관성 있게 표시한다. 항목의 구별을 부호로 표시할 때에는 아래와 같이 하는 것이 일반적이다.

<제1유형>

1.
　1.1.
　　1.1.1.
　　1.1.2.
　1.2.
2.
　2.1
　2.1.1.
　2.1.2
　2.1.3.
　2.2.
　　2.2.1.
　　2.2.2.
　2.3.
3.
　3.1.
　3.2.
　　3.2.1.
　　3.2.2.
　3.3
　3.4.
　　□
　　□

<제2유형>

Ⅰ.
　1.
　　1)
　　2)
　2.
Ⅱ.
　1.
　　1)
　　2)
　　3)
　2.
　　1)
　　2)
　3.
Ⅲ.
　1.
　2.
　　1)
　　2)
　3.
　4.
　　□
　　□

ㄹ. 개요는 항목의 배열방식이나 표현 형식에 따라 화제식 개요와 문장식 개요로 나뉜다.

　화제식 개요는 항목을 단어나 구로 간결하게 표한한 것이며, 문장식 개요는 문장으로 나타낸 것이다. 화제식 개요는 글의 구성을 쉽게 파악할 수 있지만 글의 내용을 상세하게 파악하기 어려우며, 문장식 개요는 글의 내용을 구체적으로 알 수 있으나 글의 구성을 빨리 파악하기 어렵다. 일반적으로 글을 쓸 때는 문장식 개요로 작성하는 것이 편리하다.

■ 화제식 개요 (예시)

주제: 스팸메시지 보안 대책

주제문: 스팸메시지 보안 대책은 정부, 통신업체, 개인 차원에서 다각적인 방법으로 모색되어야 한다.

    Ⅰ. 스팸메시지 유통 현황

    Ⅱ. 스팸메시지 유통 원인

      1. 통신업체의 무분별한 상술

      2. 개인 정보 관리 소홀

    Ⅲ. 스팸메시지 보안 대책

      1. 정부 차원

      2. 통신업체 차원

      3. 개인적 차원

    Ⅳ. 스팸메시지 보안 대책의 바람직한 방향

■ 문장식 개요 (예시)

주제: 스팸메시지 보안 대책

주제문: 스팸메시지 보안 대책은 정부, 통신업체, 개인 차원에서 다각적인 방법으로 모색되어야 한다.

    Ⅰ. 최근 스마트폰 이용자들은 하루에 평균 5통 이상의 스팸메시지를 수신하고 있다.

    Ⅱ. 스팸메시지의 유통 원인은 다음과 같다.

      1. 통신업체가 상업적 경제 활동 수단으로 스팸메시지를 유통하고 있다.

      2. 개인 정보가 철저하게 관리되지 못하고 있다.

Ⅲ. 스팸메시지 보안 대책은 다음과 같다.

    1. 정부는 스팸메시지를 유통하는 사람들을 강력하게 처벌해야 한다.

    2. 통신업체는 스팸메시지 보안 및 차단 프로그램을 개발해야 한다.

    3. 개인은 자신의 개인적 정보가 불법으로 노출되지 않도록 철저하게 관리해야 한다.

Ⅳ. 스팸메시지 보안 대책은 정부, 통신업체, 개인적 차원에서 적극적으로 마련되어야 한다.

 연습문제

1. 다음의 개요를 검토한 후, 개요 작성법을 고려하여 수정해 보시오.

1. 서론
2. 본론
   (1) 개인 정보 유출의 사회적 의미
   (2) 개인 정보 유출의 원인
   (3) 문제 해결 방안
3. 결론

2. 다음의 문장식 개요를 바탕으로 확장하여 실제 글을 작성해 보시오.

주제문: 페이스북은 다양한 정보를 수집하고, 타인과 소통할 수 있는 공간이지만 개인 정
보 노출로 인해 사생활 보호에 문제가 생길 수 있다.

Ⅰ. 페이스북은 네티즌에게 다양한 정보를 공유하는 형태로 활성화되고 있다.

Ⅱ. 페이스북은 긍정적이다.

  1. 새로운 정보를 수집할 수 있다.

  2. 국내뿐만 아니라 전 세계인과도 소통할 수 있다.

Ⅲ. 페이스북은 부정적이다.

  1. 개인 신상 및 주요 정보가 노출될 수 있다.

  2. 사생활 침해로 인한 새로운 범죄 형태가 야기될 수 있다.

Ⅳ. 페이스북의 문제점을 해결하여 건강한 소셜네트워크 문화를 구축해야 한다.

3. '대학의 개선할 점'이라는 주제로 글을 쓰려 한다. 이를 위한 '장, 절, 항 단위의 개요'를
작성하시오.

제3부
글쓰기의 절차

chapter 01 제목 붙이기

    톨스토이의『죄와 벌』, 제인 오스틴의『오만과 편견』, 박완서의『그 많던 싱아는 누가 다 먹었을까』와 같은 잘 알려진 소설의 제목들은 독자들의 호기심을 자극하거나, 제목 자체에 작가가 말하고자 하는 핵심 주제를 담고 있다. 헬레나 노르베르-호지의『오래된 미래-라다크로부터 배운다』역시 전통적인 공동체에서 서구 자본주의의 폐해를 극복할 대안을 찾는, 저자의 주제의식이 책 제목에 상징적으로 녹아 있다. 최근 베스트셀러인『지적 대화를 위한 넓고 얇은 지식』이나『빅데이터 인문학』은 이 책들을 읽으면 왠지 상대방과 지적 대화가 가능하거나 인문학 지식이 늘 것 같은 기대감을 갖게 한다. 이처럼 책이나 글의 제목은 글의 핵심내용, 주제, 필자의 관점이나 태도를 드러내거나, 독자의 호기심을 자극할 수 있는 게 좋다. 제목은 글을 쓰기 전 붙여도 되지만, 글을 완성한 후 붙일 수도 있다.

    학생들이 제출한 보고서를 읽다 보면 강좌의 이름을 제목으로 쓰거나 '~를 보고', '~를 읽고', 'ㅇㅇ 감상문', '△△ 답사기'와 같이 과제의 성격과 관련된 것을 제목으로 붙이는 경우가 많다. 이와 같은 제목은 글의 내용을 반영하지 못할 뿐만 아니라 독자의 관심을 불러일으키기도 힘들다. 제목은 '대학생 스펙 쌓기 열풍의 문제점과 해결방안', '글 잘 써야 성공한다'와 같이 글의 내용을 직접적으로 제시할 수도 있고, '가르랑말과 으르렁말'과 같이 주제를 비유하거나 암시할 수도 있다. 일반적으로 학술적이거나 논리적인 글에서는 명사형의 주제가 명확히 드러나는 제목을, 창의적인 글에서는 비유적인 제목을 붙이기도 한다. 평소에 글을 읽을 때 제목이 적절한지, 참신하고 개성적인지 생각해 보는 것도 도움이 된다.

예문

「김밥 옆구리의 법칙을 아시나요?」

"김밥 옆구리 터지는 소리 하고 있네."

현재 유래를 둘러싸고 '고유 음식설'과 '일본 유래설'이 치열하게 맞붙고 있는 김밥은 근대 이후 우리 사회에 널리 퍼지기 시작한 먹거리이다. 마찬가지로, 어느 코미디언이 만들어 냈다고만 알려졌을 뿐, 그 역사적 기원을 정확히 알 수 없는 김밥 농(弄)은 수십 년 전부터 우리 주변에서 회자되고 있는 말거리에 속한다. 그렇다면 어이없는 소리나 이치에 맞지 않는 이야기에 대한 응징 어구로 사용되곤 하는 '김밥 농'이 글쓰기와 무슨 상관이 있을까?

김밥 농은 문자 그대로 글쓰기에서도 김밥 옆구리가 터지는 황당하고 어이없는 경우를 피하라는 의미에서 매우 중요하다. 그리고 보면, 김밥은 대부분 너무 많은 내용물을 무리해서 담다가 변고를 겪게 마련이다. 글쓰기로 따지자면, 과다한 정보를 한 문장에 넣다 보니, 글은 글대로 장황해지고 모양은 모양대로 볼품없어진다는 것이다. 해서, 한 문장에는 가급적 하나의 정보를 담는 것이 '글밥'을 터뜨리지 않는 요령이 되는 셈이다. 김밥에 필히 들어가야 하는 재료로 밥(주어)과 김(동사) 정도를 꼽는다면, 종류에 따라 치즈, 김치, 소고기, 참치 등 주재료(목적어)를 하나만 넣어야 맛도 살고 모양도 사는 것과 같은 이치다. 그런데 소고기와 참치는 물론, 단무지와 시금치, 계란 등을 잇달아 쑤셔 넣으니 김이 제아무리 천하장사라 한들 무슨 수로 버티겠는가?

때문에 기름기가 자르르 흐르는 날씬한 옆구리에 깨마저 먹음직스레 고루 뿌려진 명품 김밥을 연출하기 위해서는 가장 필요한 재료(소)만 넣을 줄 아는 자제력이 필요하다. 이것저것 우겨넣기보다, 가급적 한 가지 재료(정보)로만 승부를 보아야 한다는 것이다. (중략)

서로 다른 성격의 정보는 따로따로 취급하는 것이 '글맛'과 '글멋'을 함께 살리는 지름길이다. 어느 노래에선 연인의 가슴이 터질 때까지 안아달라며 "옆구리 터져 버린 김밥"을 그리워했지만 글에서는 절대로 김밥을 터뜨리면 안 되기 때문이다.

심훈, 『한국인의 글쓰기』(파워북, 2007), 119~121쪽.

위 글은 '한 문장에 너무 많은 정보를 담지 말라'는 간결한 문장 쓰기의 원칙을 강조하기 위해 '문장'을 '김밥'에 비유하고 있다. 누구나 익히 알고 있는 '김밥'을 비유의 소재로 끌어와 설명하고 있기에 독자가 간결한 문장 쓰기의 중요성을 쉽게 이해할 수 있다. 글의 제목을 의문형으로 쓰는 것은 원칙적으로 권장할 만한 사항은 아니지만 이 글의 경우에는 독자의 호기심을 효과적으로 이끌어낸다.

✎ 연습문제

1️⃣ 특정한 주제어를 하나 정한 다음 도서관이나 인터넷 서점에서 관련 서적의 제목을 적어보자. 어떤 제목이 개성 있는지, 참신한지 생각해 보자.

(예: 글쓰기 ⇒ 글쓰기의 전략, 글쓰기의 최소원칙, A+글쓰기, 움직이는 글쓰기, 백지공포증이 있는 대학생을 위한 글쓰기 등)

2️⃣ 주제 내지 정보를 잘 전달하고 있다고 생각하는 신문 기사나 칼럼 제목을 적어 보자. 어떤 내용일지 추측해 보자. 글을 다 읽은 후 제목이 주제 내지 정보를 잘 담고 있는지 확인해 보자.

3. 다음 칼럼을 읽고 글의 주제에 적합한 제목을 적어 보자.

말은 한번 쏟으면 주워 담기가 어렵다. 물론 말만 그런 게 아니다. 한번 이루어진 것들은 되돌리기가 무척 어렵다. 그것을 이루기 위해 기울였던 노력보다 몇 배나 더 큰 노력을 기울여야 할 때가 많다. 그래서 무언가를 행하기 전에는 심사숙고해야 한다. 물론 말만 그런 게 아니다. 나는 늘 궁금했다. 우리가 내뱉은 말은 어디로 가는지. 허공에 풀려나간 말은 허공에서 소멸되는지 아니면 어딘가에서 영원히 살아남는지. 진실이 무엇인지 알 수 없으나 가끔은 말이 소멸되지 않고 거처할 곳을 찾는 것도 같다. 그곳은 주로 사람의 가슴이다. 특히 막말들은 그런 방식으로 오랫동안 살아남는다. 말로 받은 상처는 끈질기게 마련이니까. 하지만 막말이라고 해서 다 그렇지는 않다.

시인 정양은 토막말이라는 시에서 우리에게 아름다운 막말을 들려준다. "가을 바닷가에/ 누가 써놓고 간 말/ 썰물 진 모래밭에 한 줄로 쓴 말/ 글자가 모두 대문짝만씩 해서/ 하늘에서 읽기가 더 수월할 것 같다// 정순아보고자퍼서죽껏다씨펄// 씨펄 근처에 도장 찍힌 발자국이 어지럽다/ 하늘더러 읽어달라고 이렇게 크게 썼는가/ 무슨 막말이 이렇게 대책도 없이 아름다운가" '정순아보고자퍼서죽껏다씨펄'이라는 막말이 대책도 없이 아름답게 여겨지는 건 혼신의 힘을 다해 토해낸 막말이기 때문이다. 그처럼 말하지 않고서는 진심을 담아낼 다른 방법을 찾을 수 없기 때문이다.

그러므로 때로 막말이란 우리가 언젠가 한번쯤은 내뱉고 싶으나 아껴서 간직해 둔 최후의 언어 같은 것이기도 하다. 최후의 언어가 그토록 쉽사리 풀려나온다면 누가 그 말에 담긴 진심을 알아줄 것인가. 그토록 쉽게 내뱉은 막말을 누가 들어줄 것인가. 음향이 사라진 곳에 감정이 남는다. 밀물은 모래밭의 글자를 지워버리겠지만 그 자리에는 사랑이 남는다.

손홍규, 『경향신문』, 2010.8.24

chapter 02 서론 쓰기

좋은 서론은 글쓴이의 의도를 직·간접적으로 알려주면서 독자들의 흥미와 관심을 불러일으킬 수 있다. 뿐만 아니라 본론의 흐름을 예측할 수 있게 하면 글의 가독성을 높일 수 있다. 서론을 쓸 때는 다음의 사항을 준수하는 것이 좋다.

📖 서론을 쓸 때의 유의 사항

가. 주어진 주제에 비해 범주가 크면 안 된다. 가령 인터넷 댓글의 문제점과 관련된 글을 쓸 경우 인터넷의 발달과정이나 인터넷이 생활에 끼친 여러 영향 등을 장황하게 나열하면 정작 제시하고자 하는 화제가 무엇인지 흐려질 수 있다.

나. 서론은 본론의 내용과 연계성이 있어야 한다. 본론에서 무엇에 관해 쓰고자 하는가, 왜 그것을 쓰고자 하는가, 어떤 방식으로 접근할 것인가를 밝히는 것이 좋다.

다. 글의 분량에 따라 서론의 양을 조절하되 가능하면 간결하게 전개하는 것이 좋다. 그렇다고 아예 서론이 없이 곧바로 본론의 내용을 쓰거나 서론이 장황하게 길어지면 안 된다. 글을 다 쓴 후 점검해 봤을 때 서론이 분량 면에서 본론보다 길면 양을 조절하도록 한다.

독자의 관심과 흥미를 불러일으킬 수 있는 효과적인 서론 쓰기의 방법들은 아래와 같다.

① 글의 주제나 집필의도를 밝히면서 시작하는 방법

글의 방향과 주제, 집필의도를 명확하게 제시하는 방법으로 주로 주장하는 글, 설명하는 글에서 많이 쓰인다.

여러분은 골상학(骨相學)에 대해서 들어본 적이 있는가? 시대에 따라서 동그랗거나 반대로 납작한 두상이 인기를 끌기도 했지만, 한때는 두상의 모습에 따라서 사람들을 분류하던 시대도 있었다. 골상학은 19세기 서양을 풍미했던 유사과학의 일종으로 현재는 거의 사라지긴 했지만, 아직도 일부에서는 믿는 사람이 존재하고 있다고 한다. 그렇다면 과연 골상학이란 무엇인가? 그리고 왜 골상학이 '유사과학'으로 불리게 되었는지 그 이유를 알아보자.

이은희, 『인간의 마음은 뇌에 존재하는가, 심장에 존재하는가?』,
『하리하라의 과학블로그2』(살림, 2005), 15쪽.

② 사회 현안에 의문을 제시하며 시작하는 방법

현상이나 사실에 대한 문제점을 제시하고 대안을 제시하는 내용을 쓰고자 할 때 주로 사용된다. 주장하는 글에서 많이 쓰인다.

국가는 인간이 인간으로 존재하기 위해 반드시 필요한 그 무엇으로 간주된다. 사람들은 누구나 국적을 가져야만 하며, 국적이 없다는 것은 커다란 불행을 의미한다. 홉스는 국가가 만인에 대한 만인의 투쟁이라는 정글의 법칙에서 인류를 구해 줄 것이라 주장했고, 로크는 국가가 소유권을 지켜줄 것이라 믿었다. 루소나 헤겔은 국가를 일반의사 혹은 절대정신의 구현으로 간주했으며, 마르크스는 계급지배의 도구인 국가는 소멸할 것이라 주장했다.

그러나 이러한 모든 이념들이 활짝 피어났던, 국가들의 세기라고 불릴 수 있는 20세기에 인류의 삶은 가장 불행했다. 파시즘, 공산주의, 냉전, 세계대전, 국지전, 종족분규, 이데올로기의 대립과 정치탄압, 대량학살 등과 같은 현상들은 모두 국가의 이름으로 저질러진 것들이다. 과연 국가는 인류의 희망인가? 국가 없는 정치는 가능한 것인가?

김동택, 『국가 없는 정치는 가능한가?』, 『한국의 교양을 읽는다』(휴머니스트, 2006), 354쪽.

③ 경험이나 일화 소개

독자의 관심을 유발할 수 있는 방법이다. 이와 같은 사례를 제시할 때는 반드시 글의 내용이나 주제와 관련이 있어야 한다.

> "아무 걱정 마쑈, 위염이랑께요. 요 처방전 각고 약 지어 자시면 금시 낫어불 겁니다. 쩌그 약방 보이지라? 몇날만 지나면 암시랑토 안 헐 거시오." 며칠째 복통이 계속돼 큰 병이라도 걸린 것 아닌가 걱정하며 처음 찾은 동네 병원에서 의사가 이렇게 말했다고 하자. 이 의사는 한국 최고의 내과의일 수도 있다. 그러나 환자는 불안을 말끔히 씻어내지 못할지도 모른다. 그리고는 배를 움켜쥐고 다시 다른 병원을 찾을지도 모른다. 반면에 이 의사가 이렇게 말했다고 하자. "아무 걱정 마세요. 위염입니다. 이 처방전 가지고 약 지어 드시면 금세 나을 겁니다. 저기 약국 보이죠? 며칠만 지나면 아무렇지도 않을 거예요."
>
> 이 의사는 사람 여럿 잡을 돌팔이일 수도 있다. 그러나 환자는 이내 불안에서 해방돼 마음이 가벼워질 것이다. 이 차이는 환자가 의사에게 보내는 신뢰의 차이에서 왔다. 한쪽 말씨는 흔히 '사투리'라고 부르는 비표준 방언이고, 다른 쪽 말씨는 표준어다.

고종석, 『표준어의 폭력』, 『말들의 풍경』(개마고원, 2007), 19쪽.

④ 개념 정의(재정의)로 시작하기

글에서 전개하고자 하는 개념이 추상적이거나 포괄적일 때, 글의 내용을 주제에 맞게 제한하고자 할 때 쓰인다. 글을 쓰는 사람이 자기 생각을 설득력 있게 하기 위해 기존의 개념을 새롭게 정의할 필요가 있을 경우, 독자에게 익숙하지 않은 내용을 쓸 때도 활용할 수 있다.

문해력(literacy)이란 모어(母語)를 읽고 쓸 수 있는 능력을 말한다. 읽고 쓸 수 있는 능력이란 문자 언어로 된 메시지를 단순히 받아들이는 것만이 아니라 능동적이고 자율적으로 메시지를 생산해 내는 능력까지를 가리킨다. 또한 글을 읽고 활용하여 지식과 정보를 습득하고, 개인과 사회의 문제를 해결하는 능력까지를 포괄한다. 따라서 현대 사회가 요구하는 문해력은 단순히 글자를 해독하고, 기초적인 수준에서 글을 읽는 능력에 국한되지 않는다. 글을 비판적, 분석적으로 읽고 창의적으로 해석하는 능력까지 문해력의 범주에 넣을 수 있다. 더욱이 최근에는 언어를 기반으로 한 전통적인 의미의 문해력 외에 문자, 이미지, 컴퓨터 등 다양한 시각적, 청각적 매체나 전자 텍스트를 사용하여 의미를 해석하고, 생산할 수 있는 능력으로 문해력을 재개념화하려는 시도들이 있다.

이 글에서는 이와 같이 확장되고 새롭게 규정된 문해력 개념에 기반하여 세대별 문해력의 특징을 점검하고, 문해력 격차를 해소할 수 있는 방안을 모색하고자 한다.

〔『대학생을 위한 글쓰기 강의』 집필진〕

5 잘 알려진 문구, 속담·고사성어, 역사적 사실, 통계 등을 인용하는 방법

문화체육관광부가 발표한 '2015 국민 독서실태 조사'에 따르면 지난 1년간 1권 이상의 일반 도서를 읽은 사람들의 비율, 즉 연평균 독서율은 성인 65.3%, 학생 94.9%인 것으로 나타났다. 이는 지난 2013년에 비해 성인은 6.1%, 학생은 1.1%가 감소한 수치다. 또한 .성인의 연평균 독서량(9.1권)과 독서시간(평일 22.8분, 주말 25.3분)은 2년 전에 비해 미약한 감소 추세를 나타냈다. 2013년에 비해 독서량은 0.1권, 독서시간은 평일 0.7분, 주말 0.5분 각각 감소했다.

〔『대학생을 위한 글쓰기 강의』 집필진〕

연습문제

//

1. 다음과 같은 주제로 글을 쓴다고 가정하고, 적절한 서론을 작성해 보자.

1) 대학생 스펙 쌓기   2) A+ 학점 받는 방법

3) 대학생 독서문화   4) 나의 공부 연대기

5) 서양문화와 동양문화의 차이   6) 존엄사법 도입

7) 부자증세 시행   8) SNS의 장단점

본론 쓰기

본론은 그야말로 글의 몸통에 해당한다. 글의 종류가 무엇인가에 따라 본론을 전개하는 방식을 다양하게 활용할 수 있다. 아래는 가장 기본적으로 염두에 두어야 할 사항이다.

> **［끝］ 본론을 쓸 때의 유의 사항**
> 1. 글쓰기가 서툰 경우 두괄식으로 주제문을 각 단락의 맨 앞에 쓰는 것이 효과적이다.
> 2. 논리적 글쓰기에서는 자기주장에 대한 논거 제시, 상대 주장에 대한 비판, 예상되는 반박 등을 고려하여 쓴다.
> 3. 문제해결식 글쓰기에서는 문제의 원인과 결과, 문제-이유제시-해결방안 순으로 기술한다.
> 4. 열거식 구성의 경우 내용의 중요도를 고려하여 중요한 것을 먼저, 사소한 것을 나중에 서술한다.
> 5. 본론 각 단락의 분량 안배를 적절히 한다.
> 6. 본론 전체를 1단락으로 구성해서는 안 된다.

본론을 구성하는 데 자주 사용되는 몇 가지 방식을 알아보자.

① 열거식 구성

대등한 내용들을 나열하여 주제를 밝히는 방식이다. 의견을 간결하게 서술하거나 중요하다고 생각하는 문제들을 체계적으로 밝힐 때 사용된다.

대학생들의 스펙 쌓기는 몇 가지 긍정적인 면이 있다.

첫째, 스펙은 인재를 객관적으로 평가할 수 있는 객관적 지표이다. 아무리 다수의 전문가들이 면접을 진행한다 해도 주관적인 판단을 완전히 배제할 수는 없다. 수많은 지원자들을 일일이 다 면접할 수도 없는 노릇이다. 그렇기에 지원자들을 걸러낼 수 있는 객관적인 지표로 지원자의 스펙이 담긴 이력서가 필요한 것이다.

둘째, 스펙은 거시적으로 볼 때 사회에 긍정적인 영향을 끼친다. 가령 기업들은 회사에 필요한 자원을 얻기 위하여 공모전을 여는데 수상자들의 성과물은 회사 발전에 도움이 된다. 또한 대학생들이 내는 특허는 생활수준을 향상시키는 데 도움을 줄 수 있다. 게다가 특허 출원율이 1% 증가하면 경제성장률이 0.11% 증가한다는 통계 자료도 있다. 크게 보면 대학생들이 스펙 쌓는 것이 사회에 긍정적인 영향을 끼친다는 것을 알 수 있다.

셋째, 스펙 쌓기는 실제로 취업에 도움이 된다. 요즘 스펙 없이도 취업을 한 사례가 생기면서 스펙 쌓기에 부정적인 주장들도 제기되고 있다. 하지만 이런 사례들은 극히 드물다. 기업에서는 지원자의 인성을 평가하기 위해 봉사 활동 경력을 반영한다. 기업 공모전 역시 취업에 실질적인 도움이 된다. 예를 들면 화장품 업체인 아모레퍼시픽에서는 수상자에게 입사 특전을 부여한다. 인턴십 프로그램도 빼놓을 수 없는데 CJ그룹 같은 경우 대학생 마케터를 뽑아 그 참가자들에게는 입사지원 시 1차 서류 전형을 면제해 준다. 즉 스펙이 취업에 실제로 도움이 되는 것이다.

〔학생글〕

② 반론형 구성

상대편의 견해를 반박하면서 자신의 견해를 강조하고자 할 때 쓰는 방식이다. 먼저 상대편의 주장과 주장의 근거를 제시하고, '그러나, 하지만'과 같은 접속어를 쓴 후 상대편 주장과 근거의 문제점 제시, 자신의 주장과 주장의 근거 제시 순으로 서술하면 된다.

오디션 프로그램의 가장 큰 문제점으로 지목되는 것은 과도한 경쟁이라는 측면이다. 하지만 오디션 프로그램은 프로그램 취지상 단 한 명만 뽑는 것을 전제로 한다. 즉 오디션 프로그램은 경쟁이라는 요소를 빼면 프로그램 자체가 성립되지 않는다. 또한 과도한 경쟁을 유발한다는 비판은 오디션 프로그램을 경쟁이 아니라 기준을 정해놓고 능력 있는 지원자를 선발하는 제도로 보면 어느 정도 불식될 수 있다. 물론 수만, 수십만에 이르는 경쟁률이 과도하다고 생각할 수 있지만 그만큼 오디션 프로그램에 대한 대중들의 관심이 크다는 반증도 된다.

다음으로 음악 프로그램에만 편중되어 있다는 우려는 초기 오디션 프로그램에만 한정된다. 이런 우려는 최근 〈한식대첩〉, 〈마이 셰프 코리아〉, 〈댄스 배틀 코리아〉, 〈패션왕 코리아〉, 〈도전 슈퍼모델 코리아〉와 같은 프로그램들이 속속 등장하면서 수그러들고 있다. 이 프로그램들은 참여자들의 재능이나 방송 포맷에서 좀 더 많은 볼거리를 제공하고 있다. 음식, 패션, 댄스 등 시청자들의 다양한 요구를 수용할 수 있는 토대가 만들어지고 있는 것이다.

마지막으로 개인의 사생활 침해와 관련해서는 현재 문제가 많은 것은 인정한다. 따라서 어느 정도 제도적 장치가 마련되어야 한다. 물론 참가자들이 계약서를 작성할 때 사생활 공개에 동의하였지만 그로 인해 고통 받는 사람들이 양산되기 때문에 지나친 악마의 편집 같은 경우 방송통신심의위원회에서 제재 조치를 해야 한다. 방송사 또한 시청률을 의식해서 극적인 효과를 위해 사생활을 부각하기도 하지만 프로그램 제작 시 좀더 신중하게 이 문제를 다룬다면 사생활 침해보다는 지원자가 자신을 알리는 홍보효과를 거둘 수도 있다고 본다.

〔학생글〕

③ 점층적 구성

제재를 덜 중요한 것에서부터 더 중요한 것, 혹은 그 반대 순으로 배열하는 방식이다. 주제를 심화하고자 할 때 서술하면 효과적이다.

오늘날 선진 공업사회를 포함하여 자동차 본위의 사회로 깊이 들어가고 있는 모든 사회에서 자동차의 해독이 널리 이야기되고 있으면서도, 자동차를 극복하기 어려운 결정적 이유는 첫째, 산업경제 속에서 자동차가 차지하는 엄청난 비중 때문이며, 둘째 자동차로 대표되는 산업문화에 중독된 사람들 자신의 심리적 문제 때문이라고 할 수 있다.

산업화의 진척은 자동차 관련 산업이 확대되는 것을 의미해 왔고, 그렇기 때문에 자동차에 관련된 일자리와 경제인구가 크게 늘어나는 것은 당연한 일일 것이다. 자동차 관련 산업이라고 화학, 제철, 석유, 유리를 포함하여 자동차의 생산과 판매에 직접 연관된 업종뿐만 아니라 주유소, 경찰, 병원, 보험회사, 은행, 법원을 비롯하여 실제로 방대한 영역을 포괄한다. 사람들은 고용과 돈이 걸려 있는 문제에서 객관적인 시각을 갖기 어렵다. 그렇기는커녕 자신의 일거리와 생계와 어쩌면 보람 있는 삶이 걸려 있다고 생각하는 문제에 대해서 근본적으로 묻는 행위에 적개심을 느끼기 쉬운 것이다.

경제적인 이유 못지않게 또는 그보다도 더욱 근원적으로 자동차를 극복하기 어려운 까닭은 오늘날 많은 사람들이 내면적으로 자유롭지 못한 삶을 살고 있다는 점에 있다. 내면적으로 자유롭고 성숙한 인간의 중요한 특성은 물건과 권력에 대한 집착이 적다는 점이다. 오늘날 자동차는 대다수 사람들에게 단순한 수송수단이 아니다. 그것은 무엇보다도 자신의 사회적 체면이나 위신을 드러내주는 주요한 상징으로 간주되고 있다. 자동차를 소유하지 못하면 불편하기도 하지만, 그보다 더 중요한 것은 체면이 서지 않는다고 느끼는 사람이 많은 사회 속에서 자동차 산업이 번창하고 있다는 사실을 생각해 보아야 한다.

게다가 자동차라는 폐쇄된 철제구조물은 개인주의적 심리에 잘 어울리는 밀실의 공간체험을 가능하게 한다는 점도 간과할 수 없다. 경쟁의 논리가 갈수록 혹독하게 지배하는 현실에서 점점 더 소외를 느끼는 사람들에게 자동차는 안식의 공간을 제공하는 것으로 느껴진다. 하지만 이 공간에 중독이 되면 될수록 자신의 소외심리도 점점 더 강화되는 악순환이 계속된다.

김종철, 『자동차 없는 세상을 꿈꾸며』, 『간디의 물레』(녹색평론사, 1999), 191~193쪽.

④ 시간적 전개에 따른 구성

시간의 흐름에 따라 제재나 글쓴이의 생각을 서술하는 방식이다. 공간이나 시선의 이동에 따라 대상을 묘사하거나 자신의 생각을 서술할 때에는 비슷한 방식으로 공간적 전개에 따른 구성을 사용할 수도 있다. 자서전이나 평전, 기행문, 소설, 신문 기사, 답사보고서, 조사보고서 등에 주로 사용된다.

우리나라에서 커피를 처음 접한 사람은 고종황제였다. 1895년 공식적으로 '커피'가 첫 등장했다. 아관파천 때 러시아 공관으로 피신했던 고종은 커피를 처음 마셨다고 전해진다. 그 뒤 궁으로 돌아온 고종은 덕수궁 내에 '정관헌'이라는 최초의 서양식 건물을 지었다. 고종은 이곳에서 신하들과 함께 서양 음악을 들으며 커피를 마시고 다과를 즐겼다.

1910년 한일병합이 되면서 일본식 다방이 하나 둘씩 생겨났다. 이곳에서는 커피와 위스키를 팔았다. 1929년 종로에 다방이 생기면서 본격적으로 다방문화가 자리 잡게 됐다. 문화예술인들이 주로 모여들어 다방은 예술과 문학, 철학의 중심지 역할을 했다. 시인 이상은 금홍이라는 기생과 함께 1933년 종로에 '제비'라는 이름의 다방을 열어 화제가 되기도 했다.

한국전쟁 당시 미군 부대를 통해 인스턴트 커피도 들어왔다. 인스턴트 커피는 커피의 대중화에 큰 기여를 했다. 1968년 우리나라에서 커피를 생산하는 최초의 회사가 설립됐다. 인천에 근거지를 둔 '동서커피'가 그 주인공이다. 국산 커피가 생산되면서 커피광고가 시작됐고, 커피는 대중 기호음료로 자리잡게 됐다. 2000년대 중반 이후 원두커피를 찾는 소비자들도 폭발적으로 늘어나고 있다.

최인한, 『커피의 역사-네덜란드로 간 '7개 커피 씨앗' 세계인의 음료로』,
『한국경제』, 2010.5.31.

연습문제

1. 다음과 같은 주제로 글을 쓴다고 가정하고, 적절한 본론을 작성해 보자. 앞서 서론 쓰기와의 연계성을 고려하여 주제를 동일하게 하였으니 참고하여 작성해 보자.

1) 대학생 스펙 쌓기

2) A+ 학점 받는 방법

3) 대학생 독서문화

4) 나의 공부 연대기

5) 서양문화와 동양문화의 차이

6) 존엄사법 도입

7) 부자증세 시행

8) SNS의 무분별한 이용의 문제점과 해결방안

chapter 04 결론 쓰기

일반적으로 결론은 본론의 핵심 내용을 정리하고, 기대되는 결과를 예상하거나 새로운 문제를 제기하는 역할을 한다. 또한 결말의 내용은 서두의 문제제기에 답하는 것이어야 한다. 다음의 사항을 고려하자.

📖 결론을 쓸 때의 유의 사항

1. 본론의 전체 내용을 요약하고 앞으로의 전망이나 남는 과제를 제시하면서 끝맺는다.
2. 요약할 때 앞에서 썼던 말을 그대로 다시 써서는 안 된다.
3. 자기주장이 지닌 사회적 의미나 전망, 대책이나 해결 방안을 제시한다. 이때 사회적, 법적, 제도적인 방안을 구체적으로 제시해야 설득력이 있다.
4. 결론을 무성의하게 쓰거나 한 단락을 한 문장으로 급하게 마무리하는 것은 금물이다. 글쓰기가 서툰 경우 두괄식으로 주제문을 각 단락의 맨 앞에 쓰는 것이 효과적이다.

결론을 쓸 때 자주 사용되는 몇 가지 방식을 알아보자.

Ⅰ 내용요약형

본론의 내용을 요약해서 정리하는 방식이다.

지금까지 살펴본 바와 같이 흡연으로 인한 피해는 흡연자 본인에게 뿐만 아니라 비흡연자인 간접 흡연자에게도 큰 영향을 미친다. 그러므로 공동체 사회에서 비흡연자들의 권리, 즉 건강권을 보호하기 위해 공공장소의 금연 구역이 확대되어야 한다. 이 정책이 다른 금연 정책에 비해 가장 효과가 크며 실현 가능하다고 본다.

〔학생글〕

② 대안제시형

해당 문제나 과제에 대한 전망이나 제언을 덧붙이는 방식이다.

학벌 문제가 특정 학벌의 권력 독점에서 비롯되는 만큼 문제의 해결 역시 권력의 분산에서 찾아야 한다. 고위공직자의 독점은 금지되거나 제한되어야 하며, 중하위 공직의 경우에도 이른바 공직자 지역할당제 같은 제도를 도입하여 특정 대학이나 서울소재 대학의 공직 독과점을 제도적으로 제한해야 한다. 다음으로 이런 권력분산을 통해 대학이 실질적으로 평준화되어야 한다. 이런 바탕 위에서 국립대학들을 중심으로 대학들이 실질적인 교육여건에서도 평준화를 이루어야 하며, 학생 및 교수들 사이의 교류를 제도화함으로써 대학들 사이의 폐쇄적인 벽을 허물어야 한다.

입시는 어떤 형태가 되든 선발 시험이 아닌 자격시험이 되어야 한다. 일정한 기준 이상의 성적을 얻은 학생은 원칙적으로 원하는 대학에서 공부할 수 있어야 하며, 대학의 정원은 의과대학이나 이공계 학과들처럼 불가피한 경우를 제외하고는 가능한 한 개방되어야 한다.

기업의 경우에도 입사원서에 학력기재란을 두지 못하게 해야 한다. 이런 제도적 개혁과 함께 더 이상 학벌로 사람을 평가하고 차별하는 학벌문화와 의식 역시 바뀌어야 한다.

그러나 그 모든 변화를 위한 첫걸음은 문제를 문제로서 의식하는 것이다. 더 이상 학벌사회는 안 된다는 것을 명확히 깨닫는 것이야말로 모든 변화의 시작이다.

김상봉, 『학벌 없는 사회가 바람직한가?』,
『한국의 교양을 읽는다』(휴머니스트, 2006), 314~315쪽.

연습문제

1. 다음과 같은 주제로 글을 쓴다고 가정하고, 적절한 결론을 작성해 보자. 앞서 서론 쓰기와의 연계성을 고려하여 주제를 동일하게 하였으니 참고하여 작성해 보자.

1) 대학생 스펙 쌓기   2) A+ 학점 받는 방법

3) 대학생 독서문화   4) 나의 공부연대기

5) 서양문화와 동양문화의 차이   6) 존엄사법 도입

7) 부자증세 시행   8) SNS의 무분별한 이용의 문제점과 해결방안

고쳐 쓰기

아무리 글을 잘 쓰는 사람이라 할지라도 처음 쓴 글이 완벽할 수는 없다. 글을 쓰는 과정에서 주제가 바뀌기도 하고, 구성이 잘못되어 논지 전개가 자연스럽지 못 할 수도 있다. 문장이 매끄럽지 않을 수도 있다. 이러한 문제를 해결하기 위해 고쳐 쓰기가 필요하다. 고쳐 쓰기의 일반 원칙은 첫째, 쓰고자 한 바를 충분히 썼는지 검토해 보고 논거나 설명이 모자라거나 빠진 부분이 있으면 보충한다. 둘째, 과장되거나 불필요한 내용, 중복되는 내용은 삭제한다. 셋째, 단락이나 문장의 경우 순서를 바꾸어 재배열하여 효과를 높일 수 있으면 그렇게 한다.

고쳐 쓰기의 대상은 글의 주제 및 내용, 구성, 단락, 문장, 어휘 표현 전 영역을 아우른다. 실제로 고쳐 쓰기를 할 때에는 부분적인 것보다 전체적인 것을 먼저 살피는 것이 좋다. 글 전체의 흐름이 매끄러운가, 각 단락의 연결이 제대로 되었는가, 주제가 제대로 전달되었는가, 주제 이외의 다른 부분이 더 강조되지는 않았는가 등을 먼저 살핀다. 전체적인 검토를 마친 다음에 부분적인 것을 검토한다. 문장의 문법적 정확성, 어휘 및 전문 용어의 정확성, 한자, 맞춤법, 띄어쓰기, 문장부호 등을 살핀다.

고쳐 쓰기 할 때 점검해야 할 사항을 좀 더 구체적으로 살펴보면 다음과 같다.

① 이 글의 주제를 한 문장으로 요약할 수 있는가.

② 글의 주제를 뒷받침하는 논거가 명확하고 충분하게 제시되었는가.

③ 전체적으로 글이 논리적으로 연결되었는가.

④ 편견이나 선입견에 사로잡혀 그릇된 내용으로 전개되지 않았는가.

⑤ 글 전체의 분량들이 적절히 균형을 이루었는가. 글의 짜임새가 제대로 갖추어져 있는가.

⑥ 단락과 단락이 잘 연결되었는가.

⑦ 문장은 어법에 맞는가. 첫 문장이 인상적이고 간결한가.

⑧ 초고 수정 시에는 글의 내용과 흐름을 고치는 데 집중하고, 그 다음 문장과 맞춤법을 확인한다.

⑨ 컴퓨터로 작성 시 반드시 원고를 출력해서 수정한다.

⑩ 글쓰기에 자신이 없어서 퇴고가 힘들다면 다음과 같이 해보자. 주위 사람에게 도움을 청해 자신의 글을 가능하면 많이 고쳐 달라고 요구한다. 맞춤법이나 띄어쓰기의 경우 인터넷 사전 기능이나 국립국어원(http://www.korean.go.kr), 부산대학교 우리말 배움터(http://urimal.cs.pusan.ac.kr) 등을 참고한다.

연습문제

//

1. 아래 글을 다음의 순서대로 점검한 후 고치시오.

■ 예문: 「인터넷 댓글」

인터넷이 생겨나면서 우리의 말은 대부분 인터넷상에서 의사표현을 많이 한다. 현재 인터넷 댓글은 어느 정도의 법이 잘 되어있지 않다. 인터넷 댓글은 어느정도의 개인정보가 공유되어 있지 않기 때문에 충고를 써줄때는 좋을지도 모르지만 어둠속에서 누군가에 감시를 받는다던가, 아니면 비난과 욕설등으로 인하여 사람들에게 심한 정신적, 육체적 고통을 느끼고 한계를 넘은 사람은 금단의 길을 택하기도 한다.

인터넷 댓글은 누구나 참여할 수있다. 하지만 인터넷을 사용하면서 악용을 하는 행위도 벌어지고 있다. 인터넷 댓글에서도 자신의 개인정보를 이름만이라도 공개를 한다면 악용하는 사람이 적어질 수도 있고 악용하는 사람들이 개인정보로 인해 서로간에 좋게 사용되고, 여러사람이 듣고 토론을 할 수 있도록 좋은 사이트를 만들어 준다면 모두가 좋은 인터넷 문화를 만들 수 있을 것이다.

인터넷은 누구에게나 평등함과 우리 사회에 있어 더욱 편한 삶과 필요한 정보를 공유하고 서로간에 네티켓을 지켜주면 올바른 인터넷 문화가 될 수 있다고 본다. 그리고 인터넷 댓글을 쓰려고 할때 하나하나 어떻게 써야 서로간에 편하고 도움이 되도록 생각해보고 인터넷 댓글을 써준다면 인터넷 댓글이 좋은 문화가 될 수 있을꺼같다.

〔학생글〕

1) 이 글의 주제는 무엇인가? 주제가 쉽고 명확하게 제시되었는가?

2) 글쓴이는 주제에 대해 참신하게 접근하고 있는가? 혹시 참신하지 않고 상투적이라면 그 이유는 구체적으로 무엇인가?

3) 글쓴이는 글의 화제와 관련이 있는 배경지식을 충분히 활용했는가? 더 필요하거나 삭제해야 할 정보는 없는가?

4) 글의 주제를 뒷받침하는 논거들이 충분히 제시되었는가? 논거가 더 필요한 부분이 있다면 구체적으로 지적하시오.

5) 글의 주제에서 벗어난 내용은 없는가? 있다면 구체적으로 지적하시오.

6) 단락과 단락의 연결이 논리적이고 자연스러운가? 그렇지 않은 부분이 있다면 구체적으로 지적하시오.

7) 각 단락이 소주제문과 이를 뒷받침하는 문장들로 이루어져 있는가? 그렇지 않은 부분이 있다면 구체적으로 지적하시오.

8) 각 단락의 문장들은 서로 자연스럽고 긴밀하게 연결되어 있는가?

9) 문장의 오류는 없는가? 구체적으로 지적하시오.(주어와 서술어 호응, 길거나 장황한 문장 등)

10) 어휘의 오류는 없는가? 구체적으로 지적하시오.(불명확한 지시어, 부적절한 접속어, 모호하거나 부정확한 어휘, 반복되는 어휘, 틀린 맞춤법 등)

제4부
이해와 설득의 글쓰기

chapter 01 설명하는 글

① 설명하는 글의 정의와 요건

어떤 사실이나 사물에 대하여 이해하기 쉽게 풀어 쓰는 서술방식이다. 이미 알려진 사실이나 지식, 정보 등을 독자에게 전달하고 이해시키는 데 목적이 있다.

우리는 일상생활에서 무수히 많은 설명 글들을 접하고 있다. 학교나 기업, 정부기관 홈페이지에 있는 공지사항란, 학과나 학부 소개란, 부서 및 부처 소개란에서부터 제품 사용 설명서, 각종 교과서나 대학 교재, 백과사전, 이력서와 자기소개서, 신문 기사 등을 예로 들 수 있다.

설명하는 글은 사실이나 지식에 바탕을 둔 객관적인 서술방식인 만큼 다음의 사항을 지켜야 한다.

> **설명하는 글의 요건**
> 1. 글 쓰는 사람이 자신이 다루고자 하는 대상에 대해 체계적이고 정확한 지식을 지니고 있어야 한다.
> 2. 글 쓰는 사람의 개인적인 감정이나 주장을 가능한 한 배제해야 한다. 독자가 대상에 대해 어느 한 쪽에 치우치지 않고 정확하게 이해하기 위해서이다.
> 3. 무엇을 설명하는지, 설명의 대상이 뚜렷해야 한다.
> 4. 독자의 성격과 수준을 맞게 설명의 방법이나 수준을 달리 해야 한다.
> 5. 문장이 명료해야 한다.

② 설명하는 글의 표현 방법

(1) 정의

개념에 대한 해석과 설명이다. 가장 간단한 정의는 사전적 정의이다. 그러나 개념이나 대상의 설명은 사전적 정의에 그치지 않고 그것의 여러 가지 속성들이나 관련 사항 또는 필자의 견해를 덧붙임으로써 이루어진다. 이를 확대정의라고 한다. 정의의 방식을 사용할 때는 첫째, 암시나 비유와 같이 모호한 언어를 사용하지 말고 구체적인 어휘를 써서 그 의미를 선명하게 드러내야 한다. 둘째, 추상적이고 낯선 개념일수록 구체적인 정보를 제공해야 한다. 셋째, 정의를 내릴 때는 정의하려는 것에 있는 언어나 어휘를 사용하는 순환정의의 오류를 범해서는 안 된다.(예: 국문학도는 국문학을 공부하는 학생이다.) 넷째, 정의는 가능한 한 부정어를 사용하지 않는 것이 좋다.

예문

교양을 뜻하는 영어 'culture'의 원뜻은 '경작(耕作)'이고, 독일어의 'Bildung'은 '형성'이라는 뜻을 포함하고 있다. 교양이라는 개념은 18세기 후반 독일에서 본격적으로 논의되기 시작하였다. 주로 정신적으로나 육체적으로 미숙한 상태의 개인이 사회와의 갈등관계를 거치면서 보다 성숙한 상태로 발전되는 양상을 지칭한다. 따라서 교양 개념은 개인과 사회, 자아와 세계 사이의 다양한 관계와 갈등을 전제로 하며, 이와 같은 관계 안에서 인간정신을 개발하여 풍부한 것으로 만들고 완전한 인격을 형성해 간다는 뜻을 담고 있다. 대학의 교양과정에 속하는 과목을 리버럴 아츠(liberal arts)라고 한다. 전통적으로는 그리스, 로마 시대에 자유인이 배워야 할 자유 7과인 문법학, 수사학, 윤리학, 산술, 기하학, 천문학, 음악을 가리키지만, 최근에는 인간 정신을 자유롭게 하는 폭넓은 기초 학문과 교양을 통칭하는 개념으로 쓰인다.

『대학생을 위한 글쓰기 강의』 집필진

(2) 비교와 대조

둘 이상의 대상이 무엇이 다르고 무엇이 같은가를 설명하는 글이다. 차이점을 강조하는 경우를 대조, 유사점을 강조하는 경우를 비교라고도 한다. 비교와 대조는 우리가 추상적 개념이나 세계를 손쉽게 이해하고 설명할 수 있는 방법이다. 가령 '여자'의 개념을 알기 위해 '남자'를 떠올린다든지, '동양'을 알기 위해 '서양'을 떠올리는 것이다. 비교와 대조를 잘 하기 위해서는 첫째, 비교, 대조할 만한 근거나 기준이 명확히 있어야 한다. 둘째, 유사점과 차이점을 분명하게 지적하고 그것을 통해 유의미한 정보를 추출할 수 있어야 한다.

사람이 차를 마시는 상황이 있다고 하자. 이때 차를 더 마실 것인지를 묻는 언어 사용에서도 동서양의 차이가 나타난다. 서양인은 더 마실 것인지를 물을 때 'tea(차)'라는 명사를 사용해서 'more tea?(차 더할래?'라고 묻는다. 그러나 동양인은 '마시다'라는 동사를 사용해서 '더 마실래?'라고 묻는다. 같은 표현인데 동양 언어에서는 동사로 표현되고 서양 언어에서는 명사로 표현된다. 왜 이런 차이가 나는 것일까?

'마시다'라는 동사는 '사람'과 '차' 사이에서 일어나는 상호작용을 표현한다. 동양에서는 이렇게 개체 간의 관계 속에서 일어나는 상호작용을 중심으로 생각하기 때문에 동사적 표현을 많이 쓴다. 동사 중심으로 표현하는 것은 사물이나 사람 간의 관계에 초점을 맞춘 것이라고 할 수 있다. 그러나 '사람'과 '차'가 서로 독립된 개체라고 믿는 서양에서는 '차'라는 명사를 통해 질문의 의미를 표현한다. 실제로 일상생활에서 서양인들은 명사를 많이 사용하고 동양인들은 동사를 많이 사용하는 경향이 있다.

EBS ≪동과서≫ 제작팀 김명진 지음, 『EBS 다큐멘터리-동과 서』(예담, 2008), 34~37쪽.

(3) 분류와 구분

분류와 구분은 복잡한 여러 사물이나 대상의 특성을 명확하게 하기 위해 일정한 원리와 기준에 따라 범주화해서 설명하는 방식이다. 하위 개념으로 갈라 나가는 것을 구분이라 하고, 상위 개념으로 묶는 것을 분류라 한다. 분류나 구분의 기준은 단일해야 한다. 처음 적용한 기준을 일관되게 적용해야 한다. 또한 분류나 구분된 항목들은 상호 배타적이어야 한다.

 예문

　대학에는 크게 다섯 가지 전공분야가 있다. 그 하나는 인류의 역사나 인간의 삶, 인생의 본질의 문제를 다루는 분야인 인문과학이다. 또 다른 분야는 인간은 혼자서 살 수가 없으므로 두 사람 이상이 만나서 이룬 사회라는 집단 속에서 어떻게 살아가는지를 연구하는 사회과학이다. 세 번째 분야는 자연이 운행되는 이치를 알고자 자연 세계를 연구하는 분야인 기초 자연과학이라고 한다. 이 밖에 그런 자연이 운행되는 이치에 대한 이해를 토대로 인간의 삶을 편리하고 쾌적하게 만드는 것을 연구하는 응용과학 분야가 있다. 다섯 번째 분야는 우리를 둘러싸고 이 자연, 사회, 인간의 세계에서 아름다운 것, 유쾌한 것, 신나는 것, 기쁨을 주는 것을 발견하여 표현하고 탐구하는 예술분야이다.

〔학생글〕

(4) 예시

　예시는 추상적이고 일반적인 개념, 내용을 구체적이고 특수한 사례를 들어 쉽게 이해시키는 방식이다. 일화, 실제 예, 통계, 전문가들의 이야기 등이 다 예시가 될 수 있다. 예시를 통해 설명할 경우 근거가 되는 예는 충분히 제시되어야 한다.

예문

　임계상태란 두 가지 완전히 다른 조건이 미묘하게 균형을 잡은 불안정한 상태를 말한다. 예를 들어 모래를 계속해서 쌓아 더미를 만들다보면 어느 순간 모래 자체의 응집력과 모래가 더미에서 미끄러져 내리는 중력이 균형을 이루는 상태가 된다. 이 순간이 바로 임계상태로, 여기에 단 한 알의 모래만 더해져도 순식간에 균형이 무너지고 커다란 모래더미가 무너져 내린다. 그러나 모든 모래는 복잡한 네트워크를 이루고 있기 때문에 한 알의 모래가 임계 상태의 모래더미를 어떤 모습으로 붕괴시킬지는 매번 다르게 나타난다.

　뷰캐넌은 이런 임계상태 이론을 역사적 격변을 설명하는 데 이용했다. 우리는 제1차 세계대전을 촉발시킨 것은 오스트리아 왕세자 부부의 암살 사건으로 기억한다. 그러나 뷰캐넌은 이때 암살된 인물이 반드시 오스트리아 왕세자 부부가 아니었더라도 제1차 세계대전이 일어났을 것이라고 본다. 이는 이미 당시 유럽을 둘러싼 사회적 상황이 임계상태에 이르렀기 때문이며, 왕세자 부부의 암살은 여기에 더해진 한 알의 모래였다는 것이다. 암살 사건이 방아쇠가 되어 이들과 연결된 네트워크로 그 충격파를 전달했고, 이들은 네트워크의 허브 역할을 하던 터라 그 파장이 증폭돼 결국 제1차 세계대전이라는 엄청난 사건을 불러 일으켰던 것이다.

이은희, 『하리하라의 과학고전카페』 (글항아리, 2008), 119~121쪽.

(5) 분석

　대상의 구조를 성분이나 구조, 구성원리, 인과관계에 따라 나누어 밝히는 방식이다. 어떤 사물이나 개념을 설명할 때 각각의 구성요소들이 어떻게 기능하고 있는가를 따지는 것이 기능적 분석이고, 어떤 현상이 발생했을 때 왜 이런 일이 일어났는지, 원인을 따지는 것을 인과적 분석이라고 한다.

바이러스는 세균보다 크기가 작은 전염성 병원체이다. 바이러스는 유전물질인 **DNA**나 **RNA**와 그 유전물질을 둘러싸고 있는 단백질로 구성된다. 그 밖의 모든 것은 숙주세포에 의존하여 살아간다. 결정체로도 얻을 수 있기 때문에 생물·무생물 사이에 논란의 여지가 있지만, 증식과 유전이라는 생물 특유의 성질을 가지고 있어서 대체로 생명체로 간주된다.

바이러스의 형태는 대체로 구형이 많으며 그외 정이십면체·벽돌형·탄알형·섬유상 등도 있다. 구조는 바이러스의 유전물질을 전달하는 핵산으로 구성된 중심부(core)와, 이것을 싸고 있는 단백외각(蛋白外殼:capsid)이 있고, 또 어떤 종류의 바이러스는 그 단백외각 밖을 싸고 있는 지방질로 된 외피(envelope)로 구성되어 있다. 핵산은 **DNA**나 **RNA**의 어느 한 가지만을 가지고 있고, 이것을 기준으로 **DNA**바이러스, **RNA**바이러스로 나뉜다.

단백외각은 외각단위단백체(外殼單位蛋白體:capsomer)가 질서정연하게 결합되어 여러 가지 형태를 이루고 있다. 보통 바이러스는 외계에서는 활성을 빨리 잃어버리므로 동결건조, 50% 글리세린·식염수 등에 의하여 활성이 장기간 보존된다. 바이러스는 소독약이나 열에 대하여는 세균보다 강하며, 항생물질에 대해서도 저항성을 보인다.

『바이러스의 구조와 성질』,『네이버 백과사전』,
http://100.naver.com/100.nhn?docid=726138

(6) 인용

권위 있는 학자나 전문가의 의견, 저서나 출판물을 인용해 설명하는 방식이다.

최근 10년 사이 소득에 따른 비만율 격차가 더 커진 것으로 조사됐다. '비만의 양극화'가 점점 심화되고 있는 것이다. 2013년 질병관리본부에서 조사한 국민건강영향조사 결과를 토대로 소득수준별 비만 유병률을 분석해 보면 하위 25% 가정의 여아(2~18세) 비만율은 2001년 9.5%

에서 2010~2012년 평균 10.0%로 증가했다. 반면 상위 25% 가정 여아의 비만율은 2001년 8.3%에서 2010~2012년 평균 7.3%로 떨어졌다. 소득 하위 25% 가정의 여아는 10년 사이 1일 지방 섭취량이 3.5g 늘어 2010~2012년 평균 40.2g이었지만, 소득 상위 25% 여아의 지방 섭취량은 47.4g 변함없었다. 소득에 따른 비만율 변화가 가파른 편은 아니지만 격차가 벌어질 가능성이 크다는 것이 전문가들의 진단이다. 특히 저소득층 아동 청소년들은 학교의 관리를 받지 못하는 방학에 급격히 뚱뚱해질 가능성이 크다는 점에서 사회적 관심이 필요하다. 오상우 동국대 일산병원 교수는 "딸의 비만에 대해 아들보다 민감하기 때문에 경제적 여유가 있는 부모는 식단과 운동량 등을 철저히 관리해 주지만 저소득층 아이는 방치된 채 '정크푸드'(고열량, 저영양 음식)의 유혹에 빠지기 쉽다."라고 말했다.

유대근·조희선, 『비만의 양극화 심화』, 『서울신문』, 2014. 1. 16.

(7) 설명적 서사

설명적 서사는 시간의 경과에 따라 대상의 움직임이나 사건의 전말이 어떻게 변화, 전개되었는가에 초점을 두어 내용을 서술함으로써 독자를 이해시키고자 하는 방법이다. 때문에 시간의 흐름에 따라 전개된 사건의 전말이 설명의 대상이 된다. 신문기사의 사건사고 기사, 역사관련 글, 특정 개념이나 이론의 전개과정을 소개하는 글 등은 대부분 설명적 서사에 해당한다.

최초의 '0'은 6세기 인도에서 자릿수가 빈 곳을 표시하기 위해 발명되었다. 그러나 브라마굽타라는 인도의 수학자는 일종의 기호 역할을 하던 '0'에 새로운 의미를 부여하였다. 같은 숫자 둘을 뺄셈하면 얻어지는 숫자를 '0'이라 한다. 이를 아무것도 남지 않은 상태, 0(zero)이라 명명하여 현재 우리가 사용하는 0의 의미를 가지게 되었다.
이 숫자는 12세기 아라비아 상인들을 통해 유럽으로 전파되었다. 하지만 이교도의 숫자라는 이유로 0은 널리 사용되지 못했다. 어떤 숫자에 0을 더하거나 빼도 그 숫자는 변하지 않는다. 하지만 0을 곱하면 어떤 숫자도 0이 된다. 이렇게 오묘하고 불가사의한 숫자의 매력에 빠진 이탈리아의 수학자가 바로 레오나르도 피보나치이다. 그는 인도 숫자를 사용한 계산 기술을 체계적으로 정립하였다. 이후 상인과 은행가들을 중심으로 숫자 0의 사용이 보편화되었다.

그 후 1679년경 독일의 수학자 라이프니츠는 이 세상 모든 숫자를 표현할 효과적인 방법을 찾던 중 주역의 이원론 '양과 음'에 착안하여 이진법을 고안했다. 0은 무, 1은 신이라는 의미를 적용한 것이다. 이 이진법을 이용하여 1944년 최초의 컴퓨터 콜로서스가 발명되었다. 그리고 1974년 푸에르토리코 아레시보 천문대에서 외계인과의 대화를 위해 이진법 메시지를 우주로 송출하였다. 0은 단순한 기호에서 우주의 언어로까지 진화한 것이다.

학생 글,『세상을 보는 눈, 0』,《EBS 지식채널e '0의 진화'》

연습문제

1. 다음 글을 읽고 물음에 답하시오.

▣ 으르렁말과 가르랑말

미국의 언어학자 하야카와는「생각과 행동 속의 언어」라는 책에서 언어의 함축적 의미에 대해 이야기하며, 으르렁말과 가르랑말을 구별했다. 그가 든 예를 인용하자면, "이런 버러지 같은 놈!"은 으르렁말이고, "넌 세상에서 제일가는 여자야"는 가르랑말이다. 앞의 말은 언어를 사용해서 남을 도발하거나 위협하는 으르렁거림이고, 뒤의 말은 고양이가 가르랑거리거나 개가 꼬리를 흔들 듯 남의 호감을 사기 위한 언어 행위라는 것이다. 으르렁말이나 가르랑말에서는 언어의 소통 기능 가운데 중립적인 정보적 기능이 거의 사라지고, 그 대신 표현적 기능이 두드러진다. 그래서 으르렁말이나 가르랑말의 의미는 개념적 의미라

기보다는 감정적 의미다. 가르랑말의 극단적인 형태는 연인의 환심을 사기 위한 과장된 찬사나 북한에서 김일성 주석 부자에게 붙이는 갖가지 존칭 수식사들일 것이다. 그러나 그 사이에는 여러 단계의 으르렁말과 가르랑말들이 있다. 어떤 말들은 그 함축하는 바가 긍정적, 우호적이고, 어떤 말들은 그 함축하는 바가 부정적, 적대적이다.

예컨대 '중매인'이 맡은 역할은 점잖지만, '뚜쟁이'가 하는 짓는 천하다. '정치가'는 '위정자'보다 더 존경받고, '밀정'이나 '간첩'이나 '첩자'는 '첩보원'이나 '정보원'보다 더 경멸받는다. 이렇게 우리가 일상적으로 사용하는 말들은 정보적 기능과 표현적 기능을 함께 수행하고, 그래서 그 말 속에는 개념적 의미와 감정적 의미가 중첩돼 있다. 그 표현적 기능이 커질수록, 그래서 감정적 의미를 포함한 함축적 의미가 더 커질수록 우리가 사용하는 말은 으르렁말이나 가르랑말에 가까워진다. 으르렁말이나 가르랑말을 일상적으로 사용하는 사람들은 정당 대변인을 포함한 정치적 리플릿 작성자들이나 상품 광고 제작자들이다. 그들이 주로 노리는 것은 객관적 정보의 전달이 아니라 사람들의 심리적 반응이기 때문이다. 그러나 위에서 보았듯 우리 모두는 일상적인 의사 소통 과정에서 무심코, 또는 의도적으로 으르렁말과 가르랑말을 사용한다. 착취, 칼잡이, 매국노, 투기꾼, 야합, 술수 같은 말들이 으르렁말의 범주에 속한다면, 창의력, 자유, 녹색 운동, 동지, 애국, 연대 같은 말들은 가르랑말의 범주에 속한다. (중략)

함축적 의미는 어떤 단어에 고유하게 실려 있는 것이 아니라, 사회적 조건과 시간의 흐름에 따라 쉽게 생기고 사라지고 변한다. 으르렁말의 범주에 속하는 금기어들(주로 성기, 성행위, 배설 행위, 죽음, 질병, 신체적 불리, 사회적 불리와 관련된 노골적 말들)의 부정적 연상을 제거하기 위해 고안된 완곡어들이 별다른 효과를 거두지 못하는 이유가 거기에 있다. '감옥'이라는 말의 부정적 연상을 제거하기 위해 '형무소'를 거쳐 '교도소'라는 멋진 말이 생겼지만, 사람들은 '감옥'이나 '형무소'라는 말에 붙어 있던 부정적인 함축 의미를 이내 '교도소'에도 그대로 이식해서 받아들였다. '식모'나 '차장'이나 '운전사'라는 말을 대치하기 위해 '가정부'나 '안내양'이나 '기사'라는 말이 만들어졌지만, 그 새 말들이 처음에 지녔던 함축적 의미는 이내 사라져 버렸다.

정치적, 사회적으로 민감한 금기어들을 완곡어로 바꾸려는 진보주의자들의 태도와 실천은 90년대 들어 미국에서 '정치적으로 올바름(PC)'이라는 비아냥 섞인 이름을 얻었다. PC의 지지자들은 '검둥이'나 '흑인'이라는 말 대신에 '아프리카계 미국인'이라는 말을 사용했고, '정신 박약'이라는 말을 대체하기 위해 '학습 곤란'이라는 말을 만들어냈다. 그러나 이 새로운 말들도 이내 옛말이 지녔던 부정적 의미를 갖게 되었다. 완곡어의 반대자들은 언어가 반영하는 사회적 불평등이나 불의가 존속하는 한, 말을 다듬고 바꾸는 것은 무의미한 것이라고 말한다. 여기에 대해 완곡어의 지지자들은 편견을 드러내는 언어의 사용 자체가 불평등과 불의를 고착화한다고 반박한다. 둘 다 일리가 있는 견해다. 확실한 것 하나는, 언어의 통제와 조작이 PC 지지자들이 생각했던 것보다는 훨씬 더 어렵다는 사실이다.

고종석, 「으르렁말과 가르랑말」, 「국어의 풍경들」, (문학과지성사, 1999)

1) 위 글의 제목에 나오는 '으르렁말'과 '가르랑말'의 뜻을 정리해 보자.

2) 설명하는 글의 하위 요소인 정의, 비교, 구분, 분류, 분석, 예시, 인용에 해당하는 부분을 찾아보자.

2. 다음에 대해 설명하는 글을 써 보자.

1) 내가 꼽은 최근 신조어 세 가지 설명하기

2) 최근 내가 읽은 신문 기사나 흥미롭게 본 영화 줄거리를 서사의 방식을 활용하여 설명하기

3) 자기 전공과 관련된 주요 개념을 중·고등학생, 혹은 타 전공 학생을 독자로 상정하여 설명하기

   예) [이공자연계열] 바이러스, 빛공해, 페르마의 정리, 빅데이터

   [사회과학계열] 세계화, 감정노동, 자본주의, 불황

   [인문어문계열] 고전, 교양, 은유, 신화

5) 교육방송 ≪지식채널e≫ 중 한 편을 보고 방송된 내용을 설명문으로 풀어 써보자. 기사문이나 인터뷰 글의 형식을 활용해도 된다.

주장하는 글

⊥ 주장하는 글의 구성요소

자신의 주장이 정당함을 신빙성 있는 논거를 제시하여 타당하게 입증하는 글쓰기 방식이다. 다른 사람을 설득하는 데 목적이 있다.

시평, 신문사설, 신문 독자투고, 인터넷 토론방, 시민단체나 노동운동 단체의 결의문, 호소문 등은 우리가 일상생활에서 접할 수 있는 주장하는 글들이다. 주장하는 글의 구성요소는 다음과 같다.

(1) 주장

주장은 어떤 문제나 쟁점에 대한 자신의 견해이되, 반드시 그 타당성을 입증해야 하는 견해이다. 무엇보다도 주장은 평서문이어야 한다. 가령 '인터넷 악플의 문제점에 대해'와 같은 어구는 주장이 될 수 없다. '인터넷 악플을 없애려면 어떻게 해야 하는가?'와 같은 의문문도 주장이 될 수 없다. '인터넷 악플을 없애야 한다'와 같이 평서문으로 써야 주장이 명료해진다. 또한 주장하는 글에서는 주관적인 감정이 섞인 언어를 사용해서는 안 된다. '나는 글쓰기를 좋아한다', '나는 아이돌 가수를 싫어한다'와 같은 문장은 개인의 취향을 드러내는 주관적인 발언이다. '글쓰기는 취업에 도움이 된다' '글쓰기는 심리적인 치유효과가 있다', '아이돌 가수는 기획사와 방송의 상업성이 만들어 낸 산물이다'와 같이 구체적인 근거가 제시된 주장이어야 한다.

(2) 사실논거

중립적인 수치, 사실적인 정보, 혹은 직접 관찰한 내용 등은 주장을 뒷받침하는 사실논거의 예이다. 사실논거는 주장의 신뢰성을 확보하는 데 결정적인 역할을 한다. 따라서 다수 대중들에게 객관적인 신뢰를 주는 논거를 제시해야 한다. 신문 기사나 여론조사, 인터넷에서 수집한 자료들, 일상의 경험들이 사실논거의 예가 될 수 있다. 낙태에 반대하는 주장을 펼 경우, 낙태로 인한 여성들의 신체적, 정신적 훼손의 사례들이나 광범위하게 행해지는 낙태의 문제점을 지적하기 위해 우리나라의 한 해 낙태율을 제시한다면 사실논거가 된다. 소견논거는 쟁점에 따라 찬성 혹은 반대 논거로 나뉘지만, 이처럼 사실논거는 찬성하는 사람이나 반대하는 사람이나 공통적으로 인정할 수밖에 없는 비율이나 수치, 사실적인 정보, 직접 관찰한 내용 등을 의미한다. 사실논거는 통상 '예를 들면 ~이다'의 방식을 취한다.

(3) 소견논거

소견논거는 자기주장의 타당성을 입증하는 의견, 믿음이나 지향, 태도 등이 반영된 명제를 말한다. 주장에 대한 타당한 이유 혹은 주장의 전제로 볼 수 있다. 낙태에 반대하는 주장을 펼 경우, '태아도 하나의 생명체이므로 생명의 존엄성을 존중받아야 한다'라는 진술은 소견논거이다. '인간의 생명은 소중하다'라는 전제가 내포되어 있고, 우리가 그것을 대체로 참인 명제로 받아들이기 때문이다. 여기서 염두에 두어야 할 것은 소견논거에는 반론의 여지가 있을 수 있다는 점이다. 가령 '생명의 존엄성 내지 인간의 권리라는 측면에서 아이를 가진 여성이라 하더라도 자기 몸의 결정권을 인정해 주어야 한다'는 소견논거도 낙태 찬성 측에서 나올 수 있다. 바람직한 논증이란 반대 측의 주장 및 소견논거를 무시하거나 배제하는 것이 아니다. 따라서 소견논거를 제시할 때는 그것이 타당한지, 또 다른 논거들은 없는지 생각해 보아야 한다. 소견논거는 통상 '왜냐하면 ~때문이다'의 방식을 취한다.

② 주장하는 글쓰기의 실제

(1) 찬반양론

흔히 특정 쟁점에 대한 주장은 찬성과 반대 양쪽으로 첨예하게 갈리기 마련이다. 그리고 자기주장의 타당성을 입증하기 위해서 상대방 주장이나 예상되는 반론에 대한 반박을 항상 고려하게 된다. 그런 면에서 찬성과 반대, 허용과 금지, 긍정과 부정 등과 같이 명백하게 입장이 갈라지는 글은 반드시 논증의 절차를 거치게 되어 있다. 이와 같이 자기 논지를 변호하고 타인의 논지를 비판하는 찬반양론의 논증 방식은 일정한 쟁점을 두고 펼쳐지는 토론회, 법정에서 변호사와 검사가 벌이는 법정 공방, 국회에서 국정을 논하고 정책을 결정하기 위해 각 정당구성원들이 벌이는 논의 등에서 대표적으로 볼 수 있다.

찬성과 반대 주장은 ① 쟁점의 핵심에서 벗어나지 않아야 한다. ② 주장은 신빙성 있는 증거와 합리적인 근거로 뒷받침되어야 한다. ③ 논거들이 명확하고 전체를 포괄하는지, 만약 그렇지 않다면 다른 논거들은 어떤 것인지 생각해본다. ④ 증거를 제시하는데 사용된 방법들은 무엇인지, 수정하거나 보강할 증거들은 없는지 따져본다. ⑤ 각 주장과 그 논거들은 상대방의 반론을 염두에 둔 것인지, 그리고 예상되는 반론에 대한 반박이 글의 어느 부분에서 사용되는 것이 효과적인지 정한다.

서론에서 쟁점의 배경을 설명하고, 쟁점과 관련된 핵심 개념들을 정의한 후 찬성, 반대와 같은 자신의 입장을 밝히도록 한다. 본론에서 상대방의 주장과 논거를 검토해 반론의 여지는 없는지 의식하면서 자기주장의 소견논거와 사실논거들을 차례로 서술하도록 한다. 결론에서는 자신의 입장을 다시 한 번 환기하면서 끝맺는다. 퇴고할 때에는 주장이 타당한지, 주장을 뒷받침하는 논거가 더 있지는 않은지 겹치지는 않은지, 또 좀 더 참신한 것은 없는지 따져 보고 수정 보완한다. 그 외 전체 글의 체제나 단락, 문장, 어휘, 맞춤법, 띄어쓰기 등을 검토하도록 한다.

(가): '동물실험' 찬성 입장

동물실험은 동물의 존엄성 침해, 학대, 과학과 인류의 발전에 필요성 여부 등으로 예전부터 찬반 논란이 있어 왔다. 동물실험은 필연적으로 인간을 위해 다른 생명체의 생명을 빼앗는다는 것을 전제로 하기 때문에 생명 윤리와 관련하여 논쟁이 일어날 수밖에 없는 것이다. 나는 동물실험에 이점이 많다는 입장이다.

동물실험은 의학적인 목적으로 동물에게 행하는 실험을 뜻한다. 실험을 거치지 않은 약을 사람이 복용했을 때에는 부작용이 생길 확률이 굉장히 크다. 한 예로 1937년 발생한 설파닐아미드 사태가 있다. 이 사태는 동물실험을 거치지 않고 사람에게 바로 항생제를 사용한 후 107명의 사람이 사망한 사건이다. 동물실험을 했더라면 이와 같은 큰 재앙을 막을 수 있었을 것이다.

지금 우리가 사용하고 있는 각종 질병치료제나 예방접종도 모두 동물실험의 결과이다. 홍역이나 풍진도 광견병 연구의 성과인 예방접종의 원리로 개발되었다. 인슐린 역시 개를 통한 실험으로 이루어졌다.

만약 동물이 아닌 사람을 대상으로 실험을 하게 된다면 어떨까? 물론 사람이 복용할 약을 당사자인 인간을 대상으로 해서 실험하면 가장 정확하다. 하지만 인간실험은 현실적으로 어려움이 있다. 왜냐하면 인간은 세대교체가 굉장히 느리다. 따라서 연구결과가 매우 늦게 나온다. 이에 비해 동물들은 세대교체가 인간보다 빠르기 때문에 보다 빠른 연구결과를 얻을 수 있다. 그 예로 색맹이나 혈우병과 같은 반성유전은 세대교체 기간이 짧은 초파리를 이용해 알아낼 수 있었다.

이렇듯 동물실험이 인간에게 주는 이점은 굉장히 많다. 동물실험을 반대하는 쪽에서는 동물의 존엄성을 무시하고 생명권을 박탈한다고 비판한다. 맞는 말이다. 하지만 아직은 동물실험을 대체할 만한 방법이 없다. 또한 동물만큼 인간과 비슷한 구조를 가진 대상도 없기 때문에 동물실험은 계속되어야 한다. 대신에 실험 횟수나 개체 수에 제한을 두어 최소한의 실험으로 결론을 도출할 수 있도록 해야 한다. 실험자들 또한 생명을 가볍게 여기지 않는 마음가짐을 가져야 할 것이다.

[학생글]

예문

(나): '동물실험' 반대 입장

인간은 새로운 약품 혹은 화장품을 만드는 과정에서 동물을 이용한다. 이는 개발 중이거나 개발이 완료된 제품이 인체에 얼마나 유해한지 알아보는 실험이 대부분이다. 현재 실험에 이용되는 동물에는 토끼, 쥐, 침팬지 등이 있다. 이러한 동물실험은 여러 문제가 있다. 인간의 발전을 위해서 생명을 실험대상으로 삼을 수 있느냐의 문제, 동물실험으로 도출된 결과가 인간에게 적용 가능한 것인가의 문제를 생각해 볼 수 있다.

식약청의 조사에 따르면 한 해 국내에게 실험으로 희생되는 동물의 수는 600만 마리로 추정된다. 수치가 말해주는 동물실험의 실상은 홀로코스트와 다름없다. 실험동물들은 실험과정에서 실제로 큰 고통을 받으며, 치유할 수 없는 질병을 얻거나 사망에 이르기도 한다. 예를 들면 토끼에게는 눈물샘이 없어 유해물질이 눈에 들어갔을 때 씻어낼 수 없다. 안자극성 실험에서 토끼를 많이 사용하는 이유는 더 많은 화학물질을 사용하여 더 오랫동안 관찰할 수 있기 때문이다. 이러한 실험은 토끼의 눈을 멀게 하는 등 실험동물의 고통을 야기한다.

동물을 대상으로 한 실험의 결과가 인간에게 나오는 결과와 다를 수도 있다. 역사상 가장 비극적인 사고로 손꼽히는 탈리도마이드 사건을 예로 들 수 있다. 탈리도마이드는 진정제로 1953년 독일에서 처음 만들어졌고, 임산부의 입덧 완화제로 널리 사용되었다고 한다. 동물실험에서는 별다른 이상이 없었고 1957년에 전 세계 50개국에서 수입하거나 다시 만들어졌다. 하지만 이 약은 사지결손의 기형아를 양산하여 수년 동안 1만 명가량의 '탈리도마이드 베이비'가 태어났다고 한다. 이 사례는 인간이 동물실험에 의존하는 것이 얼마나 위험한지를 보여준다.

동물실험 외에 더 안전하고 윤리적인 방법도 있다. 실제로 미국의 하버드 비스연구소에서 인공장기칩을 개발하였다. 인간세포로 이루어진 얇은 막과 혈액과 비슷한 액체를 펌프질하는 기기로 질병에 감염되거나 질병상황을 똑같이 모사할 수 있는 기술이다. 이외에도 컴퓨터 시뮬레이션 등 동물실험을 대체할 수 있는, 동물실험보다 안전하고 확실한 방안들이 개발되고 있다.

인간에게는 지구상의 같은 생명체를 고통스럽게 할 권리가 없다. 우리는 동물실험을 근절할 수 있는 방법을 생각해야 한다. 동물실험을 거쳐 개발되거나 생산된 제품을 사용하지 않는 윤리적 소비를 예로 들 수 있다. 그저 동물이라는 이유만으로 생명이 경시되는 문화는 하루빨리 사라져야 한다.

[학생글]

위 예문들은 인간과 과학 발전을 위해 행해지는 '동물실험'에 대해 찬성과 반대 입장을 밝힌 주장글이다. 찬성과 반대 입장을 밝힌 두 학생의 글 모두 질병치료와 효율성, 생명 윤리, 인간과 다른 동물 종의 차이, 동물실험을 대체할 방안 등을 논거로 제시하면서도 핵심 주장에서는 상반된 입장을 취한다. 비슷한 논거를 바탕으로 어떻게 다른 주장을 펼치고 있는지 이해하기 위해 아래 순서대로 예문을 분석해 보자.

📖 **예문 분석**

1. 예문 (가)와 예문 (나)의 글 각각의 주장은 무엇인지 한 문장으로 써 보자.
2. 찬성 주장의 논거는 무엇인지 찾아 정리해 보자.
3. 반대 주장의 논거는 무엇인지 찾아 정리해 보자.
4. 어느 쪽 주장이 더 설득력이 있는지, 그렇게 판단하는 이유는 무엇인지 자신의 생각을 써 보자.

---

(2) 문제제기와 해결

문제제기와 해결식 글쓰기는 최근 현상을 통해 사실을 진단하고 거기에 내재한 문제점들을 분석한 후, 대안(해결방안)을 제시하는 글쓰기를 말한다. 가령 우리가 논술글, 신문 사설이나 칼럼에서 흔히 볼 수 있는 '지역주의의 문제점과 해결방안', '저출산의 문제점과 해결방안', '대학생 스펙 쌓기 열풍의 문제점과 해결방안' 등과 같은 제목은 이와 같은 글쓰기를 골간으로 한 것이다. 문제제기와 해결식 글쓰기는 시론(時論)이나 비평문 등을 쓸 때 요긴하다.

논지 전개 방식은 우선 다양한 여러 사실들을 정리한 후, 이를 바탕으로 문제점을 도출하고, 그 문제점을 해결하는 것을 결론으로 삼는다. 문제점을 지적할 때에는 겉으로 드러난 현상적인 문제 외에도 그 문제가 미칠 파장이라든가, 문제의 근본적 원인까지 짚어주어야 한다. 마지막으로 가능한 한 구체적이고 실현가능한 해결 방안을 제시하는 것이 좋다.

예문

(다): 다양한 사고로 다양한 책을 읽자

2015년 경남 지역 10개 대학 도서대출 현황을 조사한 결과 '재학생 1인당 평균 대출 도서 수'는 0.927권으로, 1인당 평균 1권이 채 안 되었다고 한다. 특히 판타지 소설이나 교양 만화가 대출 순위 상위권에 올랐으며, 대학 수업 교재와 교양서적도 자주 찾는 도서 목록에 포함됐다. 이런 현상은 특정 지역에 해당하지 않고, 전국 대부분 대학교에서 나타나는 현상이다.

하지만 문제는 대학생들이 판타지, 만화, 베스트셀러를 읽는 것이 아니라 인문서적, 과학서적 등 다양한 분야의 책을 읽지 않고 편중되게 책을 읽는다는 것이다. 그리고 이런 상황이 지속된다면 미래의 우리 사회를 이끌어 갈 대학생들의 생각의 폭이 좁아진다는 문제를 낳게 된다. 그러므로 이런 현상은 사회 전체가 관심을 가지고 개선해야 할 문제이다.

그렇다면 이런 현상이 일어나는 원인은 어디에 있을까? 우선 표면적인 이유로 문화적인 원인을 들 수 있다. 요즘 대중매체는 웹툰이나 베스트셀러 소설 등을 드라마나 영화로 제작하고 있다. 세계적으로 인기를 끌었던 「반지의 제왕」, 「해리포터」시리즈가 좋은 예이다. 우리나라에서도 「은교」, 「두근두근 내 인생」과 같은 베스트셀러 소설이나 웹툰 「미생」이나 「치즈 인더 트랩」이 방영되어 많은 관심을 끌었다. 이런 흥미 위주의 영상매체가 대학생뿐만 아니라 사회 전체적으로 판타지, 베스트셀러, 웹툰, 만화에 치우쳐 책을 읽도록 조장하였다.

또한 젊은 세대 문화의 상징이라 할 수 있는 인터넷 문화도 대학생들이 흥미 위주의 책으로 편중해 읽는 습관을 가지게 만들었다고 본다. 블로그나 페이스북에 올려진 글들이 스크랩되어 여기저기 게재되고 대학생들은 비슷한 내용의 글들을 읽으며 공감한다는 댓글을 남긴다. 그리고 이런 행동이 글의 내용적인 한계를 넘어 우리의 사고에 제약을 가져오고 있다. 짧은 글을 읽고 짧은 댓글을 남기다 보니 점점 많은 분량의 글을 읽는 데는 낯설게 된 것이다. 특히 인문서적같이 생각하며 읽어야 하는 글을 보면 머리에 쥐가 난다고 할 정도이다.

이처럼 대학생 독서습관의 원인은 문화적인 배경과 개인의 취향과 습관에 있지만 이것이 다라고 할 수는 없다. 근본적으로 사회분위기가 인문학적, 철학적 생각을 하지 않게 만들고 있기 때문이다. 초등학교부터 고등학교까지 수능을 목표로 하는 일률적인 교육은 사고마저 편중시키고 있다.

우리나라의 이런 분위기와는 대조적인 프랑스를 보면 이 문제를 해결할 실마리를 찾을 수 있다. 프랑스는 중등교육에서 고등교육으로 넘어가는 시기에 바칼로레아라는 논술시험을 본다. 이 시험은 인문학, 예술, 과학, 윤리, 정치 등 여러 분야에서 논술 주제를 주고 학생들이 주관적으로 글을 쓰도록 한다. 많은 인원과 예산을 들여 시행하는 이 시험은 국가적 행사로 일반인들도 그 논술 주제에 대해 토론한다고 한다.

프랑스의 예에서 보듯이 우리 사회도 학생들이 교육을 받으며 다양한 사고를 할 계기와 기회를 제공해야 한다. 교육관계자나 교수들도 책을 읽으라는 말만 되풀이하지 말고, 학생들에게 다양한 질문을 던져야 한다. 성장과정에서 다양한 분야의 질문을 받고 그에 대해 스스로 사고할 수 있는 제도가 정립된다면 학생들은 스스로 다양한 분야에 관심을 갖고 책을 읽을 것이다.

이러한 사회 분위기와 교육제도가 정립되어야 대학생들의 독서 습관을 바꿀 수 있다. 방송 매체에서 책을 소개한다든지 도서관에서 여러 책을 추천하는 해결책은 근본적인 문제에 대한 접근이 있을 때 그 효과를 발할 것이다.

〔학생글〕

위 학생의 글은 서론-본론-결론의 체계를 갖추었을 뿐만 아니라 자료에서 제시된 문제점을 잘 파악해서 분석하고 있다. 대학생들의 편독 경향이 지닌 문제점과 원인을 개인의 취향, 사회문화적인 측면, 사회 전체 특히 교육의 측면으로 나누어 지적했다. 또한 해결책 역시 근시안적인 것이 아니라 교육정책의 근본적 변화를 제시하고 있어 설득력이 있다.

> **[뜯] 예문 분석**
> 다음의 순서대로 위의 예문 (다)의 내용을 정리해 보자.
> 1. 문제점
> 2. 원인분석
> 3. 해결책
> 4. 제시된 제목 외에 다른 제목 붙여 보기

(3) 반박문

주장하는 글에서는 주장을 뒷받침하는 논거들을 타당하게 제시해야 하고, 또 다른 반론이나 주장은 없는지 따져보아야 한다고 했다. 반박문은 자기주장의 타당성을 입증하기 위해서 상대방 주장의 허점을 공략하는 것이다. 소견논거는 타당한지, 사실논거는 충분하고 설득력이 있는지를 꼼꼼히 따져보고 글을 작성하면 된다.

'주제(논제) 확인 ─ 상대편 입장의 논거 제시 ─ 반박 ─ 자기 입장의 논거 제시 ─ 입장 확인 혹은 남는 문제 제시' 순이다.

다음은 인터넷 실명제 찬성 입장에서 반대 입장의 논지를 반박하면서 쓴 글이다.

(라): 인터넷 실명제를 도입하자

인터넷이 발달하면서 인터넷상에서 의사 표현을 하는 경우가 많다. 자신이 직접 글을 올리기도 하고 그에 대한 댓글을 달기도 한다. 그런데 인터넷 글의 양적인 증가에 걸맞은 인터넷 윤리가 확립되지 않고 있다. 예를 들면 악플에 시달리는 사람이 심한 정신적, 육체적 고통을 견디다가 극단적 방법을 택하기도 한다. 이는 인터넷상에서의 익명성이 주는 폐단이며, 폐해를 줄이기 위해서는 인터넷 실명제가 실시되어야 한다.

여기에 비판의 목소리도 적지 않다. 일부 시민단체나 인터넷 사업자들은 익명을 유지하면서 자정 운동을 하면 건전한 인터넷 문화를 성숙시킬 수 있다고 주장한다. 그러나 이 주장은 시대 착오적인 발상에서 출발한다. 현재 곳곳에 카메라가 설치돼 24시간 작동되는데 굳이 인터넷에서만 익명을 보장해야 할 필요는 없다. 자정 운동을 하는 것이 잘못된 일도 아닌데 숨기면서 해야 할 이유가 없다. 카메라가 설치된 곳에서 더 주의 깊게 행동하게 되는 것처럼 실명제가 되면 성숙한 인터넷 문화가 발달할 수 있다.

인터넷 실명제가 표현의 자유를 침해하고 정치참여를 가로막는다고 주장하는 사람들도 있다. 그러나 실질적으로 언론과 표현의 자유를 막는 것은 실명이 아니라 익명으로 인한 무책임하고 반윤리적인 내용들의 범람이다. 쉽게 말해 군중심리로 자신이 노출되지 않음을 무기로 다수를 따라 악성 댓글을 다는 경우가 있다. 이런 무분별한 행위로 인해 인터넷상에서 실제로는 쓸모없는 글들이 넘쳐난다. 자신이 누구인지 공개가 된다면 과연 다른 사람을 비방하는 글을 쓸 수 있겠는가. 정치와 관련해서도 마찬가지이다. 사람들은 저마다 정치적 입장을 갖고 있다. 자신을 드러내어 사이버 공간을 자유로운 토론의 장으로 만드는 게 익명의 힘을 빌려 욕설과 비방이 난무하는 싸움터로 만드는 것보다 훨씬 성숙한 인터넷 문화라 할 수 있겠다.

누구나 참여할 수 있는 인터넷은 거꾸로 누구나 악마가 될 수 있는 역기능을 가지고 있다. 역기능을 막기 위해서는 인터넷 실명제를 실시하여 사이버 세계의 신뢰를 높이고, 책임있는 글쓰기를 통해 올바른 여론을 형성해야 한다. 실제로 현실 사회에서는 성실하고 조용한 사람이 사이버 공간에서는 천의 얼굴로 변하는 경우를 접해본 적이 있을 것이다. 공익광고에서도 이런 내용을 다룬 적이 있는데, 익명을 무기로 폭력 아닌 폭력을 행사하는 행위이다. 실명제를 도입하여 자신의 의견에 자기 자신이 얼마나 떳떳한지 한 번 더 생각해 보게 하고, 신중히 글을 올리도록 해야 한다.

　인터넷은 어디까지나 사람이 더 나은 삶을 누리기 위한 수단이어야 한다. 주객이 전도되어 인터넷에 지배되어서는 안 된다. 인터넷에서 익명을 무기로 일어나는 무서운 일들은 오히려 우리 생활을 위협할 수 있음을 알아야 한다. 실명제 도입을 하루 빨리 추진하여 인터넷 역기능을 해소하고 더욱 성숙한 사이버 윤리를 확립해야겠다.

〔학생글〕

[≡] **예문 분석**

1. 위의 예문 (라)의 주장은 무엇인지 한 문장으로 써보자.
2. 상대편 주장의 논거를 어떻게 반박하고 있는지 찾아서 정리해 보자.
3. 자기주장의 논거는 무엇인지 찾아 써보자.

🪶 연습문제

///

1. 다음 주장의 논거를 찬성, 반대로 나누어 가능하면 많이 적어보자. 정리한 논거를 토대로 주장하는 글을 써보자.

1) 인터넷은 대중들이 자유롭게 사회·정치적 의견을 개진하는 대중지성의 공간이다.

찬성 논거 :

반대 논거 :

2) 대학서열화는 사회발전에 도움이 된다.

찬성 논거 :

반대 논거 :

3) 페이스북, 트위터와 같은 SNS는 사회발전에 도움이 된다.

찬성 논거 :

반대 논거 :

4) 대학은 현실에서 활용 가능한 실용 위주 교육을 지향해야 한다.

찬성 논거 :

반대 논거 :

5) 대학 캠퍼스 내에서 전면금연을 실시해야 한다.

찬성 논거 :

반대 논거 :

6) 생리공결제는 계속 시행되어야 한다.

찬성 논거 :

반대 논거 :

7) 한국의 징병제도 모병제로 바뀌어야 한다.

찬성 논거 :

반대 논거 :

2, 다음은 우리 사회에서 쟁점이 되고 있는 문제들이다. 문제점-원인분석-해결책 제시 순으로 글을 작성하라.

1) 대학생 독서문화의 문제점과 대안을 제시하라.

2) 데이트 폭력의 증가에 따른 문제점과 해결책을 제시하라.

3) 소셜미디어(social media)의 확산에 따른 문제점을 짚고, 대안을 제시하라.

4) 대학생 음주문화/흡연문화의 문제점과 대안을 제시하라.

5) 다이어트와 성형 등 몸 숭배 사회의 문제점과 대안을 제시하라.

6) 청년실업의 문제점과 해결책을 제시하라.

7) 이른바 헬조선, 수저계급론 등 신조어에 반영된 한국사회의 문제점과 해결방안을 제시하라.

8) 대학서열화의 문제점과 해결책을 제시하라.

제5부
학술적 글쓰기

chapter 01 학술적 글쓰기의 필요성

대학은 단순히 고등학교 이후에 진학하는 또 하나의 교육 기관에 그치거나 기업이 요구하는 인력을 공급하는 직업 훈련소에 불과한 것이 아니다. 대학은 가장 전문적인 고등 교육 기관이며, 무엇보다 진리를 탐구하고 학문을 연구하는 장(場)이라는 점을 잊어서는 안 된다. 대학이라는 학문 연구 공간에서 대학생들이 쓰게 되는 글들 역시 학술적 글쓰기의 테두리에 포함될 만한 글들이 많다. 여기에는 대부분의 각종 보고서들처럼 교수로부터 부여받은 과제로 쓰게 되는 글도 있고, 수업 중의 발표와 토론을 위해 준비하는 글도 있을 수 있다. 그리고 연구논문처럼 가장 전문적이고 논리적이어야 하는 글도 있으며, 학위논문처럼 학사·석사·박사 학위를 인준하는 역할을 하는 글도 있다. 이러한 글 모두는 학습이나 연구와 같은 학술적 수행 과정에서 얻은 자신의 성과를 다른 사람들에게 알리기 위한 글쓰기, 다시 말해서 '학술적 글쓰기'라고 할 수 있다.

대학이 무엇보다 학문을 탐구하고 연구하는 기관이라는 점을 명심한다면, 대학에서의 학술적 글쓰기는 정확한 논리적 사고와 엄정한 윤리 의식이 필수적으로 요구된다고 할 수 있다.

학술적 글쓰기를 위한 자세

1. 학문을 배우고 연구하는 학생으로서의 겸손함과 더불어 대학이라는 교육·연구기관의 일원으로서 자긍심과 책임 의식을 가져야 한다.
2. 학술적 글쓰기의 과정에서는 자신의 지식, 학습 성과, 조사 및 연구 결과 등을 일정한 형식과 기준에 맞추어 표현하는 것이 중요하다. 다만 학문 분야에 따라 학술적 관행과 글쓰기의 형식이 조금씩 다를 수 있다. 따라서 자신이 연구하여 쓰고자 하는 해당 학문 분야에 대한 관심과 이해가 필요하다.
3. 해당 학문 분야의 학술적 글들을 다양하게 찾아 읽어볼 필요가 있으며, 이때 글의 논리를 이해하고 분석하는 능력과 글의 내용에 대한 비판적 판단력이 요구된다.

4. 학술적 글쓰기를 위해서는 주체적이고 독창적인 사고가 밑바탕이 되어야 한다. 자신만의 의견과 관점을 드러내는 것을 부끄러워하거나 두려워해서는 안 된다. 정말 부끄러운 것은 내 생각이 담겨 있지 않거나 남의 생각을 모방한 글이다.

5. 다른 사람의 글이나 생각, 통계 자료나 기사 등을 인용하고 참조할 때에는 엄정한 학문적 윤리 의식을 바탕으로 하여 일정한 기준에 맞추어 그 사실을 밝혀두어야 한다.

chapter 02 학술적 글쓰기의 윤리

① 대학에서의 학술 연구와 글쓰기

대학에서의 글쓰기는 기본적으로 학습이나 연구를 목적으로 한다. 따라서 올바르게 학문에 임하는 자세가 무엇보다 우선시되어야 한다.

학술 활동에 있어서는 무에서 유를 창조하는 것이란 존재하지 않는다. 학문적 성취는 항상 이전에 누군가가 연구해놓은 성과를 바탕으로 한 걸음 조금 더 나아가는 것이다. 따라서 항상 겸손한 마음가짐으로 배우는 자세를 가져야 한다. 글·논문·책으로써 학문과 지식을 교류할 때에는 엄격한 윤리와 정직한 학습 태도가 필요하다. 타인의 의견이나 생각을 함부로 인용하는 행위, 타인의 연구 결과를 왜곡하는 행위, 타인의 연구 성과를 훔치거나 표절하는 행위는 모두 용납될 수 없다.

학술적 글을 쓰기 위해서는 창의적이고 자신감 있는 자세를 갖되, 성실하고 정직하게 조사와 연구에 임해야 한다. 자신과 다른 사람의 연구 결과를 과장하거나 왜곡하지 말고 객관적으로 드러내야 한다. 그리고 언제나 항상 스스로에게 정직해야 한다.

② 학술 활동과 글쓰기의 윤리

(1) 시험을 볼 때의 윤리

① 특별한 언급이 없는 한, 시험을 볼 때에 노트, 교재, 논문, 전자 장비를 이용해서는 안 된다. 시계는 아날로그 형식의 것으로 각자 준비한다.

② 수업 태도와 예습·복습, 시험 준비가 얼마나 충실했는지를 스스로 평가한다는 마음으로 시험에 임해야 한다.

(2) 보고서와 논문을 작성할 때의 윤리

① 다른 사람의 글이나 생각에 조금이라도 도움을 받았다면 출처를 명확히 밝혀야 한다.

② 다른 사람의 글이나 생각을 인용할 때에도 그 내용을 정확하게 이해한 뒤에 가급적 자신의 언어로 바꾸어 표현하도록 노력해야 하며, 다른 사람의 글이나 생각을 자신의 것처럼 표현해서는 안 된다.

③ 보고서나 논문을 허락 없이 인터넷에서 업로드하거나 다운로드하는 행위를 해서는 안 되며, 보고서나 논문을 공유하거나 거래하는 사이트는 절대로 이용해서는 안 된다.

④ 다른 논문, 보고서, 인터넷 자료를 짜깁기하여 글을 쓰면 안 된다.

⑤ 동일한 보고서나 논문을 조금 수정하여 다른 과목의 과제물로 제출해서는 안 된다.

⑥ 보고서나 과제물을 다른 학생에게 빌려 주거나 대리 작성, 대필, 대리 제출하는 행위를 해서는 안 된다.

⑦ 해외 대학에서는 신뢰할 수 없는 자료를 인용하거나 참고하는 행위 역시 학문적 태도가 불량한 것으로 간주하여 크게 처벌하기도 한다. 해외 대학에 교환 학생으로 간 학생이 현지 대학에서 보고서를 제출하였는데, 신뢰할 수 없는 개인 블로그나 인터넷 카페에 올라온 글을 참고하였거나 포털사이트의 지식 검색 내용, 위키피디아 백과의 내용 등을 인용했다는 이유로 'F학점'을 부여받거나 '제적 처벌'을 받은 경우도 있다.

(3) 조별 활동을 할 때의 윤리

① 불성실한 조원 한 명이 해당 조의 발표는 물론, 강의 전체의 질을 떨어뜨릴 수도 있다. 조별 활동을 할 때에는 모든 조원들이 누가 먼저랄 것 없이 솔선수범하고 성실한 자세를 갖추어야 한다.

② 나이가 많거나 적다는 이유로, 선배 혹은 후배라는 이유로, 남성 혹은 여성이라는 이유로, 집이 가깝거나 멀다는 이유로 조별 활동 참여에 차별이 있어서는 안 된다.

③ 다른 조원의 의견이나 공동의 조사 결과를 자신의 것인 것처럼 드러내서는 안 된다.

④ 불성실한 조원이 있을 경우, 그 조원이 성실히 참여하도록 설득하는 것도 함께 학습하는 자세에서 필요한 일이다.

(4) 실험실에서의 윤리

① 실험은 함께 준비하고 진행할 수 있지만, 과정과 결과를 정리하는 것은 특별한 언급이 없는 한 각각 개개인의 힘으로 해야 한다.

② 데이터나 실험 조건, 실험 결과를 조작해서는 안 된다.

③ 실험 결과가 예상에서 벗어난 것이라고 해서 기록을 누락해서는 안 된다.

③ 표절

의도적이든 우연이든 다른 사람의 말이나 생각을 마치 자신의 것처럼 제시하는 것은 모두 표절이다. 다른 사람의 말이나 생각 등을 참고하거나 인용할 때에는 그 분량의 많고 적음과 상관없이, 언제나 반드시 형식적 조건을 맞추어 주석을 달고 출처를 밝혀야 한다.

주석이나 참고문헌을 달고 인용하는 경우에도 출처를 구체적으로 밝히지 않거나 인용한 페이지를 틀리게 기재한 경우, 인용된 내용에 주석이나 인용부호가 누락된 경우에는 표절로 간주될 수 있다.

자신이 참고하거나 인용한 문헌의 출처가 기억나지 않는다고 해서 표시하지 않고 누락하는 경우에도 표절이며, 다른 사람이 그린 그림이나 도표, 인터넷에 떠도는 이미지와 영상 파일 등을 무단으로 이용하는 행위 역시 표절이다.

의도하지 않은 표절을 피하기 위해서는 자료를 검색하여 조사하고 읽을 때, 서지사항이나 출처를 꼼꼼하게 노트에 정리하거나 메모를 해두는 것이 좋다. 특히 인터넷에서 본 자료나 글의 경우에 출처를 생략하고 넘어가거나, '네이버'·'다음'·'위키피디아' 등 사이트 이름만 두루뭉술하게 적는 경우에도 표절로 간주될 수 있으니 유의한다.

자료의 수집과 활용

Ⅰ 자료의 수집

일정한 주제를 놓고 대화를 하게 될 경우, 그 주제에 대해 친숙한 사람들이 모여 있다면 대화가 활발하게 이어지겠지만 그렇지 않다면 어색한 침묵만 흐를 가능성이 높다. 가령 '한국의 역대 대통령의 생애', '한국의 월드컵 축구 도전사', '미국 힙합 음악', '김치를 맛있게 담그는 법', '일본 만화 영화의 특징', '스타크래프트 게임의 전략', '지구 온난화 문제에 대한 남아메리카 국가들의 대응 방식', '올해 유행하는 패션 아이템', '요즘 아이돌 그룹의 외모' 등을 주제로 대화를 나누거나 글을 쓴다면, 어떤 주제에 대해서는 별다른 준비도 없이 신나게 이야기하거나 글을 쓸 수 있는 사람도 있겠지만, 또 다른 주제에 대해서는 전혀 아는 바가 없어 막막한 사람도 있을 수 있다. 자신이 쓰고자 하는 글의 주제에 대한 지식과 정보가 없다면 열심히 자료를 찾아보아야 하며, 지식과 정보가 있다면 정보를 재확인하고 더 좋은 자료를 확보하기 위해 한층 더 노력해야 한다.

한마디로 말해서 좋은 글을 쓰기 위해서는 자료 수집이 선행되어야 한다. 자료 수집은 글을 쓰기 위해 필요한 정보와 지식을 얻기 위한 것이다. 요즘은 자료를 찾는 방법으로 인터넷을 손쉽게 활용하곤 한다. 하지만 인터넷으로 얻을 수 있는 정보는 쉽게 얻을 수 있다는 바로 그 이유 때문에 정보의 희소성과 가치가 낮을 수밖에 없다. 특히 인터넷의 정보는 신뢰할 수 없는 정보, 객관적으로 검증되지 않은 정보가 많기 때문에 매우 유의해야 한다.

좋은 자료를 얻기 위해서는 인터넷 온라인상의 자료뿐만 아니라, 도서관, 연구소, 서점 등에서 직접 문헌 자료를 찾아보기도 하고, 직접 현장조사나 인터뷰, 설문조사 등을 통해 자료를 확보하려는 적극적 자세가 필요하다.

■ 자료조사가 불충분한 글쓰기 사례 (1)

요즘 10대 청소년들은 인터넷은 물론 소셜 네트워크 서비스(SNS)를 이용하지 않는 사람이 거의 없다. 10대들은 스마트폰을 이용해 페이스북이나 트위터 타임라인에 올라온 친구들의 글을 수시로 읽으며 '좋아요'나 '리트윗'을 클릭하는 것으로 시간을 보낸다. 또한 자신에게 오늘 있었던 일이나 현재의 기분 상태를 페이스북에 올리는 것으로 하루를 마무리하곤 한다. 반면에 4·50대 이상은 스마트폰을 사용한다고 해도 전화나 카카오톡 정도를 이용할 뿐, SNS를 이용하는 경우는 거의 없다. 따라서 청소년들과 부모 세대가 같은 스마트폰을 사용한다고 해도, 그들의 이용 방식과 활용 정도는 전혀 다르다고 할 수 있다.

☞ 연령대별 SNS 이용률에 대한 조사가 필요

<참고자료>

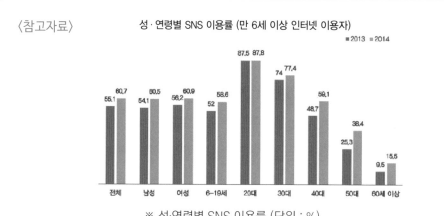

성·연령별 SNS 이용률 (만 6세 이상 인터넷 이용자)

※ 성·연령별 SNS 이용률 (단위 : %)
출처 : 2014년 인터넷이용실태조사 (한국인터넷진흥원)
☞ 2014년 기준으로 10대보다 40대의 SNS 이용률이 오히려 조금 더 높음.

■ 자료조사가 불충분한 글쓰기의 사례 (2)

오늘날 출산율의 급격한 감소는 심각한 사회 문제로 대두되고 있지만 쉽게 해결될 기미가 보이지 않는다. 아이를 낳으려고 해도 사교육비가 너무 많이 들기 때문에 낳을 수가 없는 것이다. 요즘 초등학생들만 해도 기본이 서너 군데 이상의 학원을 다니고 있으며, 수능을 준비하는 고등학생들은 인터넷 강의, 학원, 과외까지 하지 않는 사람이 없다.

☞ 과도하게 단정적인 태도 ⇒ 출산율 저하와 사교육비의 관련성에 대한 논거가 필요
☞ 지나친 일반화의 문제 ⇒ 초등학생, 고등학생의 사교육 실태에 대한 자료가 필요

(1) 자료의 유형

① 문헌 자료: 단행본, 학위논문, 학술논문, 보고서, 신문기사, 잡지 등
② 인터넷 자료: 인터넷 검색 자료, 인터넷 사전 자료, 공공기관 홈페이지의 자료들, 각종 통
　계 자료 등
③ 영상 매체: TV, 영화, DVD 등
④ 현장조사(Fieldwork): 인터뷰, 설문조사 등

(2) 자료 수집 대상

① 도서관 및 전자도서관: 대학 도서관, 국회도서관, 국가전자도서관 등
　- 최근에는 전자도서관 시스템을 통해 원문서비스를 제공받을 수 있다.
　- 일부 원문서비스는 협약에 의해 학교 도서관 내 특정 PC에서만 가능하다.
② 논문 자료: 국내외 학문 분야별로 논문 정보 제공 사이트들을 적극 활용
　- 한국학술정보(http://kiss.kstudy.com)
　- 누리미디어(http://www.dbpia.co.kr)
　- 한국교육학술정보원(http://www.riss.kr)
③ 단행본 자료: 일반 대형서점, 전문분야 서점, 전문분야 출판사 도서목록
④ 신문 자료: 도서관의 마이크로필름 자료, 영인본, 그리고 인터넷을 활용
　- 한국언론재단 미디어가온(http://www.kinds.or.kr)
　- 네이버 아카이브 (http://dna.naver.com)
　　→ 네이버 뉴스 라이브러리 (http://newslibrary.naver.com)
⑤ 통계 자료: 통계청 및 기타 공공기관의 홈페이지를 활용
　- 통계청(http://www.kostat.go.kr)
　- 한국인터넷진흥원 통계정보검색시스템(http://isis.kisa.or.kr)

(3) 자료 수집 시 주의 사항

① 수집된 자료는 수집한 곳을 명확히 표시하여 두도록 한다.
② 도서관에서 수집한 문헌들은 서지사항을 반드시 기록해 둔다.

> **📖 서지사항**
> – 단행본: 저자명/역자명(번역서)/책제목/출판도시/출판사/출판연도/쪽수
> – 연구논문: 필자명/논문제목/학술지명/권호수/발행처/출판연도/쪽수
> – 학위논문: 저자명/논문제목/학위수여기관/발행연도
> – 신문기사: 필자명(기자명)/기사제목/신문명/발행연월일/면수
> – 인터넷 정보: 필자명(ID)/글제목/인터넷 주소(URL)/업로드일/접속일

③ 인터넷 자료의 경우 관련된 학술단체, 학회, 공공기관 등 신뢰할 수 있는 사이트에서 공인한 정보는 활용할 수 있으며, 퍼온 글이나 스크랩된 글은 원출처를 역추적하여 정확한 정보인지를 반드시 확인해야 한다.
④ 인터넷 웹문서의 경우 글쓴이를 확인할 수 없거나 신뢰하기 힘든 경우, 분야 관련도가 낮은 사이트의 정보, 신뢰도가 낮은 인터넷 뉴스 매체의 기사, 개인 블로그나 일반 카페의 글 등은 활용하지 않도록 한다.

② 도서관 이용법

(1) 도서 검색 방법

대부분의 도서관 홈페이지들에서는 서명, 저자, 주제어, 출판사, ISBN(국제표준도서번호: International Standard Book Number), ISSN(국제표준연속간행물번호: International Standard Serial Number) 등의 키워드로 검색할 수 있다.

가까운 대학교 도서관이나 공립 도서관에서 구할 수 없는 자료는 국가전자도서관(http://www.dlibrary.go.kr), 국회도서관(http://www.nanet.go.kr), 국립 중앙도서관(http://www.nl.go.

kr) 등에서 검색해 볼 수 있고, 일부 자료는 원문보기도 가능하다. 대학 도서관의 문헌복사서비스(DDS)를 이용하면 외부 도서관을 직접 찾아가지 않아도 자료를 받아볼 수 있다. 또한 대학 도서관에서는 수시로 정보검색 교육을 실시하고 있으므로, 도서관 홈페이지의 공지사항을 보고 신청하면 많은 도움을 받을 수 있다.

(2) 도서관 자료 분류 체계

대다수의 도서관들은 국제적으로 통용되는 듀이십진분류표(DDC)나 이를 바탕으로 한 한국십진분류표(KDC)를 기준으로 도서를 분류하고 있다. 이 분류 체계를 알고 있으면, 정확한 저자나 서명을 알지 못해도 해당 분야의 도서에 쉽게 접근할 수 있다.

DDC 분류표

총류(000): 서지학, 도서관, 정보학, 백과사전, 출판, 총서 등

철학(100): 형이상학, 인식론, 심리학, 논리학, 윤리학, 동서양 철학 등

종교(200): 종교, 종교사, 신학, 사회신학, 자연종교, 기독교, 불교 등

사회과학(300): 사회학, 통계학, 정치학, 경제학, 법학, 행정학, 교육학 등

언어(400): 일반언어, 한국어, 일본어, 중국어, 영어, 독일어, 프랑스어 등

순수과학(500): 수학, 천문학, 물리학, 화학, 지구과학, 생물학 등

기술·응용과학(600): 공학, 농학, 가정학, 경영학, 회계학, 제조공업 등

예술(700): 예술이론, 건축술, 조각, 회화, 사진, 음악, 오락, 스포츠 등

문학(800): 문학이론, 한국문학, 일본문학, 중국문학, 영미문학 등

역사(900): 역사이론, 지리, 여행, 전기(傳記), 한국사, 동양사, 서양사 등

---

(3) 청구기호

도서관의 모든 자료는 청구기호(서지분류기호)에 의해 분류되어 있다. 청구기호는 자료의

세부 주제나 출판년도 등의 정보를 기호화한 것이다. 청구기호 앞에 'R', 'P'와 같은 기호가 붙어 있는 경우도 있는데 'R'은 사전과 같은 참고도서, 'P'는 잡지와 같은 연속간행물, 'TD'는 박사학위논문, 'TM'은 석사학위논문을 뜻한다.

③ 시각 자료의 활용

글을 쓸 때, 필요에 따라서는 글로 된 자료 외에 통계, 도표, 사진 등 다양한 시각적 자료를 인용하여 활용할 필요가 있다. 시각적 자료를 적절히 활용하면 독자의 흥미와 관심을 유발할 수도 있다. 특히 사회과학 계열의 논문·보고서에서 구체적인 수치로 나타난 통계 자료를 제시하거나 자연과학 계열의 논문·보고서에서 실험 결과 자료를 제시하는 것은 필수적이라 할 수 있다. 도표나 그래프를 제시할 때에는 정확한 수치를 기입하도록 유의해야 하며, 도표나 그래프의 추이가 무엇을 의미하는지를 왜곡되지 않도록 명료하게 설명해야 한다.

통계 자료를 활용한 다음 신문 기사의 내용에서 문제점을 발견해 보자.

사회지도층 입양 기피 여전

작년 입양아 60% 해외로 … 전문직 입양 2% 미만

9일 보건복지부에 따르면 지난해 입양아 수는 3231명으로 전년의 3562명보다 331명(9.3%)이나 줄었다. 분석 결과 이들 입양아의 60% 정도가 아직도 해외로 보내질 정도로 '입양 수출국' 이미지에서 탈피하지 못하고 있는 것으로 드러났다.

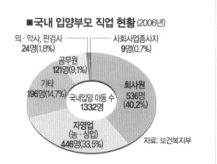

해외 입양 비율이 2003년 59.4%, 2004년 57.9%, 2005년 59.0%, 2006년 58.8%로 좀처럼 개선되지 않고 있다. 이에 비해 국내 입양아는 지난해 1332명으로 전체의 41.2%에 그쳤다. 입양아 수도 2004년 1641명에서 2005년 1461명 등으로 2년째 감소하고 있다. …(중략)…

지난해 아이를 입양한 국내 부모의 직업을 보면 ▲회사원 536명(40.2%) ▲농·상업 등 자영업자 33.5%(446명) ▲공무원 9.1%(121명) 등의 순이었고, 판검사 등 사회지도층은 1.8%(24명)에 그쳤다. 소득별로는 도시근로자 평균 소득인 357만원 미만이 841명(63.1%)으로 절반을 훨씬 넘었다. 소득이 높거나 사회지도층에 속한 사람일수록 입양을 꺼리고 있는 셈이다.

박태해, 「지도층 입양기피 여전: 작년 입양아 60% 해외로」, 「세계일보」, 2007.5.10.

위 기사에서 인용한 통계와 그래프는 2006년 국내에서 자녀 입양을 한 부모의 직업 현황을 조사한 내용이다. 이 통계에 따르면 국내 입양 부모의 직업은 회사원이 40.2%, 자영업자가 33.5%인 반면, 공무원은 9.1%, 판·검사 및 의·약사 등 사회지도층은 1.8%에 불과했다. 이를 토대로 기사는 사회지도층들이 오히려 입양을 꺼리고 있다고 비판하고 있다. 하지만 이 통계는 국내 입양아를 받아들인 부모들을 직업에 따라 분류한 것에 불과하다. 실제로 판·검사나 의·약사가 직업인 사람의 수는 보통 회사원이나 자영업자에 비해 훨씬 적기 때문에, 입양부모의 수도 적은 것이 당연하다. 더욱이 판·검사나 의·약사와 같은 전문직 종사자라고 해서 사회지도층으로 분류하는 것도 무리가 있다. 따라서 위의 기사의 내용은 통계 결과를 잘못 전달할 우려가 있다.

🖋 연습문제

1. 학교 도서관 또는 주변의 공공 도서관에서 각 자료실의 위치와 역할을 알아보자.

2. 학교 도서관 또는 주변의 공공 도서관에서 자신의 전공 분야 도서가 있는 곳을 찾아보자.

3. 자신이 읽고 싶은 책을 다섯 권 이상 골라, 각각의 서지사항을 기록해 보자.

4. 그래프의 종류와 활용 방법에 대해서 조사해 보자.

5. 인터넷 뉴스 가운데 기사의 내용과 사진·그래프가 적절하지 못하게 연결된 사례를 찾아보자.

인용의 방법: 주석과 참고문헌

학술적인 문서, 즉 보고서나 논문을 작성할 때, 설명의 객관성과 주장의 타당성을 확보하기 위해 관련 자료를 찾아 효과적으로 활용하는 것은 지극히 당연하고 필요한 일이다. 다만 자신이 참고하거나 인용한 문헌 자료나 인터넷 자료의 출처는 반드시 상세하고 구체적으로 밝혀야 한다. 만약 출처를 밝히지 않으면 표절로 간주될 수 있다. 표절은 시험 답안을 베끼는 것과 마찬가지로 다른 사람의 생각을 훔치는 절도 행위이자 범죄 행위이며, 학문을 배우는 학생으로서 결코 해서는 안 될 행위이다.

> **인용의 원칙**
> 1. 인용은 꼭 필요한 경우에만 하며, 출처는 정확하고 구체적으로 밝혀야 한다.
> 2. 인용은 다른 연구자에 대한 존중의 태도에서 시작되어야 한다.
> 3. 인용을 할 때는 공식적으로 검증되었거나 권위를 인정받고 있는 자료를 인용한다.
> 4. 주장의 맥락과 인용한 자료가 어떠한 관련이 있는지를 분명히 밝힌다.

① 인용의 방법

(1) 직접 인용

원문의 표현을 그대로 옮겨야 할 경우에 직접 인용을 한다. 3행 이내의 내용은 본문 안에서 큰따옴표(" ")를 사용하여 인용하고, 그 이상의 분량을 인용할 때에는 새로운 단락을 만들어 위아래로 한 행을 띄고 본문보다 왼쪽 여백을 더 두어 쓴다. 직접 인용의 경우에 인용한 구절이나 문장 끝에 반드시 주석을 달아 출처를 밝힌다. 문장이나 어구를 인용하거나 용어나 개념을 인용할 때에도 직접 인용을 활용한다.

대중문학의 개념과 범위에 대해서도 의견은 다양하다. 가령 조성면은 "대중문학은 판타지, 과학소설, 무협소설, 연애소설, 역사소설, 탐정소설, 인터넷소설 등 하위 장르를 포괄하는 일종의 장르문학이라 할 수 있다"[6]고 정의하기도 하였다.

----

6) 조성면, 「큰 이야기의 소멸과 장르문학의 폭발」, 『경계를 넘고 간극을 메우며』(깊은샘, 2009), 109쪽.

크리스 쉴링은 현대 사회의 몸 프로젝트에 대해서 다음과 같이 주장한 바 있다.

몸 프로젝트를 위해서 개인은 의식적으로 몸을 관리하고 유지하며 그것에 적극적인 관심을 쏟아야만 한다. 또한 개인적인 자산으로서, 그리고 개인의 자아정체성에 관한 메시지를 투사하는 사회적 상징으로서 몸이 갖는 중요성을 실질적으로 인정해야 한다. 이런 맥락에서 몸은 소유자의 각성과 노력에 의해 갈고 다듬어질 수 있는 변화 가능한 실체가 되고 있다.[5]

요컨대 몸은 개인의 자아정체성과 밀접한 관련성이 있다는 것이다.

----

5) 크리스 쉴링, 임인숙 역, 『몸의 사회학』(나남출판사, 1999), 24쪽.

보드리야르는 시뮬라시옹을 원천이나 실재 없이 실재적인 것의 모형들에 의해 만들어진 것, 즉 "유사현실 hyper-reality"[35]이라고 정의하였다. 유사현실은 포스트모던 상황의 특징적 양식이다. 유사현실의 영역에서는 시뮬라시옹과 실재의 구분이 끊임없이 내파하며, 실재와 가상과의 경계는 끊임없이 서로 충돌하며 붕괴되어 간다. 그 결과는 현실과 시뮬라시옹이 아무런 차이를 가지지 않는 것으로 경험된다는 것이다.

----

35) Jean Baudrillard, Simulations (New York: Semiotext(e), 1983), p. 2.

(2) 간접 인용

간접인용은 참고한 내용을 인용자 자신의 언어로 바꾸어 인용하는 방법이다. 이때 원문의 의미를 훼손하거나 왜곡되지 않도록 유의해야 하며, 간접인용한 부분의 끝에 주석을 달아 출처를 명확히 밝혀야 한다. 간접인용을 하는 경우는 내용을 요약하여 인용하는 '요약 인용하기'와 문체나 어두를 바꾸어 인용하는 '바꿔 인용하기'가 있다.

앤소니 폴 커비는 '발화하는 주체'와 '발화되는 주체'를 분리하여 사고한다면, 언어를 매체로 하여 이루어지는 정신적 기술 행위의 '자기 서술 self-narration'의 과정을 주목할 수 있게 된다면서, 이를 '준-서사 quasi-narrative'라는 용어를 사용하여 설명한 바 있다.[14]

---

14) Anthony Paul Kerby, Narration and the Self (Bloomingstone and Indianapolis: Indiana UP, 1991), p. 3.

1950, 60년대 법정 영화에서의 주인공들은 죄인이지만 선하다. 죄인이지만 악하다는 생각보다는 불쌍하다는 생각이 먼저 든다. 이와 관련하여 당시의 영화들이 사법 질서의 현실적 근간인 법적 형식주의(legal Formalism)보다 대중 정의(popular justice)를 중시했기 때문이라는 분석9)도 존재한다. 당시 대중들의 정서에서는 법은 억압적이고 불편한 대상으로, 법에 의해 처벌받는 사람은 동정과 연민의 대상으로 인식되는 경우가 많았다.

---

9) 안진수, 「한국 법정 드라마 영화 연구」, 「영상예술연구」 10집 (영상예술학회, 2007.5.), 165쪽.

② 주석

(1) 주석의 기능

① 다른 저자나 문헌으로부터 참고하거나 인용한 사실을 밝히기 위해 사용한다.

② 본문 안에 포함시킬 경우 산만해지거나 너무 길어질 우려가 있는 내용을 보완하여 설명하고자 할 때 사용한다.

③ 보고서나 논문 안의 여러 부분을 서로 연결시켜 참조하도록 할 때 사용한다.

(2) 주석의 사용 목적과 효과

① 논증의 타당성과 신뢰도를 높일 수 있다.

② 출처를 명시함으로써 표절 논란을 벗어나서 인용·참조할 수 있다.

③ 어려운 개념이나 용어를 보다 상세하게 설명할 수 있다.

④ 독자가 관련된 정보나 문헌을 좀 더 살펴보고자 할 때 활용할 수 있다.

(3) 주석의 종류

① 목적에 따라

- 참고주 : 참고하거나 인용한 사실 밝혀 적음

- 내용주 : 내용이나 개념을 부연하여 설명하거나 상세화

신문 연재소설은 매체의 특성상 1회당 연재 가능한 매수가 제한되어 있었다.[4] 또한 그 지면의 마지막에 날마다 긴장감을 주어 다음 회로 흥미를 연결시키는 것이 중요했다.[5]

---

4) 대중문학연구회 편, 「신문소설이란 무엇인가」(국학자료원, 1996), 28쪽.

5) 영미에서는 벼랑 끝에 매달린 듯 아슬아슬하고 긴박한 순간에 이야기를 그쳐 다음 회를 보고 싶도록 만드는 연재 방식을 일컬어 '클리프행어(cliffhanger)'라는 표현을 쓴다.

② 위치에 따라

- 각주(脚註: footnote) ; 주번호가 있는 쪽의 하단에 기재

- 미주(尾註: endnote) ; 글·책의 맨 끝에 일괄적으로 기재

- 내주(內註: parenthetical note) ; 본문 괄호 속에 필자, 출판연도를 표시 '내주석' 또는 '내각주'라고도 함

③ 형식에 따라
- 완전주석 ; 출처의 서지사항을 일정한 형식에 맞추어 상세하게 표시
- 약식주석 ; 한번 앞에 나온 출처를 반복할 때 약속된 기호로 표시

(4) 완전주석의 형식

완전주석은 인용하거나 참조한 문헌을 상세하게 밝힐 때 사용한다. 학문 분야나 국가, 출판사마다 조금씩 관행이 다르기는 하지만, 대체적으로 통용되는 일정한 형식이 있으므로 그 형식을 정확하게 파악할 필요가 있다. 주석의 표기 형식은 단행본과 연속간행물의 경우가 크게 대별된다. 연속간행물은 지속적으로 간행하는 학술잡지, 일반잡지, 학회논문집 등을 일컫는 말이다. 일반 단행본의 경우는 국제표준도서번호(ISBN)가 붙어 있는데 비해, 연속간행물은 국제표준연속간행물번호(ISSN)가 붙어 있으며 대부분의 도서관에서 관외 대출이 금지된다.

아래는 우리나라에서 가장 보편적으로 쓰이는 완전주석의 형식을 예시하여 설명한 것이다.

【단행본】

[국내/동양서] 저자명, 「서명」(출판사, 출판연도), 인용 쪽수.

[서양서] 저자명, 서명 (출판도시: 출판사, 출판연도), 인용 쪽수.

【연속간행물/논문집】

[국내/동양서] 필자명, 「논문·기사제목」, 「잡지·논문집명」 권호수 (발행기관, 발행시기), 인용 쪽수.

[서양서] 필자명, "논문·기사제목," 잡지·논문집명 no.## (발행도시: 발행기관, 발행시기), 인용 쪽수.

① 단행본 국내서 (번역서 포함)

> 1) 김윤식·김우종, 「한국현대문학사」(현대문학, 1989), 132쪽.
>
> 2) 조순 외, 「경제학원론」 제8판(율곡출판사, 2009), 22~24쪽.
>
> 3) 한나 아렌트, 김선욱 역, 「예루살렘의 아이히만: 악의 평범성에 대한 보고서」
> (한길사, 2006), 37쪽.
>
> 4) 최유찬, 「컴퓨터 게임의 이해」, 문화과학사, 2002, 100쪽.
>
> 5) 김성기 편, 「모더니티란 무엇인가」(서울: 민음사, 1994), 33~34쪽.

※ 3인 이내의 저자는 가운뎃점(·)을 이용하여 모두 나열한다. 4인 이상이면 'ㅁㅁㅁ
외'로 적는다.

※ 번역서의 경우 원저자의 이름은 책에 적힌 대로 한글 또는 원어로 적으며, 번역자
의 이름은 'ㅇㅇㅇ 역' 또는 'ㅇㅇㅇ 옮김'으로 서명의 앞(또는 뒤)에 적는다.

※ 편서의 경우 저자의 자리를 대신하여 편자의 이름을 적고 '△△△ 편'으로 적는다.

※ 서명은 겹낫표(「 」) 안에 적고, 부제(副題)는 원제목 뒤에 쌍점(:)을 찍고 적는다.

※ 초판(初版) 외의 판차(版次)는 서명과 출판사항 사이에 적는다. (쇄차(刷次)는 무시
함.)

※ 출판사항은 괄호 안에 넣는다. 간혹 괄호를 생략할 경우에는 서명과 출판사 사이
에 반점(,)을 적는다.

※ 출판도시는 일반적으로 생략한다. 간혹 적을 경우에는 도시명 뒤에 쌍점(:)을 적
는다.

※ 인용쪽수는 일반적으로 '쪽'이나 '면'을 사용한다. 간혹 p. 나 pp. 를 사용하기도 한
다.

② 단행본 서양서

6) Marie-Laure Ryan, Possible World, Artificial Intelligence and Narrative Theory (Bloomington and Indianapolis : Indiana UP, 1991), p. 123.

7) Fredric Jameson and Masao Miyoshi(eds.), The Culture of Globalization (Durham, N.C.: Duke University Press, 1998), pp. 132~135.

8) Douglas J. Futuyma, Evolutional Biology 3rd ed. (Sunderland, Mass.: Sinauer Associates, 1998), pp. 47f.

※ 일반적으로 저자명은 이름 - 성(姓)의 순서로 적는다. 성(姓)이 앞에 오면 반점 (,)을 찍어 준다.

※ 편서의 경우 편자의 이름 뒤에 (ed.)를 적으며 편자가 다수인 경우에는 (eds.)를 적는다.

※ 서명은 이탤릭체로 적는 것이 원칙이다. (단, 수기(手記)를 할 때에는 밑줄로 대신한다.)

※ 초판이 아닌 경우에는 서명 뒤에 판차를 적는다. 가령 두 번째 판일 경우에는 '2nd ed.'라고 적는다.

※ 인용 쪽수는 한 쪽일 때는 'p. 3.'의 형태로, 두 쪽 이상일 때는 'pp. 3~5.로 적는다.

※ 37쪽에서 38쪽을 인용했으면 'pp. 37f.' 47쪽 이하를 인용했으면 'pp. 47ff.', 70쪽에서 90쪽 사이 여기저기를 인용했을 경우에는 'pp. 70~90 passim.'로 표기하기도 한다.

③ 연속간행물 또는 논문집 [국내서 및 동양서]

9) 선우석, 「M&A의 방어전략과 대응방안」, 「한국금융연구」 제12집(한국금융연구원, 2000), 40쪽.

10) 김기영·강동호, 「개방형 모바일 환경에서 스마트폰 보안기술」, 「정보보호학회지」 제19권 제5호(한국정보보호학회, 2009.10.), 21~28쪽.

11) 이필렬, 「거리의 소멸, 경계의 소멸: 디지털 혁명과 유전자 혁명이 초래할 21세기의 변화」, 「창작과비평」 제109호(창작과비평사, 2000년 가을), 220~221쪽.

12) 진중권, 「어제의 용사들이 다시 뭉쳤다」, 노혜경 외, 「페니스파시즘」(개마고원, 2001), 99쪽.

※ 연속간행물의 발행주기에 따라 일간지, 주간지, 격주간지, 월간지, 계간지, 연간지로 나뉜다.

※ 연속간행물이나 논문집 내에 수록된 논문 제목이나 기사 제목은 낫표(「」)를 이용해 적으며, 연속간행물의 제호나 논문집명은 겹낫표(『』)를 이용해서 적는다.

※ 연속간행물의 권호수는 책 표지나 서지사항을 확인하되 발행물의 관례에 따라 적는다.

※ 다수의 필자의 글이 함께 실린 논문집이나 편서의 경우, 인용한 해당 글의 필자와 제목을 별도로 밝힌다.

④ 연속간행물 또는 논문집 [서양서]

13) Paul Ricoeur, "Universal Civilization and National Cultures," History and Truth (Evanston: Northwestern Univ. Press, 1965), pp. 5~7.

14) Eric Ames, "Herzog, Landscape, and Documentary," Cinema Journal 48 No.2. (University of Texas Press, Winter 2009), p.57~70.

15) S.M. Silladen, "Nuclear transplantation in sheep embryos," Nature, vol.320, (Mar. 6, 1986.), pp. 63~64.

※ 연속간행물이나 논문집 안에 수록된 논문이나 기사 제목은 큰 따옴표(" ") 안에 표기하며, 따옴표를 닫기 전에 반점(,)을 찍는다.

※ 간행물의 표제나 논문집명은 이탤릭체(수기(手記)의 경우에는 밑줄)로 적는다.

※ 연속간행물의 권호수와 발행시기는 발행물의 관례와 표기를 존중하여 옮겨 적는다.

※ 간행물의 제목만으로 간행물을 명확히 파악할 수 있을 때에는 발행도시나 발행기관은 생략될 수 있다.

⑤ 학위논문

16) 김경욱, 「셰익스피어 비극의 여성상」, 한림대학교 영어영문학과 박사학위논문, 2000, 75쪽.

※ 학위 논문 제목은 낫표(「 」)로 묶어 표시하며, 학위 수여 기관(대학, 학과)를 밝혀 적는다.

⑥ 신문

17) 이청솔, 「EU, 유전자 변형작물 규제 완화」, 「경향신문」, 2010.7.9., 14면.
18) "IQ Score Are Up, and Psychologists Wonder Why," New York Times, 24. Feb. 1998., p. 7.

※ 신문 기사는 필자(기자명), 기사명, 신문명, 발행 연월일, 인용한 쪽수 순으로 표기한다.
※ 기사나 칼럼의 필자가 명확하지 않은 경우에는 생략할 수 있다.

⑦ 인터넷 뉴스 자료

19) 장태욱, 「파란 눈 할머니 30시간 비행 끝에 제주 온 사연」, 「오마이뉴스」, 2011.6.15.
http://www.ohmynews.com/NWS_Web/view/at_pg.aspx?CNTN_CD=A0001582266&PAGE_CD=S0200 (접속일 2011.7.13.)
20) 권오상, 「김경문, 믿음의 힘 세계최강 담장을 넘기다」, 「한겨레」, 2008.8.24.
http://www.hani.co.kr/arti/sports/baseball/306415.html (접속일 2009.12.5.)

※ 인터넷 뉴스의 경우에는 필자, 「기사 제목」, 「인터넷 뉴스 매체명」, 기사 등재일(업로드 또는 최종수정일)을 명시하고, 해당 인터넷주소(URL)를 최대한 상세하게 기재해야 한다. 아울러 인터넷 문서의 특성상 URL이 변경될 가능성이 있으므로, 자신이 인터넷에서 기사를 검색하고 접속하여 확인한 날짜를 괄호 안에 표기해야 하는 것을 원칙으로 한다.

※ 가급적 포털 사이트에 옮겨진 기사를 인용하지 말고, 해당 뉴스 사이트의 원문을 밝혀 적는 것이 좋다.

⑧ 인터넷 문서와 자료

21) 「2005년 인구주택총조사 기준 지역별 인구밀도」, 「통계청 홈페이지」 자료
http://kosis.kr/gen_etl/start.jsp?orgId=101&tblId=DT_1B08024&conn_path=I2&path=아 – 인구총조사 – 인구부문 – 인구밀도(인구주택총조사기준) (접속일 2010.7.1.)

22) 「이주 아동과 다문화 가족 자녀의 인권 실태와 과제」, 「한국 이주여성 인권센터 홈페이지」 문서자료 132번 게시물, 2009.12.9.
http://www.wmigrant.org/xe2/27214 (접속일 2010.7.5.)

23) 「4·19 혁명」, 「두산백과사전/네이버백과사전」
http://100.naver.com/100.nhn?docid=84193 (접속일 2010.4.17.)

24) 외교통상부 외 관계부처 합동, 「한·미 자유무역협정(FTA) 설명 자료」
http://www.fta.go.kr/pds/fta_korea/usa/kor/2K_books.pdf (접속일 2010.7.12.)

※ 인터넷 문서의 경우 신뢰할 수 있는 자료인지를 잘 살피고 참고하거나 인용해야만 한다. 개인블로그나 카페의 게시물은 가급적 인용하거나 참고하지 않도록 한다.

※ 인터넷 문서나 자료의 경우에도, 주석을 본 독자가 동일한 문서나 자료를 다시 찾

아 확인할 수 있을 정도로 구체적이고 상세하게 기재하는 것이 기본이다.

※ 문서명은 낫표(「 」)로 묶어주고 인터넷 매체나 사이트명은 겹낫표(『 』) 안에 넣어준다. 인터넷 접속일은 괄호 안에 넣어 적는다. 인터넷 자료의 특성상 저자나 필자는 불명확한 경우 생략할 수 있으나 가급적이면 밝히도록 한다.

※ 인터넷 문서의 주소(URL)는 최대한 상세하게 기재하도록 하며, 자료를 검색·접속한 날짜를 명시한다.

⑨ 전자도서관 문서

25) 이항우, 「집단지성의 신뢰성 제고방안: 위키피디어 사례를 중심으로」 (한국정보문화진흥원, 2009), 17~23쪽.

국회 전자도서관(http://www.nanet.go.kr) 원문 서비스 (접속일 2010.5.17.)

※ 전자도서관을 활용하여 참고·인용한 문서는 일반 문헌 자료와 동일하게 기재한다. 해당 전자도서관을 이용했음을 밝혀도 좋다.

⑩ 연극, 영화, 방송 자료

26) 김민기(번안·연출), ≪지하철1호선≫, 설경구·권형준·서지영(출연), 학전, 2001.

27) 장준환(감독), ≪지구를 지켜라≫, 신하균·백윤식(출연), 싸이더스, 2003.

28) 「치르지 못한 장례식」, ≪그것이 알고 싶다≫, 730회, SBS TV, 2009.9.5.
http://wizard2.sbs.co.kr/w3/template/tp1_review_detail.jsp?vVodId=V0000010101&vProgId=1000082&vMenuId=1001376&cpage=8&vVodCnt1=00730&vVodCnt2=00

29) ≪손석희의 시선집중≫, MBC 표준FM, 2010.6.28. 방송 내용.
http://www.imbc.com/broad/radio/fm/look/aod/index.html (다시듣기 서비스)

※ 연극, 영화, 방송프로그램의 제목은 ≪ ≫ 부호를 이용하여 적는다.

※ 연극이나 영화는 연출자(감독), ≪작품명≫, 주요 출연진, 제작사, 공연(상영) 연도 순으로 기재한다.

※ 방송 프로그램의 경우, 방송된 날짜를 명시하며, 인터넷을 통한 AOD, VOD 서비스도 기재하면 좋다.

(5) 약식 주석의 형식

논문이나 보고서, 책에서 같은 자료가 두 번 이상 인용될 때, 완전주석의 내용을 반복하여 적는 번거로움을 피하기 위해 간결한 기호를 이용하여 표기하는 방법이 약식 주석이다.

① Ibid. / 위의 책 / 상게서(上揭書)

Ibid는 '같은 자리에'라는 의미의 라틴어 ibidem(= in the same place)의 약자(略字)이다. 바로 위에서 인용한 문헌을 다시 인용할 때 쓴다. 우리말로는 '위의 책', '상게서' 등을 쓰기도 한다. 인용한 쪽수는 Ibid. 뒤에 적는다.

② op. cit. / 앞의 책 / 전게서(前揭書)

op. cit.는 '인용된 저작에서'라는 의미의 라틴어 opere citato(= in the work cited)의 약자이다. 앞에서 인용한 문헌을 다시 인용하려 하지만, 바로 앞에는 다른 문헌의 주석이 있어서 Ibid.를 쓸 수 없을 때 사용한다. op. cit 앞에는 저자(필자)의 이름을 적고, op. cit. 뒤에는 인용한 쪽수를 적는다.

③ Loc. cit. / 같은 곳

Loc. cit.는 '(앞에 인용했던 곳과) 같은 곳'이라는 의미의 라틴어 loco citato(= in the place cited)의 약자이다. 바로 앞에 인용한 문헌과 쪽수까지 동일한 곳에서 반복 인용할 때 사용한다. 인용한 쪽수는 적을 필요가 없다.

30) 앨빈 토플러, 김중웅 역, 「부의 미래」(청림출판, 2006), 25~27쪽.

31) Ibid., 36쪽.

32) 한스 피터 마르틴 외, 강수돌 역, 「세계화의 덫」(영림카디널, 2003), 92쪽.

33) Loc. cit.

34) 우석훈·박권일, 「88만원 세대: 절망의 시대에 쓰는 희망의 경제학」(레디앙, 2007), 213쪽.

35) 앨빈 토플러, op. cit., 47쪽.

36) 노암 촘스키, 강주헌 역, 「지식인의 책무」(황소걸음, 2005), 42~43쪽.

※ 위의 31), 33), 35) 약식 주석 내용을 풀어서 다시 쓴다면 다음과 같다.

31) 앨빈 토플러, 김중웅 역, 「부의 미래」(청림출판, 2006), 36쪽.

33) 한스 피터 마르틴 외, 강수돌 역, 「세계화의 덫」(영림카디널, 2003), 92쪽.

35) 앨빈 토플러, 김중웅 역, 「부의 미래」(청림출판, 2006), 47쪽.

(6) 내주의 형식

내주는 본문을 서술하면서 괄호 안에 최소한의 인용 정보만 간단히 기재하는 방식의 주석이다. 대신에 나머지 구체적인 서지사항은 참고문헌 목록을 통해 독자들이 확인할 수 있도록 한다. 괄호 안에는 필자명, 출판연도, 인용한 쪽수를 적는데, 출판연도와 인용한 쪽수 사이에는 쌍점(:)을 찍는다.

제한된 공간 안에 두 종류의 돌을 번갈아 놓으며 진행되는 바둑이라는 경기가 수만 종의 기보(棋譜)를 만들어낼 수 있듯이, 컴퓨터 게임은 게임을 할 때마다 조금식 새로운 내러티브를 만들어낼 수 있다. 그 가능성은 게임 개발자의 통제에서 벗어나 있다. 특히 요즘 인기를 모으고 있는 전략시뮬레이션 게임이나 롤플레잉 게임은 그 자체로 일정한 내러티브 구조를 바탕으로 구성되는 일종의 서사적 텍스트라고 할 수 있다. 이런 게임들은 게이머를 끊임없이 긴장하도록 잘 조직된 극적 구조를 내포하고 있다(최유찬, 2002 : 23)는 점에서 문학텍스트의 서사 구조에 못지않다고 할 만하다.

물론 현재의 컴퓨터 게임의 서사는 문학의 영향 속에서 만들어진 것이라고도 볼 수 있다. 현재의 컴퓨터 게임의 탄생이 1930년대 톨킨의 소설 작품 「호빗의 모험」에 빚지고 있다는 견해(최유찬, 2003 : 3~6)가 있을 정도로, 문학의 성과는 컴퓨터 게임에 가장 큰 영향을 준 분야였다.

참고문헌

류현주(2000). 「하이퍼텍스트 문학」, 김영사.

_____(2003). 「컴퓨터 게임과 내러티브」. 현암사.

이용욱(1996). 「사이버문학의 도전」. 토마토.

_____(2004). 「문학, 그 이상의 문학」. 역락.

_____(2006). 「온라인 게임의 놀이적 맥락과 환상성」. 「대중서사연구」 제16호. 대중서사학회.

최유찬(2002). 「문학텍스트로서의 컴퓨터 게임」. 「인문과학」 제84집. 연세대학교 인문과학연구소.

_____(2003). 「문학과 컴퓨터 게임」. 「인문과학」 제85집. 연세대학교 인문과학연구소.

한혜원(2005). 「디지털게임 스토리텔링: 게임은하계의 뉴패러다임」. 살림.

Michael, David.(2005). Serious Games: Games That Educate, and Inform. Course Technology PTR.

Prensky, Mark.(2001). Digital Game-Based Learning. McGraw-Hill.

※ 본문 안의 내주에서 필자명은 서양인의 경우 대체로 성(姓)만 적는다.

※ 내주를 사용할 경우, 참고문헌에는 저자(필자) 이름 뒤 괄호 안에 출판연도 또는 발행연도를 넣어 정리한다. 참고문헌 작성 요령은 뒤의 3) 참고문헌에서 자세히 다룬다.

(7) 컴퓨터 프로그램에서 각주를 작성하는 방법

① 훈글 프로그램(한글과컴퓨터)에서 작성하기

- 참고·인용한 내용이 끝나는 부분(각주를 붙이려는 위치)에 커서를 두고, 메뉴에서 [입력-주석-각주]를 선택하거나 Ctrl + N + N 을 누른다.

- 그러면 화면 하단에 각주 번호가 나타나게 되는데, 여기에서 각주 내용을 입력한다.

- 각주 내용 입력이 끝나면 Shift + Esc 를 누르거나 본문의 위치를 마우스로 클릭하면

본문으로 빠져나올 수 있다.

- 각주 번호는 자동으로 붙여지므로 신경 쓸 필요가 없다.

- 각주 내용을 수정하려면 각주 내용 부분을 클릭하거나 본문의 해당 각주 번호 앞에 커서를 두고 Ctrl + N + K 를 누르면 각주 영역으로 다시 들어갈 수 있다.

- 메뉴의 [도구 - 글자판 - 글자판 바꾸기]로 들어가거나 Alt + F2 를 누른 뒤 '입력기 환경 설정' 창에서 '기타' 항복을 클릭한 뒤에 '겹낫표 입력'에 체크를 해주면, 키보드의 '{[' 키나 ' }] ' 키를 누르는 것으로 '낫표(「 」)'를 손쉽게 입력할 수 있다. Shift 를 누른 후 {[, }] 를 누르면 '겹낫표(『 』)'를 쉽게 입력할 수 있다.

② MS WORD(Microsoft)에서 작성하기

- MS 워드 2004 버전 이하에서는 메뉴의 [삽입 - 참조 - 각주]로 들어가서 각주 내용을 입력할 수 있다.

- MS 워드 2007 버전 이상에서는 메뉴의 [참조 - 각주삽입]으로 들어가거나 Ctrl + Alt + F 를 눌러 각주 내용을 입력할 수 있다.

- 각주 입력 영역에서 빠져나올 때에는 본문 영역을 더블 클릭하면 된다.

③ 참고문헌

참고문헌은 논문, 보고서, 책의 맨 뒤에 지금까지 이용한 자료와 문헌을 총괄하여 목록으로 제시하는 것이다. 독자는 참고문헌을 통해 해당 글이나 책과 관련된 보다 많은 자료를 제공받을 수 있으며, 후속 논문을 집필하는 데에 도움을 받을 수도 있다. 대학에서 작성하는 보고서나 논문의 경우, 참고문헌은 얼마나 열심히 자료를 조사하고 성실하게 연구하였는가를 보여주는 지표가 되기도 하므로, 충실하게 작성할 필요가 있다.

참고문헌의 작성 방식은 기본적으로 완전 주석 작성법과 유사하지만 몇 가지 차이점을 설명하면 다음과 같다.

① 참고문헌에는 저자명, 서명, 출판사항 사이에 온점(.)을 찍는다.
② 참고문헌의 출판사항은 괄호 안에 넣지 않는다. 출판도시 뒤의 쌍점(:)이나 출판사와 출

판연도 사이의 반점(,)은 그대로 유지한다.

③ 참고문헌 목록에서는 인용 쪽수를 생략한다. 단, 논문집이나 연속간행물에 실린 하나의 글이나 논문만 참고·인용한 경우에는 해당 글이 실린 시작 쪽수와 마지막 쪽수를 표시한다.

④ 참고문헌 목록은 자료의 종류에 따라 분류하여 배열한다.

　- 가장 기초적 연구 대상이 되는 1차 자료와 해당 연구에 대한 관련된 연구 성과나 참고 자료들인 2차 자료가 명확히 나뉠 경우에는 1차 자료와 2차 자료를 우선적으로 구분한다.

　- 국문 자료와 외국어 자료를 나누어 분류한다.

　- 자료의 수가 많을 경우 단행본 자료, 연속간행물 및 논문 자료, 기타 자료(신문 자료 - 인터넷 자료 - 영상 자료 등)의 순서로 다시 분류한다.

　- 동일한 유형의 자료는 다시 저자명의 가나다순으로 배열한다. 서양 언어로 된 자료들은 저자 성(姓)의 알파벳순으로 배열한다. 이때, 성(姓)을 이름 앞으로 옮겨놓고 성과 이름 사이에 반점(,)을 찍는다.

　- 동일한 저자의 자료가 둘 이상 연달아 나열될 경우에는 발행연도 순으로 배열하며, 동일 저자의 이름은 반복하여 적지 않고 '같음'을 표시하는 가로줄을 긋는다.

⑤ 내주(내각주)를 이용한 경우에는 참고문헌의 형식이 조금 달라진다.

　- 저자명(필자명) 괄호를 치고 그 안에 출판연도(발행연도)를 넣는다.

　- 동일한 저자의 2개 이상의 문헌이 같은 연도에 발행된 경우에는 발행연도 뒤에 소문자 알파벳을 넣어 구별해 준다.

참고문헌

일반적 형식

1. 1차 자료

가메이 추이치[龜井忠一]. 「外國地理教科書」. 東京: 삼성당서점, 1900.

안종화. 「초등대한지지」. 광학서관, 1907.

이인직. 「혈의 누」. 권영민 외 편. 「한국신소설선집 1」. 서울대학교 출판부, 1906/2003.

정인호. 「최신고등대한지지」. 옥호서림, 1909.

2. 2차 자료

[국내단행본]

박천홍. 「매혹의 질주, 근대의 횡단」. 산처럼, 2003.

부산일보사. 「개항백년: 부산사의 재조명」. 부산일보사, 1976.

서울사회과학연구소. 「근대성의 경계를 찾아서: 기원의 전복, 역사의 비판」. 새길, 1997.

손정목. 「한국개항기 도시변화과정 연구」. 일지사, 1982.

_____. 「일제강점기 도시사회상 연구」. 일지사, 1996.

_____. 「일제강점기 도시화과정 연구」. 일지사, 1996.

한국현대문학회 편. 「한국문학과 풍속 1」. 국학자료원, 2003.

[국내논문]

류동규. 「「혈의 누」에 나타난 근대적 시공간 의식」. 「국어교육연구」 제35권. 국어교육학회, 2003. 73~90쪽.

정선태. 「신소설의 서사론적 연구: 이인직 소설을 중심으로」. 서울대학교 국어국문학과 석사학위논문, 1994.

[해외논저]

Liu, Ludia. Translingual Practice: Literature, National Culture, and Translated Modernity–China, 1900-1937. Stanford: Stanford University Press, 1995.

Williams, Raymond. Keywords. New York: Oxford University Press, 1985.

[인터넷 문서 자료]

조성일. 「근대와 싸우자, 그 위로 날아오르자」. 「오마이뉴스」. 2006.4.30.
http://www.ohmynews.com/NWS_Web/View/at_pg.aspx?CNTN_CD=A0000327201

참고문헌

본문 내주 활용시

1. 1차 자료

가메이 추이치(龜井忠一) (1900). 「外國地理教科書」. 東京: 삼성당서점.

안종화(1907). 「초등대한지지」. 광학서관.

이인직(1906/2003). 「혈의 누」. 권영민 외 편. 「한국신소설선집 1」. 서울대학교 출판부.

정인호(1909). 「최신고등대한지지」. 옥호서림.

2. 2차 자료

[국내단행본]

박천홍(2003). 「매혹의 질주, 근대의 횡단」. 산처럼.

부산일보사(1976). 「개항백년: 부산사의 재조명」. 부산일보사.

서울사회과학연구소(1997). 「근대성의 경계를 찾아서: 기원의 전복, 역사의 비판」. 새길.

손정목(1982). 「한국개항기 도시변화과정 연구」. 일지사.

_____(1996a). 「일제강점기 도시사회상 연구」. 일지사.

_____(1996b). 「일제강점기 도시화과정 연구」. 일지사.

한국현대문학회 편(2003). 「한국문학과 풍속1」. 국학자료원.

[국내논문]

류동규(2003). 「「혈의 누」에 나타난 근대적 시공간 의식」. 「국어교육연구」 제35권. 국어교육학회. 73~90쪽.

정선태(1994). 「신소설의 서사론적 연구: 이인직 소설을 중심으로」. 서울대학교 국어국문학과 석사학위논문.

[해외논저]

Liu, Ludia(1995). Translingual Practice: Literature, National Culture, and Translated Modernity-China, 1900-1937. Stanford: Stanford University Press.

Williams, Raymond(1985). Keywords. New York: Oxford University Press.

[인터넷 문서 자료]

조성일(2006). 「근대와 싸우자, 그 위로 날아오르자」, 「오마이뉴스」. 2006.4.30.
http://www.ohmynews.com/NWS_Web/View/at_pg.aspx?CNTN_CD=A0000327201

연습문제

//

1. 다음에 제시된 서지사항 항목을 보고 완전 주석의 형태로 작성하여 보자.

1) 김진수(저자명) // 좋은 글의 요건(서명) // 국립국어원(출판사) // 2015(출판연도) // 32(인용 쪽수)

2) 한성(필자명) // 고체온을 이용한 종양세포 치료연구(논문명) // 한림의학연구(학술지명) // 10호(호수) // 한림의학연구소(발행기관) // 2016(출판연도) // 35(인용 쪽수)

3) 김진아(필자명) // 마음 비우는 능력(논문명) // 심리학의 이론과 실제(잡지명) // 제5호 (호수) // 한국심리학회(발행기관) // 2015년 봄(발행시기) // 353(인용 쪽수)

4) Neil Postman(저자명) // Building a Bridge to the 18th Century(서명) // New York(출판도시) // Alfred A. Knopf(출판사) // 2015(출판연도) // 46~47(인용 쪽수)

5) Alfred Diamant(필자명) // winter 1996(발행시기) // The Nature of Political Development(논문명) // Political Development and Social Change(간행물명) // vol.24 (호수) // John Wiley & Sons(출판사) // Oxford(발행도시) // 23(인용쪽수)

6) 김수진(필자명) // 상황인식기술을 이용한 이동 마켓 에이전트의 설계(논문명) // 대한정보학회논문집(학술잡지명) // 제2권 제1호(권호수) // 2013(출판연도) // 대한정보학회(발행기관) // 30~32(인용 쪽수)

7) 김영진(필자명) // 낙태보다 폭력과 고통을 먼저 말해야(기사명) // 오마이뉴스(게재지) // http://www.ohmynews.com/articleview/article_view.asp?at_code=342787 (인터넷주소) // 2006.7.4.(게재 연월일) // 2010.8.20.(접속 연월일)

2. 다음에 제시된 항목을 일반적인 참고문헌 형식에 맞추어 작성해보자.

1) 하정일(필자) // 깊은샘(출판사) // 80년대 민족문학(논문명) // 작가연구(간행물명) // 15호(호수) // 2003년 상반기(발행시기)

2) R.V. Presthus(필자명) ∥ Behavior and Bureaucracy in Many Cultures(논문명) ∥ Public Administration Review(학술잡지명) ∥ no.1(호수) ∥ winter 1959(발행시기) ∥ 29~44(인용쪽수)

3) 문옥표 외 (저자명) ∥ 신여성(서명) ∥ 한국과 일본 근대 여성상(부제목) ∥ 2003(출판연도) ∥ 청년사(출판사)

4) 지그문트 프로이트(저자명) ∥ 꿈의 해석 (서명) ∥ 김인순 (번역자) ∥ 열린책들(출판사) ∥ 1997(출판연도)

3. 다음에 제시된 판권지를 보고 참고문헌 형식에 맞추어 작성하여 보자.

한국인의 글쓰기

초판 1쇄 인쇄 2007년 8월 10일
초판 1쇄 발행 2007년 8월 15일

지은이	심훈
펴낸이	유제구
펴낸곳	파워북
편집디자인	민하디지탈아트
마케팅	김재원

주소	서울 마포구 염리동 161-5 대동빌딩 4층
전화	(02) 730-1412
팩스	(02) 730-1410

값 15,000원
ISBN 978-89-8160-074-7

chapter 05 보고서 작성법

흔히 '리포트'라고도 불리는 '보고서'는 대학에서 학생들이 가장 많이 쓰게 되는 글이라 할 수 있다. 일반적으로 학생들이 직접 조사, 연구, 실험을 한 결과물을 정리한 글, 또는 교수의 지시 사항과 요구에 맞추어 작성한 글을 의미한다.

학문 영역이나 강좌, 교수에 따라 보고서의 형식과 내용은 매우 다양하다. 요약보고서, 독서 보고서, 실험보고서, 답사보고서, 조사보고서 등이 그것이다.

Ⅰ 보고서 작성과 제출시 유의할 사항들

① 보고서의 유형이나 분량에 따라 다르지만 일반적으로 서론, 본론, 결론의 삼단 구성을 갖추는 것이 보편적이다. 서론에는 보고서의 작성 목적과 배경, 연구 대상과 방법 등이 기술되어야 하며, 결론에서는 보고서의 내용을 요약·정리하고, 자신의 의견이나 주장을 덧붙이는 방식이 일반적이다.

② 보고서에는 자신이 참고하거나 인용한 문헌, 자료들을 주석과 참고문헌으로 기재하여야 한다.

③ 보고서 내용이 2장 이상일 경우에는 낱장으로 흩어지지 않도록, 스테이플러나 끈, 집게 등을 이용하여 잘 묶어서 제출해야 한다.

④ 보고서가 3장 이상일 경우에는 별도의 표지를 맨 앞에 붙인다. 표지에는 보고서의 제목, 과제명, 과목명, 담당교수명, 제출일, 제출자 인적사항(학과, 학년, 학번, 이름) 등이 포함되어야 하며, 이 항목들은 가지런히 줄을 맞추어 적도록 한다. 보고서가 5장 이상인 경우에는 반드시 목차나 개요를 표지에 적도록 하며, 5장 미만인 경우에도 목차나 개요를 만들어 넣는 것은 바람직한 습관이다. 목차는 글의 전개와 구성을 한 눈에 파악할 수 있도록

적어야 한다. 표지가 별도로 없을 때에는 맨 앞 장의 윗부분에 보고서 제목, 과제명, 과목명, 인적사항(학과, 학번, 이름)을 적어준다.

⑤ 보고서는 가급적 컴퓨터 프로그램과 프린터를 이용하여 작성하도록 하며, 불가피하게 직접 손으로 써야하는 경우에도 최대한 깔끔하게 쓰도록 한다. 별도의 언급이 없는 한, 보고서 본문의 글자크기는 10~12포인트로 하며, 줄간격은 160~200%, 첫째 줄 들여쓰기 설정으로 하는 것이 일반적이다.

⑥ 보고서의 제목을 'ㅇㅇ보고서', 'ㅇㅇ에 대하여'처럼 적거나 과제명이나 과목명을 그대로 적는 경우는 바람직하지 않다. 보고서의 제목은 자신이 쓴 보고서의 주제와 내용이 구체적이면서도 간단하게 드러날 수 있도록 붙이는 것이 좋다.

  - 좋은 제목의 예: 글로벌 전자상거래 활성화를 위한 제도적 모델 정립과 과제
  - 나쁜 제목의 예: 전자상거래에 대하여 / 전자상거래 / 보고서

⑦ 인터넷을 통해 E-mail로 제출하거나 '사이버강의실'을 통해 제출하는 경우에는 특히 제출 기한을 엄격히 지키도록 유의해야 한다. 특별한 언급이 없는 경우 보고서를 작성한 내용을 하나의 파일을 첨부하여 제출하도록 한다. 첨부 파일의 이름은 '과목명.hwp'나 '보고서.doc'처럼 붙이지 말고, 파일명에서부터 자신의 인적사항이 드러나도록 '학번-이름.hwp', '학번_이름_보고서제목.doc' 등의 형태로 붙이는 것이 좋다.

라다크를 통해 본 한국
-『오래된 미래』를 읽고

- 목차 -
1. 라다크의 발전과 한국의 현실
2. 라다크가 얻은 것과 잃은 것
3. 라다크의 미래와 세계화 흐름

과목명: 사고와 표현
과제명: 독서보고서
담당교수: 홍길동
제출일: 2015.9.1.
학과: ㅇㅇㅇ학과
학번: 2014987
이름: 김철수

광학현미경을 통한 관찰실험보고

실험일시: 2015년 5월 9일
실험장소: ㅁㅁ관 △△실험실
실험조: 2조 (이영희, 최순이, 박만수)

과목명: 재료미세구조학
과제명: 실험보고서
담당교수: 이몽룡
제출일: 2015.5.13.
학과: ㅇㅇㅇ학과
학번: 2014654
이름: 이영희

〈보고서 표지의 예시〉

② 실험보고서

(1) 실험보고서의 개념

자연과학, 공과대학 학생들이 자주 접하는 보고서의 형태로, 실험실에서 행한 실험의 과정과 결과를 객관적으로 기술하는 보고서이다.

(2) 실험보고서의 작성방법

실험보고서는 일반적으로 다음과 같은 순서로 작성하게 된다.

① 표지: 실험제목, 실험일, 실험장소, 과목 및 교수명, 제출일, 인적사항

② 실험목적: 실험이 왜 필요한지, 실험을 통해 무엇을 얻고자 하는지, 실험을 통해 확인될 것으로 예상되는 현상이나 이론이 무엇인지를 적는다.

③ 실험이론: 실험에 활용된 이론이나 원리를 조사하여 설명한다.

④ 실험재료 및 실험방법: 실험 준비물과 장치, 실험순서, 실험조건, 측정 원리와 방법, 데이터 도출 방법 및 작성 요령 등을 적는다.

⑤ 실험결과: 실제 실험한 결과를 정확하게 제시. 표와 그래프를 활용.

⑥ 결론 및 분석: 실험 목적에서 제기된 의문과 문제에 대한 해답을 찾고, 예상했던 결과나 가설에 부합한 결론이 나왔는지, 만약 그렇지 않다면 그 원인이 무엇인지를 분석한다.

⑦ 참고문헌: 실험 과정과 보고서 작성에 참고한 문헌과 자료를 제시.

■ 실험보고서 예시

(전략)

4.2. 실험 방법

4.2.1. 흙탕물 제조
1. 도서관 뒤쪽 습한 곳의 흙을 채취하여 전자저울로 500g을 측정한다.

2. 1000㎖ 메스실린더를 사용하여 2000㎖의 물을 측정하여 세척한 대야에 담는다.

4.2.2. 영양 배지 제조

1. Plate count Agar(배지) 5.9g을 측정하여 4개의 500㎖ 삼각플라스크 안에 각각 넣는다.

2. 500㎖ 메스실린더로 250㎖의 증류수를 측정하여 각각의 삼각플라스크 안에 넣는다.

3. 면전으로 삼각플라스크의 입구를 막는다.

4. 4개의 삼각플라스크의 입구와 면봉을 은박지로 감싼 후, 멸균 감지 테이프를 붙인다.

5. Autoclave에 넣고 121℃에서 1시간 동안 멸균시킨다.

4.2.3. 세균 채취 및 배양

1. 실험대 위에 알코올램프를 켜고 40개의 petri dish에 실험의 종류를 기록한다.

2. 흙탕물이 본래 가지고 있는 세균 수의 측정을 위해 1개의 petri dish에 Auto pipet을 이용하여 알코올램프의 주위에서 1개의 petri dish의 뚜껑을 열고 1.0㎖의 흙탕물을 넣는다.

3. 알코올램프의 주위에서 3개의 petri dish에 흙탕물 1.0㎖를 각각 주입하고, 각각의 petri dish에 A, B, C 각각의 손 세정제를 한 펌프씩 넣는다.

4. 알코올램프의 주위에서 Auto pipet을 이용하여 0.85%의 생리식염수 1.0㎖를 36개의 petri dish에 넣는다.

5. 3명의 실험자는 양손을 70% 에탄올로 소독한다.

6. 실험자들은 흙탕물이 담긴 대야를 흔들어 고루 섞이게 한 후, 2분간 한 손을 담근다.

7. 2분 후, 멸균된 면봉을 이용하여 손등, 손바닥, 손톱 사이의 세균을 채취하여 petri dish의 생리식염수에 묻혀 희석시킨 후, 생리식염수가 잠길 정도로 영양 배지를 넣어준다.

8. 각 실험자에게 A 손 세정제를 한 펌프 취하게 한 후, 1000㎖ 메스실린더로 측정한 물을 물통에 담아 뿌려주고, 동일한 동작으로 손을 씻게 한다.

9. 멸균된 면봉을 이용하여, 씻은 손의 손등, 손바닥, 손톱 사이의 세균을 채취하여 petri dish의 생리식염수에 묻혀 희석시킨 후 생리식염수가 잠길 정도로 영양 배지를 넣어준다.

10. B와 C 손 세정제도 8과 9의 방법과 같이 실시한다.

11. 배지가 굳은 것을 확인한 후, petri dish를 뒤집어서 incubator를 이용하여 37℃에서 48시간 배양시킨다.

4.2.4. 세균 수 측정

1. 48시간이 흐른 후, Colony Counter를 이용하여 배양시킨 세균의 수를 센다.

2. 세 가지 손 세정제에 따른 세균 수의 비교를 통해 세정력을 평가한다.

(중략)

5. 실험결과

　흙탕물에서 손을 동일한 조건으로 오염시켰을 때 어느 정도의 세균이 검출되는지를 확인하는 실험 결과, 〈표 2〉와 같이 여성 실험자인 A의 경우에는 손등과 손바닥에서는 남성 실험자에 비해 적은 수의 세균이 검출되었으나 손톱 사이에서는 남성 실험자에 비해 현저하게 많은 수의 세균이 검출되었다.

　한편, 실험자 C는 손등과 손바닥의 세균 수에서 최고값을 보였으며, 실험자 B는 C에 비해 세균 수가 적었으나 역시 높은 값을 나타냈다. 특히 실험자 C의 손등의 세균 수는 B에 비해 약 2배 높은 수치를 나타냈다.

〈표〉 손을 흙탕물로 오염시킨 후 채취한 부위별 세균 수

실험자	성별	부위별 세균 수		
		손등	손바닥	손톱 사이
A	여	150	554	3652
B	남	530	2072	42
C	남	1052	2552	66

실험보고서 예시] 강석우 외, 「대학생을 위한 과학글쓰기」(아카넷, 2009), 257~263쪽.

③ 감상보고서

(1) 감상보고서의 개념

감상보고서는 영화, 연극, 공연, 전시회, 문학작품 등을 접하고서 대상에 대한 이해, 분석, 평가를 서술하는 보고서이다.

(2) 감상보고서 작성 시 유의사항

① 해당 작품을 선정한 이유를 밝힐 필요가 있다. 하지만 작품을 처음 접하게 된 과정을 장황하게 서술하는 것을 바람직하지 않다.

② 작품과 작가에 대한 간략한 소개가 필요하다. 이때 인터넷이나 팸플릿 등에서 줄거리 등을 그대로 베끼지 않도록 한다.

③ 작품을 비평하는 시각이 분명해야 하며, 이론적 근거가 뒷받침돼야 한다.

④ 작품의 고유한 가치, 의의, 한계를 언급한다.

⑤ 감상의 내용과 자신의 경험을 연결시키는 것은 좋으나, 지나치게 주관적이고 감정적인 감상으로 흐르지 않도록 유의한다.

⑥ 작품에 대한 비판은 가능하다. 하지만 근거 없는 비하는 바람직스럽지 않고, 충분한 논거와 논리를 가지고 비판하도록 해야 한다.

⑦ 주제나 배경 등이 유사한 다른 작품, 혹은 유사한 내용을 다룬 다른 장르의 작품과 비교해가면서 감상을 하면 더욱 효과적인 감상이 가능하다.

▣ 감상보고서 예시

아직 끝나지 않은 문제, 나는 누구의 역할을 맡을 것인가?

- 영화 ≪암살≫에 대한 감상보고서 -

(전략)

　미츠코와 안옥윤의 삶은 전적으로 대비된다. 과연 우리가 그 시절로 돌아간다 하더라도 안옥윤의 삶으로 살 수 있을까? 어느 누구도 장담 할 수 없을 것이다. 이렇게 우리는 우리의 모습을 되돌아 볼 수 있게 된다. 그 시대에서도 그렇게 살지 못했을 우리는 지금 제대로 살고 있는가, 우리를 위해 희생한 그들의 얼굴을 과연 떳떳이 볼 수 있을 만큼 우리에게 주어진 시대적 사명을 제대로 수행하고 있는지에 대한 물음으로 이어질 수도 있는 것이다. 여전히 일제시대와 관련된 문제들이 끊임없이 제기되고 있는 현실 가운데 그 문제들이 의미 없는 것으로 전락하는 사회를 살아가고 있다. 해결되지 못하고 있는 친일 청산의 문제, 독립 운동가들을 기억하지 않는 우리들, 관심을 갖기 위해 노력조차 하지 않는 우리에게 감독은 다음의 대사로 경각심을 불러 일으킨다.

　"솔직히 조선군 사령관하고 강인국을 죽인다고 독립이 되나. 둘을 죽인다고 독립이 되냐고? 모르지…그렇지만 알려줘야지. 우린 싸우고 있다고…"

극 중 안옥윤과 하와이 피스톨의 대화는 우리가 계속해서 문제를 해결하려고 노력해야 함을 일깨워 주고 있다. 사실 안옥윤이라는 인물의 역할은 다른 많은 인물들을 더욱 대조적으로 보여주는 기준이다. 그리고 우리의 현재 삶의 모습은 하와이안 피스톨과도 같다. 애국심이라는 것은 남아 있지만 해결될 것 같지도 않은 문제보다 물질적인 것의 추구에 더욱 몰두하는 모습은 우리들 가운데 여전히 남아있다. 뿐만 아니라 돕고자 하는 의지는 남아있지만 내가 무언가를 한다고 해서 현실이 변하지 않을 것이라는 생각은 지금의 우리에게 너무나도 당연한 생각이 되어있는 것 같다. 우리 모두는 문제가 해결되기를 바라고 있고 처벌받아야 할 대상에 대한 응당한 처벌을 바라고 있다. 그러나 영화는 아무도 움직이지 않는다면 우리 사회는 절대 변하지 않을 것이라는 메시지를 던지고 있다. 또한 감독은 이들을 잊지 말라는 메시지를 통해 '그렇다면 너희는 역사 앞에서 당당할 수 있느냐?'라는 무겁고 날카로운 질문을 우리에게 던지고 있는 것 같다.

마지막 장면은 민중들 사이에서 처벌받아야 할 대상들이 처벌받지 못함을 비현실화 시키면서 나타내는 것처럼 보여 진다. 흔들리는 하얀 천은 민중들을 나타내고 벌판은 독립운동가들이 싸웠던 만주 벌판을 의미한다. 이 장면에서는 마치 친일파였던 염석진이 민중들 사이에서 처벌을 받고 있는 것처럼 보인다. 그러나 사실상 현실에서 이뤄지지 않는 것을 나타낸 것 같다. 감독은 묻고 있다 흔들리는 천처럼 어지러운 현실 가운데 우리는 과연 그들에 대한 진정한 처벌의 의사가 있는가? 물질의 이익에 급급해 역사를 방관한 채 염석진처럼 살아가며 어떠한 죄책감도 느끼지 못하고 있는 것은 아닌가?

실제로 20대인 우리는 정치, 사회적인 문제에 대해 관심을 갖기 보다는 나의 먹고 사는 문제부터 먼저 내세우는 경향이 짙다. 하지만 영화는 분명히 말하고 있다. 과거는 과거일 뿐이라는 이유로 독립운동을 마치 지나간 옛일처럼 치부해 버려서는 안되며, 현실에 대한 나의 무관심을 시대의 탓이나 개인적인 이유로 합리화해서는 안 된다는 것이다. (후략)

〔학생글〕

④ 인터뷰 보고서

(1) 인터뷰 보고서의 개념

인터뷰는 다른 사람과 일정한 주제를 가지고 대화를 나누는 대표적인 커뮤니케이션 방법이다. 일반적으로 인터뷰는 기자나 전문가들이 유명인들을 대상으로 하는 것이라고 생각하기 쉽지만, 누구나 인터뷰 대상이 될 수도 있고 인터뷰를 할 수도 있다.

인터뷰를 하면서 질문을 던지고 상대방의 생각을 듣게 되는 역할을 맡는 사람을 인터뷰어(interviewer)라고 하고, 질문을 받고 대답하는 역할을 맡는 사람을 인터뷰이(interviewee)라고 한다.

인터뷰 보고서는 학생이 직접 인터뷰어가 되어서 누군가를 인터뷰한 내용을 글로 정리하여 제출하는 것이다. 인터뷰 진행 과정에서 인터뷰어와 인터뷰이는 말로 질문을 던지고 받게 되며, 다시 그 내용을 글로 요약하고 정리해야 한다. 따라서 인터뷰 보고서는 '말하기-듣기-쓰기-읽기'라는 언어 커뮤니케이션의 전 과정을 총체적으로 체험하고 점검하는 과제가 되며, 상호 간의 삶과 생각을 소통하는 기회가 된다. 궁극적으로 인터뷰를 통해 인터뷰이의 생각을 보다 잘 이해하게 되고, 그것을 바탕으로 내 삶과 생각을 성찰하게 될 수 있을 것이다.

(2) 인터뷰 보고서 작성 요령

① 인터뷰 보고서를 쓰기 위해서는 인터뷰 주제와 인터뷰 대상부터 선정해야 한다. 먼저 인터뷰 주제부터 선정하는 방법이 있고, 인터뷰 대상부터 우선 결정하는 방법이 있다. 인터뷰 주제를 먼저 선정할 경우에는 해당 주제는 본인이 관심이나 호기심을 가지고 있는 주제를 택하는 것이 바람직하다. 그리고 난 후에는 이 주제에 대해 잘 알고 있는 인물을 찾아 인터뷰 대상으로 삼도록 한다.

② 인터뷰 대상을 먼저 결정할 경우에는 자기 자신과는 전혀 다른 삶의 환경에서 살아온 사람을 택하는 것이 바람직하다. 성별, 세대, 종교, 취미, 출신지역, 직업, 성격 등이 전혀 다른 인물을 인터뷰함으로써 자신을 둘러싼 세계에 대해 좀 더 이해의 폭을 넓히는 계기를 삼을 수 있다. 대학생이라면 자신이 꿈꾸는 미래를 실현해나가고 있는 역할 모델(role model)을 인터뷰하거나 평소에 존경하던 인물을 인터뷰해 보는 것도 좋겠다. 하지만 자신의 주변 가까운 인물을 인터뷰하는 것도 좋은 방법이다.

③ 인터뷰 대상과 주제의 예시

인터뷰 대상	인터뷰 주제
사회복지사 (나의 희망 직업)	사회복지사가 되기 위해 준비할 것들
고등학교를 졸업하고 취업한 동창	직장생활의 어려움과 스트레스
학교 앞 단골 호프집 사장님	호프집 사장님이 본 대학생들의 변화
나의 할머니	할머니의 젊은 시절 삶의 환경과 시집살이
미국 어학연수를 다녀온 선배	해외 연수의 노하우와 취업 준비 방법
봉사 활동에서 만난 장애인 아저씨	장애인에 대한 편견과 사회적 대책

④ 인터뷰 대상에게는 인터뷰의 목적과 취지, 그리고 주로 질문을 하게 될 주제를 미리 알려준 뒤, 별도로 약속을 잡고 최소한 2~3일 뒤에 실시하는 것이 좋다.

⑤ 인터뷰 시의 질문은 가급적 구체적으로 던져야 답변도 구체적으로 나오기 마련이다. 그냥 무턱대고 "당신의 삶에 대해 이야기해주세요"라는 식으로 질문하는 것은 바람직하지 않다.

⑥ 인터뷰를 할 때는 녹음기를 이용하거나 메모를 해서 내용을 즉시 기록해 두어야 한다. 다만 녹음이나 메모를 한다는 사실에 대해 인터뷰 대상이 부담을 느끼지 않도록 주의해야 한다.

⑦ 질문은 미리 충분히 준비해 놓되, 진행 상황에 맞게 즉흥적으로 대처하도록 한다. 질문은 너무 식상한 질문들로 채워지지 않도록 유의해야 하며, 무엇보다 하나의 주제에 부합되도록 일관성 있는 질문들을 준비하도록 한다.

⑧ 인터뷰를 하는 도중에 인터뷰 대상이 지나치게 장난스럽게 답변을 하거나 성의 없는 답변을 할 경우에는 인터뷰의 목적과 질문의 취지를 차분히 설명해서 충실한 답변을 이끌어낼 수 있도록 노력해야 한다.

⑨ 전화 인터뷰, 이메일 인터뷰, 인터넷 메신저 인터뷰 등도 가능하지만, 얼굴을 마주보고 질문을 주고받는 대면 인터뷰가 가장 효과적인 방식이다.

⑩ 인터뷰 내용을 글로 정리할 때에는 인터뷰 당시의 문답을 그대로 글로 옮기는 방식도 있고, 문답 내용을 다시 정리하여 재구성하는 방식도 있다. 문답을 녹취하듯 옮길 경우에는 문답의 앞부분에 인터뷰의 대상 및 주제를 선정한 의미와 목적을 밝히고, 뒷부분에는 인터뷰를 통해 스스로 깨닫게 된 점이나 새롭게 이해하게 된 점을 덧붙이는 것도 바람직하다.

■ 인터뷰 보고서 예시 1

나의 우상, 어머니의 어린 시절

(전략)

　엄마의 고향은 전라남도 영광이다. 영광하면 무엇보다 굴비가 유명하다고 한다. 그렇지만 엄마의 고향은 바다에서는 조금 먼 내륙 쪽 영광군 우평읍이었다. 엄마는 그곳에서 태어나서 스무 살 때까지 쭉 그곳에서 살았다.

　엄마의 집 입구에는 돼지 우리가 있었다. 돼지우리에서 돼지를 키워 추석이나 설날이면 식구들이 다 같이 잡아 먹었다고 한다. 마당은 꽤 넓었는데 마당 한쪽 우물 옆에는 코스모스 꽃이 예쁘게 피었다고 한다. 그리고 또 한 쪽에는 감나무와 석류나무가 있어서 엄마는 어렸을 때부터 석류를 무척 좋아했다고 한다. 집안으로 들어서면 안방이 있고, 작은 방이 두 개, 그리고 곳간이 있다. 엄마는 입구에서 오른 편 아궁이쪽 작은 방에서 살았다고 한다. 아궁이가 가까워서 밤에는 너무 뜨거워서 잠을 설칠 정도였다고 한다. 세월이 흘러 이웃집들이 하나 둘 리모델링을 해서 수세식 부엌과 화장실을 설치하였는데, 엄마네는 아직까지도 옛날 모습을 고수하고 있다. 외할머니의 고집 때문이란다. 지금도 엄마 고향집에는 아궁이에 불을 때고 가마솥으로 밥을 짓는다.

　엄마는 이모랑 외삼촌이랑 나이 차이가 많이 난다. 12살, 15살씩 차이가 나니까 이모와 외삼촌이 성인이 되어 집을 떠나 살면서 엄마는 늘 혼자였다. 외할머니가 밭일을 나가면 엄마는 언제나 강아지와 놀았다고 한다. 그래서인지 지금도 엄마는 길에서 만나는 불쌍한 개들에게 먹을 것을 주기도 하고, 가끔 아픈 개를 데리고 와서 돌봐주기도 하신다.

　초등학교는 가까운 데에 없어서 꽤나 멀리 다녔다. 산을 하나 넘어서 한 시간이 넘게 걸어 다녀야 했다고 한다. 요즘은 상상하기 힘든 일이다. 겨울에는 새벽에 일어나 학교를 걸어가다가 보면, 엄마 표현 그대로 옮겨서 볼따구가 터져버릴 것 같았단다. 너무 추운 날에는 외할머니가 짱돌을 두 개 불에 덥혀주면 그걸 주머니에 넣고 쥐고 학교에 갔다고 한다. 말하자면 손난로였나 보다. 소풍은 주로 근처 산으로 갔는데, 소풍날이면 빈부 격차를 느끼곤 했단다. 엄마 소원이 소풍 때 사이다와 계란을 싸가 보는 것이었단다. 그때는 계란이 귀해서 외할머니가 아주 가끔 특별히 계란을 삶아주곤 했는데, 계란을 싸간 소풍이 그렇게 행복할 수가 없었단다. (후략)

〔학생글〕

■ 인터뷰 보고서 예시 2

도전 정신으로 가는 길, 간호장교
– 98학번 김경옥 선배님 인터뷰 –

내가 인터뷰 대상으로 삼은 분은 ○○대학교 간호학부 제4회 졸업생이신 간호장교 김경옥 선배님이다. 중간고사를 마친 주말, 국군 춘천병원으로 선배님을 만나러 갔다. 녹색 유니폼을 입고 곧게 걸어오시는 모습이 '우와~'라는 탄사를 내뱉게 할 만큼 멋있었다. 우선 선배님께 인사를 드리고 준비해 간 질문을 하나하나 꺼내기 시작했다.

▲ 선배님 소개를 간단하게 해 주시겠습니까?

△ 저는 ○○대학교 간호학부 98학번 김경옥입니다. 졸업 후 평촌성심병원 마취과에서 3년 여간 근무하다가 2005년 3사관학교 특수사관 5기로 입교하여 현재는 국군 춘천병원 수술간호장교로 근무 중입니다.

▲ 간호장교를 하시게 된 계기는 무엇인가요?

△ 고등학교 시절 국군간호사관학교에 가고 싶다는 막연한 생각은 했었는데, 병원에 근무하던 시절 97학번 선배가 간호장교가 되었다는 소식을 듣게 되었습니다. 간호사관학교출신이 아닌 일반간호사도 모집한다는 사실을 알게 된 것이지요. 좋은 전환점이 될 수 있는 계기라고 생각하여 고민 끝에 지원하게 되었습니다.

(중략)

인터뷰를 마치면서 선배님께서는 "간호장교는 대부분의 남이 가지 않은 길, 도전 정신을 가지고 걷는 길"로, "이것만으로도 힘을 얻는 동기가 될 수 있다고 본다"고 하셨다. 나는 편안한 길을 가는 것도 좋겠지만, 간호장교는 무언가 다르고 특별하며, 자부심을 가지고 일할 수 있는 직업이라고 생각했다. 비록 화려하고 겉으로 드러나 보이는 일은 아니지만, 의지를 가지고 임한다면 자신의 꿈을 펼치고 자부심을 가지고 할 수 있는 보람된 일이라는 생각이 들었다.

〔학생글〕

chapter 06 논문 작성법

논문은 연구 결과를 일정한 형식에 맞추어 논증해 나가는 글이다. 논문은 새로운 사실이나 주장을 논리적으로 증명하는 것이 무엇보다 중요한 글쓰기다.

일반적으로 논문이라고 하면 학술 논문이나 학위 논문으로 나뉜다. 일부 전공은 대학을 졸업하기 위해서 반드시 졸업 논문을 써야 하기도 하며, 특히 대학원에 진학하여 본격적인 학문 연구를 할 사람은 논문 작성의 요령에 익숙해질 필요가 있다. 일반적인 대학생들의 경우에도 A4 10~20장 분량의 보고서를 쓰게 된다면, 보통의 논문이나 다름없는 형식과 구조의 글을 쓰는 셈이다. 논문은 일반적인 보고서보다 분량이 길기 때문에, 충실한 자료 조사와 사전 준비, 그리고 성실하고 꾸준한 연구 자세가 요구된다.

Ⅰ 좋은 논문의 요건

(1) 사고의 독창성

보고서는 대개 교수에 의해 일방적으로 주제와 방향이 결정된 채로 부여되지만, 논문은 대부분 스스로 주제를 선택하여 쓰게 된다. 때문에 남들도 다 할 수 있는 진부한 주장을 펴거나, 이미 해당 전공 분야에서 수없이 반복적으로 다뤄진 주제를 가지고 논문을 쓰는 것은 바람직하지 못하다. 논문의 가장 중요한 가치는 바로 독창성이라 할 수 있다. 모름지기 논문이라면 새로운 자료를 발굴하거나 독창적인 이론을 내세우는 것이 필요하며, 이를 통해 학문 발전에 기여할 수 있어야 한다.

(2) 주장의 합리성과 객관성

논문은 그 어떤 글보다 논리적으로 기술되어야 하는 글이다. 개인적인 편견을 버려야 하고, 특정 집단이나 학파의 견해에 좌우되어서도 안 된다. 수치화된 실험이나 체계적인 논증의 방식으로 주장의 합리성과 객관성이 입증되어야 한다. 논문에서는 "아마도 그럴 듯하다", "그렇지 않은 것 같다", "이러하리라고 믿는다"는 식의 표현은 피해야 한다.

② 인문·사회과학 분야의 논문 체제

제목과 부제, 이름과 소속

※ 국문 요약과 영문 요약 (하단부에 핵심어 기입)

1. 서두
   1) 표지와 제목   2) 제출서 및 인준서   3) 차례   4) 도표 및 통계 차례

2. 본문
   1) 서론   2) 본론   3) 결론

3. 참고자료
   1) 참고문헌   2) 부록 및 색인

③ 자연과학·공학 분야의 논문 체제

제목과 부제, 이름과 소속

※ 국문 요약과 영문 요약 (하단부에 핵심어 기입)

1. 서두
   1) 표지와 제목 2) 제출서 및 인준서 3) 차례 4) 도표 및 그림 차례 5) 약기호표

2. 본문
   1) 서론 2) 연구(실험) 재료 및 방법 3) 결과 4) 논의(고찰) 5) 결론

3. 참고자료
   1) 참고문헌 2) 부록 및 색인, 기타

발표 준비글과 토론 준비글 쓰기

발표는 한 사람의 화자가 다수의 청중에게 말하는 일방적인 발화 행위이고 토론은 두 사람 이상이 함께 말하는 상호적 행위라는 점에서 서로 다르다. 하지만 둘 다 기본적으로는 나의 생각을 다른 사람에게 전달하고 공감이나 동의를 이끌어내는 것을 목적으로 하는 말하기 행위라는 점에서 공통된다. 그리고 일반적인 친구들과의 대화나 잡담과는 달리, 발표와 토론은 '공적(公的)인 말하기'라는 점도 중요하다.

발표와 토론이라고 하면 어렵고 두렵게만 생각하고 피하려는 학생들도 적지 않다. 대학에서의 발표와 토론은 자신의 생각과 의견을 다른 학생들과 교수님을 향하여 논리적으로 표현할 수 있는 좋은 기회이면서, 졸업 후 사회생활의 기본이 될 '공적인 말하기'를 연습하는 과정이다. 특히 발표와 토론이 대학 강의는 물론 우리 사회에서 차지하는 비중이 점차 커지고 있기 때문에 학생들은 두려움을 떨치고 적극적으로 발표와 토론에 임할 필요가 있다. 발표와 토론을 위해서 미리 발표 준비글이나 토론 준비글을 차분하게 써놓는다면 효과적인 발표와 토론이 가능할 것이다.

Ⅰ 발표

(1) 발표의 정의와 좋은 발표의 요건

보발표는 한 사람의 화자가 다수의 청중을 대상으로 의사를 전달하는 말하기 형식을 뜻한다. 예를 들면 교사의 강의, 정치인의 연설, 직장인의 브리핑, 학자의 논문 발표, 종교인의 설교, 각종 행사의 축사 등이 이에 해당한다.

발표는 일방적으로 한 사람이 말하는 방식을 취하기는 하지만, 청중들과의 교감과 소통을 무시해서는 안 된다. 발표를 준비하는 단계에서 청중들의 수준과 관심에 대하여 고려하는 것은 물론, 발표 현장에서도 청중들의 반응에 따라 준비한 내용을 가감하거나 발표의 속도를 조절할 필요가 있다.

좋은 발표가 되기 위해서는 우선 발표의 목적과 발표 장소 및 시간을 고려하여 주제와 내용, 양식을 적절하게 선택해야 한다. 또한 청중의 관심사와 수준을 고려하고, 청중의 호기심을 유발할 수 있는 방법을 택하도록 한다.

좋은 발표가 되기 위해서는 진실한 태도를 취하는 것도 중요하다. 학술 발표나 강연처럼 정보 및 지식의 전달을 목적으로 하는 발표들은 물론, 정치인의 연설이나 기업의 신제품 발표회와 같은 경우에도 진실함은 무엇보다 중요한 가치가 되어야 한다. 청중들의 마음을 사로잡기 위해 거짓이나 과장을 일삼는 것은 윤리적으로 올바르지 못할 뿐만 아니라 궁극적으로 청중들의 믿음을 얻는 데는 실패할 가능성이 높다. 특히 기업에서 소비자들을 대상으로 한 신제품 발표회를 하거나 거래 업체를 대상으로 제안서나 기획안을 발표할 때에 거짓이나 의도적 과장이 포함될 경우에는 법률적 책임을 져야하는 상황이 올 수도 있다.

좋은 발표의 또 한 가지 요건은 명쾌하고 간결해야 한다는 것이다. 지나치게 장황한 발표는 청중들에게 외면 받기 쉽다. 핵심적인 주장이나 중요한 정보는 분명하게 강조하고, 체계적인 논리적 짜임새를 바탕으로 가급적 간결하게 전달하는 것이 중요하다. 특히 대학생들이 수업 시간에 하게 되는 발표는 제한된 시간이 있기 마련이므로, 정해진 시간에 맞추어 발표할 수 있도록 미리 리허설을 해보는 것이 좋다.

발표는 말로 전달되는 것이지만 청중들은 청각에만 의존하지 않고 시각적으로 발표를 받아들이게 마련이다. 아무리 좋은 내용의 발표더라도 준비한 원고만을 바라보면서 단조롭게 낭독한다면 청중들은 지루함을 느낄 수밖에 없다. 발표문이나 발표준비글을 작성해서 준비하더라도 발표자는 그 내용을 이미 머릿속에 숙지해놓고 자연스러운 태도로 발표가 이루어지도록 해야 한다. 특히 발표문 내용을 청중들에게 미리 배포한 경우가 아니라면 낭독 방식의 발표를 청중들이 집중해서 듣기란 불가능에 가깝다. 발표를 할 때는 청중들을 향해 시선을 유지하는 것이 중요하다. 청중이 많을 경우에는 가까운 곳과 먼 곳, 왼쪽과 오른쪽의 청중들을 번갈아 두루 살펴보며 시선을 맞추어주는 것이 좋다. 산만하지 않은 범위 내에서 적절한 손동작이나 몸동작을 활용하는 것도 필요하다. 시청각 자료를 활용하는 것도 좋은 방법이다. 다만 발표의 흐름이 끊기지 않도록 사전에 철저히 준비하고 확인해둘 필요가 있다.

마지막으로 발표를 마무리할 때에는 청중들의 질문을 받고 대응할 필요가 있다. 발표 전 예상되는 질문 목록을 뽑아보고 답변을 미리 준비하는 것도 좋은 방법이다.

📖 좋은 발표의 요건

1. 발표의 목적과 상황에 맞는 주제와 내용, 발표 방법을 택해야 한다.
2. 청중들의 관심사와 수준을 고려하여 호기심을 유발할 수 있도록 한다.
3. 진실한 태도로 발표에 임하도록 한다.
4. 명쾌한 태도와 적당한 속도로 발표하되, 정해진 발표 시간을 준수하도록 한다.
5. 자연스러운 태도로 발표를 하고, 적절한 수준으로 몸짓이나 시각적 자료를 활용한다.
6. 청중들의 질문에 적절하게 대비하고 대처한다.

---

(2) 발표의 과정

① 발표의 목적을 세우고 목적에 맞추어 구체적 주제를 정하는 단계

발표의 주제나 목적이 이미 정해져 있어서 여기에 맞추어 발표를 해야 하는 경우도 있지만, 스스로 발표의 주제나 목적을 정해야하는 경우도 있다. 일단 발표의 목적이 청중에 대한 설득인지, 정보나 지식의 전달인지, 아니면 청중들과의 공감과 친교에 있는지를 분명히 해야 한다.

일반적으로 대학에서 학생들의 발표는 설득 위주의 발표와 정보 전달 위주의 발표로 나뉠 것이다. 설득 위주의 발표는 청중들이 자신의 발표를 듣고 나서 신념이나 태도를 바꾸거나 어떠한 행위를 하게끔 하는 것을 목표로 삼아야 한다. 그러기 위해서는 발표자 스스로가 명확한 확신과 신념에 차 있는 듯한 인상을 주는 것이 필요하다.

정보 전달 위주의 발표는 청중에게 지식을 주고 이해를 돕는 것이 목적이다. 따라서 누구나 알 법한 정보라든지 인터넷을 통해 쉽게 찾을 수 있는 정보를 제공해서는 청중들의 호응을 얻기 힘들다. 정보로서의 가치를 잘 따져보고, 청중들이 알기 쉽도록 명쾌하고 흥미롭게 전달하도록 노력해야 한다.

구체적인 발표 주제를 선정할 때에는 청중의 상황은 물론 발표자의 능력도 충분히 고려해야 한다. 자신이 전혀 흥미를 가지고 있지 않는 주제이거나 자신의 능력과 수준에 맞지 않는 주제라면 좋은 발표를 할 수가 없다. 발표 주제는 자신이 잘 알고 있거나 관심을 가지고 있는 주제를 선택하거나 잘 알지 못하더라도 탐구와 조사를 통해 충분한 자료를 확보할 수 있는 주제를 선택하는 것이 바람직하다. 참신하고 흥미로운 주제의 선택을 위해서는 평소 텔레비전이나 신문, 인터넷을 통해 다양한 화제 거리를 접하고 시사적인 상식을 갖추고 있는 것이 유리하다.

② 주제에 맞추어 내용을 구체화하고 자료를 찾는 단계

발표 주제가 정해졌으면 내용을 구체화하기 위해 세부적 요점을 정하고 관련된 자료를 조사해야 한다. 보고서나 논문을 쓸 때와 마찬가지로 도서관과 인터넷 등을 활용하여 다양한 자료를 찾아 정리하는 것이 중요하다. 경우에 따라서는 관련된 지식이나 정보를 가지고 있는 인물을 인터뷰하거나 다수의 인원을 설문조사하는 방법도 활용할 수 있다. 시간적 여유가 있다면 관련된 정부 기관, 연구소, 시민 단체 등을 찾아가거나 이메일로 정보 제공을 의뢰해볼 수도 있다. 자료 조사에 얼마나 정성을 들였는가는 발표 내용의 충실성과 직결된다.

③ 발표문 또는 발표준비글을 작성하는 단계

발발표문 또는 발표준비글을 작성할 때에는 먼저 발표의 개요를 작성하고 그에 알맞는 자료를 확보해 정리하여야 한다. 발표준비글은 일반적인 보고서와 비슷한 절차와 형식으로 작성하지만, 눈으로 읽을 것이 아니라 귀로 듣게 될 것이라는 점을 감안하여 작성해야 한다.

발표문이나 발표준비글은 대체로 서론-본론-결론의 형식을 취하는 것이 일반적이다. 일반적인 글에 비해 서론의 도입부에 청중의 흥미를 유발할 만한 내용을 배치하도록 특히 신경을 써야 한다. 결론 부분에서는 핵심적인 주장이나 설명이 다시 한 번 부각될 수 있도록 강조하되, 지나치게 반복되는 느낌을 주어서는 안 된다.

④ 실제로 발표를 하는 단계

일반적으로 간단한 자기소개로 발표를 시작하게 된다. 청중들이나 발표 상황에 따라 자기소개도 달라질 수 있다. 같은 학과 같은 학년 학생들이 수강하는 수업 발표에서 "○○학과 □학년"이라는 소개는 불필요하지만 다양한 학과 학생들이 함께 수강하는 과목에서 그와 같은 소개는 필수적이라 할 수 있다.

발표의 서두에는 발표 주제나 시사적 상황, 발표 시기나 날씨 등과 관련한 인상적이고 친근

한 도입말로 시작하는 것이 좋다. 시선은 가급적 항상 청중을 향하도록 하고 너무 빠르거나 너무 느리지 않은 속도의 목소리로 발표를 하도록 한다. 적절한 수준의 손동작이나 몸동작도 활용하면 좋다.

발표는 엄연한 공적인 말하기라는 점을 염두에 두고, 비문법적인 표현, 비속어, 줄임말 표현 등의 사용을 삼가야 한다. 가령 "알바(아르바이트)", "학관(학생회관)", "남친(남자친구)" 등처럼 일상적으로 쓰는 표현도 공적인 말하기에는 적합하지 않다. "~ 할 것 같아요."처럼 확신이 없어 보이고 신뢰도를 떨어뜨리는 표현도 피해야 한다.

프레젠테이션 화면이나 동영상, 사진 등과 같은 시청각 자료를 활용할 때에는 발표의 흐름에 자연스럽게 연결될 수 있도록 유의해야 한다. 발표 장소와 시설, 장비에 따라 시청각 자료의 활용이 여의치 않을 수도 있다. 컴퓨터, 프로젝터, 스피커 등의 장비를 활용할 경우에는 사전에 필요한 장비를 미리 대여하거나 확보하고 설치하여 원활하게 작동이 되는지를 점검해야 한다. 특히 인터넷 연결이 필요한 경우나 동영상을 보여줄 경우에는 발표 장소의 시설이나 컴퓨터의 상태, 프로그램 종류와 버전, 파일 저장 방식 등에 따라 작동이 안 되는 경우도 많으니 특히 유의해야 한다. 자료를 제시할 때에는 출처를 분명히 밝히는 것도 중요하다.

아무리 열심히 준비하였다고 해도, 실제 발표를 할 때에는 여러 가지 예측하지 못한 상황이 생길 수 있다. 어떠한 상황에 당황하지 않기 위해서는 반복적인 연습이 필요하며, 돌발 상황이 생기더라도 여유로운 마음과 솔직한 태도로 대처하도록 한다.

⑤ 청중이나 교수님으로부터 질문과 평가를 받는 단계

발표가 끝나면 청중들에게 질문할 기회를 주어야 한다. 예상되는 질문이 있으면 발표를 준비하면서 미리 모범답안을 준비해보는 것이 좋다.

질문을 받을 때에는 메모를 하는 습관을 가져야 한다. 질문이 길거나 여러 개의 질문을 동시에 할 경우에는 메모를 하지 않으면 답변을 하다가 질문 내용을 잊어버리는 경우가 생길 수 있다. 이럴 경우 질의자와 청중에 대해 매우 무례하고 불성실한 태도로 비춰질 수 있으므로 유의해야 한다. 다만 질문 내용이 명확하게 이해되지 않았을 때에는 즉시 질문자에게 정중히 질문의 의도를 다시 되물어 볼 필요는 있다.

감정적이거나 적대적인 질문, 주제와 무관한 질문을 받더라도 이를 무시하거나 감정적으로 대처해서는 안 된다. 질의·응답을 통해서 자신이 미처 고려하지 못했던 부분을 보완한다는 겸

허한 마음가짐이 필요하다. 적대적인 질문에 대해서는 자신의 입장을 간략히 강조하면서 논리적으로 대처해야 하며, 발표 주제에서 크게 벗어난 질문은 발표의 목적과 중심 내용을 다시 한 번 언급하는 방식으로 질문의 부적절성을 다른 청중들에게 인식시키도록 한다. 미처 생각하지 못했거나 자료가 미흡하여 대답할 수 없는 질문은 솔직하게 인정하고 다른 기회에 보완할 것임을 밝히도록 한다.

학생들로부터 상호 평가를 받거나 교수님으로부터 강평 형태의 평가를 받게 되는 경우에는 역시 겸손한 마음으로 받아들이는 자세가 중요하다. 발표 이후의 평가는 결국 피드백으로 작용하여, 자신의 사고 능력이나 표현 능력의 향상에 큰 도움으로 돌아올 것이므로 기쁜 마음으로 임해야 한다.

(3) 발표 준비글의 중요성과 작성 요령

앞서도 언급했지만 발표문이나 발표 준비글은 좋은 발표를 위해서는 필수적인 것이다. 발표 준비글은 일반적인 보고서나 글을 쓸 때 유의해야할 점이나 절차와 형식이 거의 그대로 적용된다. 다만 청중들이 글로 보게 되는 것이 아니라 귀로 듣게 되는 것이라는 점을 항상 염두에 두어야 한다.

먼저 개요를 짤 때에는 예상 청중, 발표 장소, 활용할 수 있는 시청각 장비, 허용된 발표 시간 등을 우선적으로 고려하고, 발표 주제, 발표의 구체적 목적, 중심 생각, 세부적 요점과 보조 요점 등을 간략히 서술해놓는 것이 필요하다.

효과적인 발표를 위해서는 주제와 관련된 흥미로운 예시나 청중들이 공감할 만한 상황을 제시해주는 것도 중요하다. 지나치게 놀라운 반전의 효과를 노리는 것보다는 차분하고 일관된 관점을 유지하는 것이 좋다. 가급적이면 발표를 할 때의 어투대로 문장을 써놓는 것이 편리하다. 발표 내용이 길 때에는 "첫째, 둘째, 셋째"처럼 핵심 내용을 중간에 요약하고 강조하는 것도 필요하다.

발표 준비글 개요의 틀 (예시)

	구분	내용	
1	점검사항	발표시간, 발표장소, 장비, 예상청중의 수와 성격	
2	발표 과제	발표자에게 부여된 발표 과제	
3	발표의 목적	발표를 통해 얻고자 하는 목표나 효과	
4	발표 주제(중심 생각)	핵심적으로 전달할 정보 또는 설득하고자 하는 주장	
5	도입부	호기심을 유발할 수 있는 효과적 도입부	
6	전개1 (세부 요점 1)	구체적 정보나 주장	관련 자료 조사 및 정리
7	전개2 (세부 요점 2)	구체적 정보나 주장 2	관련 자료 조사 및 정리
8	결론	핵심적 사항 강조 및 요약	

발표 준비글은 크고 분명하게 알아볼 수 있도록 정성들여 쓰거나 깨끗하게 출력해두어야 한다. 2부 이상의 복사본을 준비하여 만약의 상황에 대비하는 것이 좋다. 발표준비글의 대강의 내용은 암기하면 두도록 하고 중요한 부분은 형광펜이나 색연필로 표시해두면 편리하다.

(4) 조별 발표 또는 모둠 발표의 경우

대학 강의에서는 조별 발표나 모둠 발표의 비중이 높은 편이다. 개인 1인의 발표가 아니라 2인 이상이 조나 모둠을 이루어 준비한 발표의 경우에는 더욱 충실한 내용과 구성의 발표가 되어야 한다. 발표 준비를 할 때에는 모든 조원과 구성원이 적극적으로 참여하여 자료 조사와 발표 준비글 작성에 임해야 한다. 발표준비 과정에서는 적절하게 임무와 할 일을 분담하여 맡되, 자주 함께 모여서 머리를 맞대고 논의를 해야 일관되고 자연스러운 발표가 가능하다.

발표 방식이나 형식이 정해지지 않았을 때에는 발표자와 발표 방법을 신중하게 선정해야 한다. 조원 모두가 발표자로 나설 경우에는 조원이 고르게 참여하여 준비했다는 인상을 줄 수는 있지만 발표 자체가 산만하게 느껴질 수도 있다. 반면에, 조원 중 한 두 명이 발표를 진행할 경우에는 나머지 조원들이 참여한 정도를 알 수 없다는 단점이 있다. 별도의 발표문을 제출하거나 프레젠테이션 화면을 보여줄 경우에는 발표를 준비하며 회의를 한 일시와 장소, 조원들이 각자 분담한 업무 등을 명확히 밝힘으로써 발표 준비 과정을 드러내주는 것이 좋다. 또한 발표에 활용한 참고문헌 목록도 일목요연하게 제시해주어야 한다.

② 토론

(1) 토의와 토론

토의와 토론은 다수의 사람이 모여 공동의 관심사와 문제에 대해 대화를 통해 논의하는 공적 말하기 방식이라는 점에서 공통된다. 토의는 문제점을 분석하고 그 문제를 해결하기 위해 상호 협력하여 의견을 제시하고, 보다 나은 해결 방안을 찾기 위한 '문제해결식 말하기'라 할 수 있다. 반면에 토론은 한 가지 논제에 대하여 서로 상반된 입장을 갖고 있는 사람들이 나뉘어 논리적 공방을 주고받는 방식으로 진행되는 '찬반양론식 말하기'라 할 수 있다.

예를 들어, 'ㅇㅇ학과 MT 장소와 날짜 결정하기', '고령화 시대를 대비한 대책', '여름 홍수 피해를 줄이기 위한 방안', '사교육비 증가에 대한 해결 방안' 등은 토의의 주제들이라고 할 수 있으며, 'ㅇㅇ학과 MT를 갈 것인가, 말 것인가', '사형제도는 폐지되어야 하는가', '군 가산점 제도는 부활되어야 하는가' 등은 토론의 주제들이라 할 수 있다.

이 가운데에서 토론은 쟁점이 되고 있는 사안에 대하여 논리적이고 설득적인 논증을 통해 서로의 생각을 견주어보는 방식의 말하기로 비상한 관심을 모으고 있다. 토론은 민주화된 시대에서 중요한 사회적 절차이며, 토론 능력은 그러한 사회에서 개개인들이 갖추어야할 필수적 역량으로 간주되고 있다.

토론은 스포츠 경기와 마찬가지로 서로 최선을 다하여 이기는 것을 목표로 하되, 정당하고 합리적인 방법을 사용하여 벌여야 하는 대결이다. 토론에 임하는 사람들로서는 토론에 이기는 것, 즉 상대방이 우리 편의 의견에 동의하도록 설득하는 것이 목표이지만, 반드시 공동의 합의가 이루어지지 않는다고 해도 토론은 충분히 의미를 가질 수 있다. 서로의 생각과 견해를 논리적으로 제시하고 상대방의 의견을 경청하는 것만으로도 보다 나은 사회적 결정을 위해서는 큰 도움이 될 수 있다. 그 과정에서 어떤 절충적인 방안이 도출될 수도 있다. 하지만 토론에 임하는 양쪽은 절충안을 먼저 떠올리기보다는, 각자의 입장을 강력하게 내세우고 논증을 하는 자세가 우선시되어야 한다. 합리적이고 논리적으로 자신의 주장을 강조하고 뒷받침해나가면서, 한편으로는 상대방의 의견도 존중하고 배려하는 마음을 가지는 것이 민주적인 토론 태도라 할 수 있다.

(2) 토론의 과정

토론을 할 때에는 일단 적당한 인원을 할당하여 토론 팀을 구성해야 한다. 토론에는 1~2인의 사회자와 3~5인 정도의 찬성팀·반대팀 토론자가 배치되는 것이 바람직하다. 팀이 구성되면 토론의 주제를 결정한다. 토론 주제는 토론에 임하는 사람들이 관심을 갖고 있으며, 사회적으로 함께 고민할 만한 가치를 지닌 것, 그리고 찬반으로 나뉘어 진지하게 토론할 수 있는 것으로 선택한다.

토론 주제에 대해서는 양쪽 토론팀이 명확히 개념을 공유하고 있어야 한다. 주요 개념과 표현에 대해서 온전하게 공유하고 있지 못하다면, 서로의 논점이 일치하지 않아서 토론 자체가 무의미해지게 될 우려가 있다. 가령 '인터넷 실명제 실시'에 대한 토론을 할 때, '인터넷 실명제'는 소극적인 실명 확인 절차를 거치는 것에서부터 시작해서 실명을 아이디 대신 그대로 노출시키는 방식에 이르기까지 다양한 실명제가 있을 수 있다. 따라서 이 토론에서 의미하는 인터넷 실명제가 어느 수준인지에 대해 합의되지 않으면, 엉뚱한 논쟁만 벌이다가 결국 찬성팀과 반대팀의 주장의 차이가 명확히 드러나지 않게 될 수도 있다. 양쪽의 토론 쟁점이 뚜렷하게 드러날 수 있도록 개념에 대한 합의와 공유가 필요하다. 명확한 개념 정의와 문제 인식을 위해 별도의 발제자를 두어, 현재의 문제적 상황에 대해 명쾌하게 제시해주는 것도 좋은 방법이다.

원활한 토론을 위해서는 찬성팀과 반대팀 양쪽에서 조장을 뽑아, 조장의 지휘 하에 토론에 필요한 자료들을 조사할 필요가 있다. 자료 조사는 도서관 문헌 검색, 신문과 방송의 뉴스, 인터넷 자료, 통계 자료와 공공기관 문서, 설문조사, 인터뷰 등을 활용할 수 있다. 자료들 가운데에는 자신의 주장을 뒷받침하는 데 보탬이 되는 자료도 있지만, 오히려 상대방의 주장에 힘을 실어주는 자료도 있을 수 있다. 상대방의 주장에 보탬이 되는 자료라 하더라도, 반론을 재반박하기 위해서는 반드시 살펴볼 필요가 있다.

토론 시에 올바른 논쟁을 벌이기 위해서는 논증이 논리적이고 합리적으로 이루어져야 한다. 찬성팀과 반대팀 각자가 일관된 논리에 따라 입장을 명확히 세우고 논증을 준비하는 것을 '입론'이라고 하는데, 입론 과정에서 사실논거와 소견논거를 적절히 활용하여 논증하도록 하되, 상대방의 의견과 반론을 예상해가면서 대비하는 것이 필요하다.

실제 토론을 진행할 때에는 사회자의 토론 주제 소개 — 토론자 소개(찬성·반대팀) — 찬성팀의 입장 표명(기조 발제) — 반대팀의 입장 표명(기조 발제) — 사회자의 토론 규칙 소개 — 1차 논박 (반대팀의 문제제기 - 찬성팀의 답변 - 반대팀 보충 질문 - 찬성팀 답변) ─ 2차 논박 (찬성팀의 문제제기 - 반대팀의 답변 - 찬성팀의 보충 질문 - 반대팀 답변) ─ 1,2차 논박의 반복 ─ 반대팀의 최종발언 ─ 찬성팀의 최종발언 ─ 사회자의 정리발언의 순서로 진행된다.

대학 수업에서 토론을 진행할 때는 양쪽의 최초 입장 표명(기조 발제) 시에 프레젠테이션을 이용하여 관심과 흥미를 유발할 수 있으며, 토론이 끝난 뒤에 청중들에 의한 질의·응답이 이어질 수 있다. 토론이 마무리된 뒤에는 토론을 지켜본 청중들이 직접 토론에 대해 평가를 할 수 있으며, 토론에 참여한 학생들은 토론의 준비과정에서부터 경과와 결과를 정리한 '토론참여보고서'를 작성한다.

(3) 토론 준비글: 기조 발제문, 토론 개요서, 참고자료 목록

토론의 찬성팀과 반대팀은 토론 주제에 대해 청중들에게 설명하고 자신들의 주장의 핵심과 핵심적 논거를 간략히 요약하여 제시하는 기조 발제문을 준비한다. 기조 발제문을 통해 각 팀은 최초 입장 표명을 하게 되는데, 기조 발제문은 단순한 발표문의 형태로 만들 수도 있고, 프레젠테이션 화면이나 영상 자료로 준비할 수도 있다. 기조 발제문을 통해 청중들에게 토론의 주제가 무엇을 의미하는지, 이에 대한 토론이 왜 중요한지를 이해시킬 수 있으며, 상대팀과의 서로 상반되는 논점이 무엇인지를 분명히 밝힘으로써 이후 원활한 논쟁이 가능해질 수 있게 된다.

토론을 준비하는 과정에서 찬성팀과 반대팀은 각기 토론 개요서를 작성하여 토론의 흐름에 대비할 필요가 있다. 토론 개요서에서는 우선 자신의 팀이 내세울 핵심적인 주장과 논거들로 입론을 제시해두어야 한다. 그리고 상대방의 주장과 반론을 예상하고 이에 대비한 재반론을 세워놓아야 한다.

참고자료 목록은 토론을 준비하는 과정에서 각 팀이 얼마나 성실히 토론 준비를 했는지를 알 수 있는 지표가 된다. 각 팀의 팀원들이 각기 조사한 자료들을 조장이 종합을 한 뒤에, 참고문헌 작성 요령에 맞추어 일목요연하게 정리하는 것이 바람직하다.

(4) 토론 참여자의 자세와 유의사항

토론에 참여하는 구성원은 사회자, 토론자, 그리고 청중들이다. 토론 대회의 경우에는 별도의 심사위원이 있을 수 있다. 토론이 생산적으로 원활하게 이루어지려면 토론에 참여한 이들이 모두 맡은 바 역할을 제대로 해야 한다.

토론에 참여한 사람들은 서로의 인격을 존중하고 배려하는 마음을 가질 필요가 있으며, 자신의 발언 하나하나는 정직하고 책임 있는 자세로 해야 한다. 토론은 근본적으로 공적인 말하기이므로 공공성과 공익성에 대한 고려가 필요하며 정해진 규칙을 준수하는 태도도 필요하다. 같은 조원들에 대한 협동심과 리더십이 필요하며, 결과와 평가를 겸허히 받아들이는 자세도 요구된다.

토론을 할 때는 토론자는 사회자에게 발언 기회를 얻어 발언해야 하며, 같은 팀원들 사이에서도 발언 기회를 고르게 나눌 수 있도록 배려해야 한다. 토론 시에는 감정적으로 발언하거나 상대방을 무시하는 듯한 발언을 해서는 안 된다.

상대방에게 문제제기를 할 때는 '△△에 대해 어떻게 생각하십니까', '◇◇을 왜 반대하는 것입니까?'처럼 너무 막연한 질문을 던져서는 안 되며, 상대방의 입론에서 허점이나 논거의 부실함, 논리적 결함, 주장의 비현실성 등을 구체적으로 문제 삼아 공격하도록 한다. 모든 질문은 자신의 입장을 강화하고 상대방의 입장의 결함을 드러내기 위해 제기되어야 하며, 그에 대한 답변을 스스로 할 수도 있어야 한다. 본격적인 논쟁을 위한 것이 아니라 상대방 의견이나 논거의 의미를 확인하는 차원에서 간단히 물어볼 때에는 '확인 질문입니다'라고 먼저 밝히고 질문을 던지도록 한다. 이러한 질문과 답변은 최대한 간결하게 이루어지도록 하는 것이 좋다.

토론 시에 문제제기와 답변, 그리고 보충 질문과 답변으로 이루어지는 한 차례의 논박은 하나의 세부 논점에 국한되어서 이루어져야 한다. 또 다른 논점에 대한 논박은 다음 순번이 되었을 때 제기하도록 유의해야 한다. 여러 가지의 논점이 한 번에 제기되지 않도록 사회자가 토론의 세부적 논점을 나누어놓고, 차례차례 논쟁을 해나가도록 하는 것이 바람직하다.

토론에 활용되는 자료나 논거는 출처가 명확해야 하며, 누구나 신뢰할 수 있는 자료여야 한다. 상대방이 출처를 물어 오면 명확히 밝힐 수 있어야 한다.

토론을 진행하는 도중에 토론 팀원들 사이에 귓속말을 주고받거나 발언을 준비하느라 상대방의 발언을 경청하지 않는 태도를 보여서는 결코 안 된다. 다만 사회자가 별도로 팀원들 사이에 숙의할 시간을 부여할 수도 있다. 양쪽 팀의 최초 입장(기조 발제) 발언이 끝난 뒤 3~5분 정도 시간을 주는 정도면 무난하며, 경우에 따라 중간에 한 차례 정도 더 숙의 시간을 부여할 수도 있다.

(5) 토론의 평가 사항

토론은 가장 논리적이고 공적인 말하기 방식으로, 효과적인 의사소통 능력의 함양과 민주적 시민 사회의 발전을 위해 연습할만한 가치가 있다.

토론의 평가 방법으로는 토론의 흐름에 따라 순서대로 평가하는 방법과 전체적인 토론의 구성 능력을 평가하는 방법이 있다.

① 토론의 흐름에 따른 평가 방법

ㄱ. 공통 항목

언어적 표현의 명료성과 적절성 / 토론 예절 및 토론 규칙의 준수 여부

ㄴ. 입론

토론의 쟁점 포착과 표현 능력 / 적절한 논거의 제시 / 논거의 참신성

ㄷ. 확인 질문

토론 쟁점을 명확히 하는 데 도움이 되었나 / 상대 허점을 지적했는가

ㄹ. 반론

상대방 입론의 핵심을 문제 삼았는가 / 논리적 문제점을 잘 지적했는가 / 상대방 지적에 대해 적절하게 응수했는가

ㅁ. 최종발언

반론에서 미진했던 부분을 잘 보충했는가 / 토론 흐름을 잘 요약했는가 / 토론을 거치면서 확보된 자신들의 결론을 잘 부각시켰는가

② 토론 구성 능력에 대한 평가 방법

ㄱ. 논리력

논제에 사용되는 주요 개념을 알맞게 정의했는가

토론의 입론, 교차 확인, 반론의 구성이 잘 이루어졌는가

논거의 제시가 신빙성 있고 타당했는가

상대방의 주장의 핵심과 허점을 적절하게 발견해냈는가

ㄴ. 준비성과 응용 능력

토론 주제에 대한 조사와 연구가 충실하고 성실하게 이루어졌는가

자료를 이용해 허점을 공격하고, 상대 공격에 순발력 있게 대응했는가

ㄷ. 전달력

어휘와 표현, 비유, 유머, 어조, 시선, 몸동작, 발음, 강약이 적당했는가

● 토론 개요서 형식

	논제 :	
	우리 팀	상대 팀(예측)
입론	1. 논점(주장)	1. 논점(주장)
	2. 논거와 근거 자료	2. 논거와 근거 자료
반론	3. 상대 팀 입론에 대한 반론	3. 우리 팀 입론에 대한 상대 팀의 반론
	4. 상대 팀 반론에 대한 우리 팀의 대책	4. 우리 팀 반론에 대한 상대 팀의 대책

토론 개요서 사례

논제 : 군가산점제도는 적절한 보상체계이므로 도입되어야 한다.

	찬성	반대
입론	**1. 논점(주장)** ① 군 가산점 제도는 형평성에 위배되지 않는다. ② 군 가산점 제도가 있어도 공무원 시험은 실력을 위주로 평가할 수 있다. ③ 국민의 의무를 이행한 데 대한 보상이다.	**1. 논점(주장)** ① 군 가산점 제도는 형평성에 위배된다. ② 실력과 노력으로 평가 되지 않아 논란의 여지가 있다. ③ 군복무는 국민의 4대 의무 중 하나로서 의무에 대한 보상을 요구해서는 안 된다.
입론	**2. 논거와 근거 자료** ① 임신, 출산, 신체적 장애와 관련된 혜택을 찾아보고 2년이라는 시간동안 나라를 위해 희생한 군복무자에게도 비슷한 혜택이 주어지는지 조사 ② 9급 공무원 합격자 통계자료를 조사하여 제시. ③ 납세의 의무 등과 같은 국민의 의무를 조사하고 그에 따라 국민에게 주어지는 혜택을 조사하여 제시.	**2. 논거와 근거 자료** ① 헌법 제 239조항에 '누구든지 병역의무로 인하여 불이익한 처우를 받지 않는다.'라고 명시되어 있음. ② 과거 군 가산점 제도를 통해서 합격한 사람과 실력만으로 합격한 사람의 합격률 비교 제시. ③ 기본적인 의무사항에 대해서 무조건 보상이 있다는 자료 제시
반론	**3. 반대 팀 입론에 대한 반론** ① 군대를 남자들만의 의무로 정하는 것 자체가 남성에 대한 차별이다. ② 남성이 2년 동안 군복무를 하고 있을 동안 여성들은 공무원 시험공부와 스펙들을 쌓을 수 있다. ③ 납세의 의무를 이행하면 국민들에게 정책 개편, 공공시설 확충 등과 같은 보상이 돌아온다. 그러나 군복무를 마친 제대자에게는 그러한 보상이 없다. 따라서 군 가산점이라는 보상을 받는 것이 옳다.	**3. 찬성 팀 입론에 대한 반론** ① 헌법에는 남녀 모두 평등하다고 되어 있다. 하지만 신체적 차이를 인정해야 한다. 남성들의 군 복무는 이런 신체적 차이에 따른 것이다. ② 군가산점제도는 공무원시험 또는 공기업 채용시험에만 해당되므로 군 복무를 마친 남성간의 차별 문제로 이어질 수 있다.
반론	**4. 반대 팀 반론에 대한 우리 팀의 대책** ① 군가산점제도와 비슷하게 군복무를 한 남성들에게 혜택을 주는 다른 나라의 사례 조사 ② 군가산점제를 폐지했던 당시 여론과는 달리 요즘 군가산점제를 찬성하는 국민들이 많아졌다는 여론 조사 결과 제시 ③ 공무원을 희망하는 사람이 많아진 요즘 대다수 사람들이 원하는 직장에 군가산점을 도입하는 것은 군복무자들의 사기 진작에 기여	**4. 찬성 팀 반론에 대한 우리 팀의 대책** ① 남자들이 군대를 가있는 동안 여자들도 국방의 의무에 준하는 국민으로서의 의무를 하고 있다.(국방세, 대체복무 등) ② 신체적으로 유리한 남자가 군대를 가는 것은 차이를 인정하는 것이지 차별이 아니다. ③ 공무원을 희망하는 사람이 많아진 요즘 군 가산제 도입 시 군복무자와 그렇지 않은 사람 사이의 점수차가 당락을 결정할 수 있으므로 노력을 한 사람이 정당한 대가를 받지 못 할 우려가 있음

● 토론 개요서 사례

논제 : 어린이 보육시설에 CCTV를 의무 설치하여야 한다 (반대팀)	
우리 팀	상대 팀(예측)

<table>
<tr><td rowspan="2">입론</td><td>

1. 논점(주장)

① 아이들 보육은 감시로 이루어지는 것이 아니라 관심과 사랑으로 이뤄져야 한다.

② 감시의 대상이 되고 잠재적 범죄자 취급을 받는 환경에서 보육교사들이 느낄 수 있는 심리적 스트레스는 고스란히 아이들에게 되돌아올 수 있다.

③ CCTV는 근본적 해결방안이 될 수 없다.

④ 수십명의 아이들을 교사가 감당해야 하는 보육환경의 근본적 변화가 우선되어야 한다.

</td><td>

1. 논점(주장)

① 보육시설에서 아이들을 학대하거나 폭행하는 교사들의 문제가 종종 사회문제화되고 있다.

② 자신이 겪은 일을 제대로 표현하지조차 못하는 어린 아이들의 안전을 위해 CCTV 설치는 반드시 필요하다.

③ CCTV를 의무 설치하여 부모들이 아이들을 안심하고 맡길 수 있는 사회적 제도와 환경을 구축하여야 한다.

</td></tr>
<tr><td>

2. 논거와 근거 자료

① 해외의 보육환경과 국내 보육환경의 차이

② CCTV가 있는 상황에서 벌어진 아동학대 사건의 경우, CCTV는 결국 예방효과가 없음을 반증한다.

③ CCTV는 처벌을 편리하게 하는 수단일 뿐, 범죄를 예방하거나 문제를 해결하는 수단일 수 없다.

</td><td>

2. 논거와 근거 자료

① 아동학대 사건의 예시들과 사회적 분노

② 아동학대 사건을 은폐하고 감추려는 시도가 벌어진 사례들

③ CCTV 설치에 찬성하는 여론

</td></tr>
<tr><td rowspan="2">반론</td><td>

3. 상대 팀 예상 입론에 대한 반론

① CCTV를 피해서 범죄나 학대 행위가 벌어지거나, 은밀한 방식의 폭행이 가해질 경우 더 심각한 피해가 예상된다.

② CCTV의 확대를 어린 아이들의 보육시설부터 확대할 경우, 결국 우리 사회의 감시체제를 바람직하지 않은 방향으로 확산시킬 우려가 있다.

③ 보육교사에 대한 신뢰가 충분한 보육시설이 오히려 비난을 받거나 오해의 대상이 될 가능성이 있다.

</td><td>

3. 우리 팀 입론에 대한 상대 팀의 반론

① CCTV 설치가 근본 해결 방안이 되지 못한다고 하더라도 당장 할 수 있는 가장 시급한 대책이 될 수 있다.

② CCTV 설치 의무 법안이 시행되고 있지만, 이미 예외적 조항을 통해 부모들이 설치를 거부할 수 있도록 되어 있다.

</td></tr>
<tr><td>

4. 상대 팀 반론에 대한 우리 팀의 대책

① 아이들의 보육을 감시장비로 해결하려는 것은 보육 공간을 범죄공간으로 인식하겠다는 태도임.

② 여론조사는 범죄영상을 보고 분노한 상태에서 실시된 것으로 합리적인 문제 해결 방안을 찾을 것으로 보기 어려움.

</td><td>

4. 우리 팀 반론에 대한 상대 팀의 대책

① CCTV 확대 추세와 범죄 예방 효과에 대한 자료를 제시할 것으로 예상

② 일반적 대중을 대상으로 한 여론조사 결과를 토대로 의무설치 필요성을 강조할 것으로 예상

</td></tr>
</table>

● 조별 발표/토론 평가표 (예시)

조별 발표 평가표

과목 및 분반: _____ _____반 // 발표조: _____조 // 발표일: _____월 _____일 // 평가자 소속: _____조

발표주제: _____

발표 주제와 과제에 대한 이해도	1	2	3	4	5	총점
발표가 흥미를 유발한 정도	1	2	3	4	5	
발표의 진지성과 내용 및 정보의 전달력	1	2	3	4	5	
자료 준비의 성실성과 자료의 충실성·적합성	1	2	3	4	5	_____ 점
발표 구성 능력과 발표 방법의 창의성, 조원 참여도	1	2	3	4	5	/25점 만점

발표 내용 요약 및 메모	
발표의 장점	
발표의 단점 및 보완할 점	

조별 토론 평가표

과목 및 분반: _____ _____반 // 토론일: _____월 _____일 // 평가자 소속: _____조

토론조			
토론 주제			
사회자			
토론자	[찬성]	[반대]	

토론 주제는 가치 있고 흥미로운 주제인가	1	2	3	4	5	총점
토론 주제에 대해 찬/반 입장을 명확하게 주장하였는가	1	2	3	4	5	
토론 참여자들은 토론 규칙을 지키며 적극적으로 참여하였는가	1	2	3	4	5	
찬성 또는 반대 측의 논거는 충실하고 적합한가	1	2	3	4	5	_____ 점
감정적이지 않게 논리적으로 주장과 반박이 이루어졌는가	1	2	3	4	5	/25점 만점
사회자는 주제를 잘 이해하고 원활하고 공정하게 토론을 진행하였는가	(1)(2)(3)(4)(5)(6)(7)(8)(9)(10)(11)(12)(13)(14)(15)(16)(17)(18)(19)(20)(21)(22)(23)(24)(25)		사회자 _____점 / 25점 만점

※ 토론 형식에 따라 찬성팀, 반대팀, 사회자의 평가 분리 가능

토론 내용 요약 및 메모	[찬성]	[반대]
잘한 점		
보완할 점		
베스트 토론자		

연습문제

---

1. 다음 주제로 발표준비글을 작성하고 실제로 발표를 해보자.

1) 동아리 가입 상황 / 미팅 상황 / 아르바이트나 취업 면접 상황에 자기 소개하기

2) 가장 감명이 깊었던 책 / 가장 특별했던 친구(동창) 소개하기

3) 인상 깊었던 여행지 / 내가 살고 있는 동네 / 내 방의 구조 소개하기

4) 나만의 요리 비법 / 라면을 맛있게 끓이는 법

5) 스마트폰 어플리케이션의 종류와 기능

6) 내가 대기업 사장이라면 신입 사원 채용 시에 무엇을 기준으로 삼을 것인가

7) 대학생들의 술 문화와 성(性) 문화

8) 아동 성범죄 급증에 따른 대책

9) 외국어 실력과 학점에 매달리는 대학생들의 스펙 열풍 문제

10) GMO(유전자 조작 식품)의 안전성

11) 군 가산점 제도의 필요성

2. 다음 주제로 사회자, 찬성팀, 반대팀 역할을 나누어 실제 토론을 해보자.

1) 여성도 군대에 가야하는가

2) 얼짱, 몸짱을 강조하는 풍토는 당연한 것인가

3) 안전을 위해 공공시설이나 교육시설에 CCTV를 확대 설치하는 것은 바람직한가

4) 장기매매 합법화를 허용해야 하는가

5) 각종 할당제(여성할당제, 장애인할당제, 지역할당제 등)는 역차별인가

6) 생리공결제는 필요한가

7) 연예인들의 퍼블리시티권을 인정해야 하는가

8) 대학 캠퍼스 내에서 흡연은 금지되어야 하는가

9) 대학교 졸업장은 선택인가, 필수인가

10) 존엄사를 허용해야 하는가

프레젠테이션 작성법

프레젠테이션이란 프레젠터가 청중에게 자신이 전달하고자 하는 내용을 효과적으로 제시하고 선명하게 부각시키는 행위 전반을 가리키는 말이다. 특히 요즘은 컴퓨터 프로그램(Powerpoint)이나 OHP, 프로젝터 등 효과적인 매체 수단을 활용하여 상대방을 설득하고, 상대가 어떠한 결정을 내리거나 행동을 하도록 만드는 행위를 가리켜 말한다. 가령 거래 업체에서 우리 회사 제품을 구입하도록 하거나 내가 제안한 기획안을 선택하여 제품을 생산하도록 하는 과정은 모두 프레젠테이션에서 시작된다고 할 수 있다. 프레젠테이션은 글쓰기와 말하기, 시각적 이미지 효과가 결합된 형태로, 현대 산업 사회에서 가장 실용적으로 각광받는 표현 방식이다.

▯ 프레젠테이션의 용도와 유형

(1) 프레젠테이션의 용도

① 학교 수업에서의 발표 (개인발표, 조별발표, 토론시 기조발제 등)
② 기업에서 각종 업무 과정 발표 (아이디어 회의, 영업전략 브리핑 등)
③ 투자 유치 기업 설명회, 신제품 출시 설명회 등
④ 학술대회 발표, 연구 및 실험 결과 발표, 설문 결과 발표 등

(2) 프레젠테이션의 목적에 따른 유형

① 정보 제공형: 사실에 대한 객관적 설명. 정보 제공 및 데이터 제시 (예: 강연)

② 동기 부여형: 청중의 분위기 파악. 신뢰감 조성. 청중의 반응에 따른 적절한 대응이 필요 (예: 영업미팅, 워크숍)

③ 의사 결정형: 청중의 성향 존중. 도움이 되는 아이디어 제시. 경제적 이익이나 편의성과 관련한 설득력 발휘 (예: 투자 설명회)

② 프레젠테이션의 절차

(1) 기획

① 프레젠테이션의 목적과 목표를 분명히 하는 단계이다. 목적과 목표에 따라 프레젠테이션의 유형도 결정된다. 정보 제공형의 경우에는 정확한 정보를 간단하게 선명하게 전달하는 것이 중요시되며, 동기 부여형이나 의사 결정형의 경우에는 상대방과의 교감이 중요시된다.

(2) 자료 및 정보 수집과 분석

자료의 조사는 일반적인 보고서나 논문 쓰기에서 조사하는 방식과 마찬가지이다. 다만 프레젠테이션의 경우에는 시각적인 이미지로 표현될 수 있는 자료가 무엇보다 중요시된다. 확보한 자료들은 구조적 짜임새를 고려하여 배치될 수 있도록 한다.

(3) 로드맵 (스토리보드) 작성

'오프닝-도입-전개-정리-질의응답-마무리' 또는 '서론, 본론, 결론', '핵심문제-목표-전략', '취지-개요-세부안', '가설-조사-검증', '계획-실행-평가' 등의 짜임새를 갖추어 기본 스토리보드를 작성한다. 이러한 스토리보드는 추후 시각적 이미지와 자료들로 채워지면서 효과적으로 구성되어야 한다.

① 오프닝: 인상적인 에피소드나 이미지. 청중의 상상을 유도. 가벼운 유머

② 도입: 발표 대상의 제시. 자기소개나 주제 소개. 프레젠테이션 순서 안내. 배경이나 목표, 동향, 추세 분석

③ 전개: 추진 전략. 문제해결 방안. 통계 자료. 실험 결과 제시

④ 정리: 향후 남은 과제 제시. 효과 부각. 핵심 사항 재강조

⑤ 질의·응답: 청중들의 궁금증을 해결해줌. 자연스럽고 여유롭게 대처

⑥ 마무리: 유명한 격언이나 문학 작품 인용. 청중의 선택과 관심을 요구

(4) 프레젠테이션의 화면 구성 방법

요즘 프레젠테이션은 거의 전적으로 이미지에 달려 있다고 할 수 있다. 프레젠테이션의 화면을 구성하는 몇 가지 원칙을 제시하면 다음과 같다.

① SSE 원칙

Simple: 프레젠테이션은 간단하고 쉬워야 한다.

Short: 프레젠테이션은 짧아야 한다.

Expensive: 겉모습을 고급스럽게 꾸며야 한다는 원칙이다.

② 3C

Clear: 각각의 시각적 이미지가 바로 이 순간 등장하는 이유가 명료해야 한다.

Clean: 시각적 이미지는 깨끗하고 선명해야 한다.

Creative: 누구나 예상하고 있는 시각물이 아닌, 창의적 자료가 효과적이다.

③ 기타 유의 사항

레이아웃의 균형을 잘 맞추도록 하고, 색상이나 글꼴은 지나치게 다양하지 않도록 구성한다. 슬라이드 한 장에 들어가는 내용은 대체로 5줄 안팎으로 하되, 11줄 이상으로는 쓰지 않도록 유의한다. 한 항목은 가급적 한 줄에 처리하도록 한다. 그래프와 사진, 표를 적절하게 활용하는 것도 좋다. 한 장의 슬라이드에는 하나의 메시지만 담도록 하고 요점이 뚜렷이 드러나도록 한다.

〈일반적 글쓰기〉	〈프레젠테이션 글쓰기〉
정보통신 분야의 변화 속도는 매우 빠르다. 40년 전만 해도 한 집 건너 한 대 꼴이었던 텔레비전은 현재는 없는 사람이 드물고, 2~3개에 불과했던 채널도 수백 개 이상으로 늘어났다. 무선호출기는 잠시 등장했다가 순식간에 사라져버렸고, 휴대전화의 가입자는 10년 사이에 크게 급증하여 이제 거의 모든 국민이 휴대전화를 보유하고 있다. 또 전 세계의 사람들이 인터넷을 이용해 실시간으로 최신 정보를 편리하게 주고받고 있다. 많은 재고를 보유할 수 없는 자동판매기나 편의점 같은 곳에서 상품의 품절 현상이 잘 발생하지 않는 것도 정보통신 기술의 발달 덕분이다. 상품이 부족하다는 정보를 멀리 본사 사무실에서도 파악할 수 있기 때문이다. '정보'를 이해하지 못하면 현대 사회를 이해할 수 없다고 해도 과언이 아니다.	정보통신 분야의 빠른 변화 ▷ 텔레비전의 보급과 다채널시대 ▷ 휴대전화의 보급 증가 ▷ 인터넷의 등장과 활용 ▷ 상품 판매에서의 정보 활용 정보 읽기 = 현대 사회 읽기

(5) 프레젠테이션의 전달 단계

프레젠테이션은 궁극적으로 청중들의 마음을 움직이게 하는 것을 목적으로 한다. 따라서 프레젠터의 모든 행동과 발언은 치밀하게 계획될 필요가 있다.

프레젠터는 청중과의 심리적 거리를 줄이기 위해 노력해야 한다. 주의를 환기하는 이야기로 시작해서 적절한 유머를 섞는 것도 좋다. 발표문이나 프레젠테이션 화면을 읽어주는 것이 아니라 자신의 언어로 바꾸어 표현하는 것이 중요하다. 꾸미거나 과장하지 않고 일상의 용어로 이야기하되, 최대한 긍정적인 표현을 활용하도록 한다.

발표 내용은 머릿속에 숙지하되, 화면과 별도의 메모 카드를 준비하여 발표를 진행하도록 한다. 시작하는 말과 끝맺는 말은 메모 카드에 따로 적어서 준비한다. 시각적 화면 자료가 완성된 뒤에는 여러 차례 리허설을 통해 시각 자료의 흐름과 발언의 속도를 맞출 수 있도록 유의한다. 발표 장소와 그 장소의 설치 장비들을 미리 점검하고 그 현장에서 직접 리허설을 해서 실제 프레젠테이션 때 문제가 발생하지 않도록 해야 한다.

프레젠테이션을 진행할 때에는 화면을 가리지 않도록 유의하고 화면에 있는 내용을 자연스럽게 전달한다. 화면이나 메모만 보면서 이야기하지 않도록 하며, 시선은 청중들을 두루 살펴본다는 생각으로 하면 된다. 프레젠테이션 시의 손짓과 몸짓, 억양과 목소리의 강약에도 신경을 쓰도록 한다.

화면을 자연스럽게 전환하면서 프레젠테이션을 하려면, 화면을 넘겨주는 보조자를 활용하거나 별도의 리모컨을 이용하는 방법, 그리고 프레젠테이션 화면을 플래시 영상으로 저장하여 재생하는 방법 등이 있다. 어떤 방식을 택하든 여러 차례 연습과 리허설을 해야 자연스러운 진행이 가능하다.

③ 프레젠테이션의 사후 평가

프레젠테이션을 한 뒤 스스로의 평가를 통해 발전을 기약할 수 있다.

① 청중의 요구와 관심에 부응하였는가.

② 질문과 코멘트를 통해 개방적인 태도를 보여주었는가.

③ 정보를 정확하고 적절하게 구성하여 전달하였는가.

④ 예시와 자료를 적절하게 제공하였는가.

⑤ 적절한 이해를 바탕으로 청중들의 질문이 제기되었는가.

⑥ 프레젠테이션의 길이는 적합하였는가.

[참고] 스티브 잡스의 프레젠테이션 요령

1. 메시지를 믿게끔 하라.
2. 청중을 집중하게 하라.
3. 드라마틱한 스토리를 들려주라.

④ 프레젠테이션의 사례

다음은 효율적인 졸업 준비와 취업 준비 방법을 제안하는 내용으로 학생이 만든 프레젠테이션 예시이다.

1

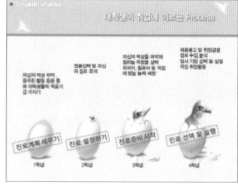

2

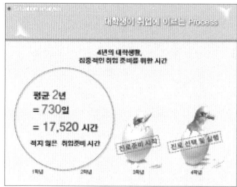

3

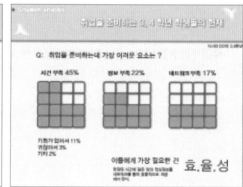

4

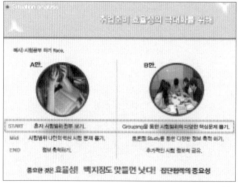

5

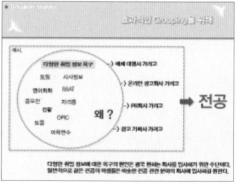

6

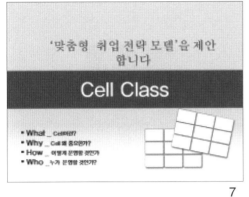

7

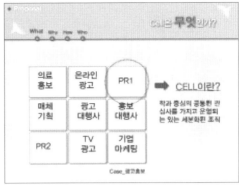

8

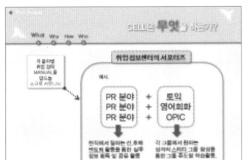

9

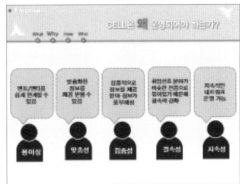

10

11

12

13

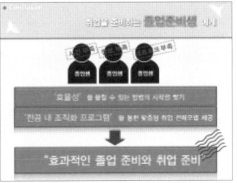

14

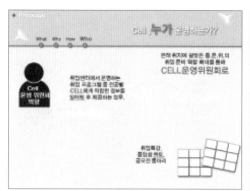

15

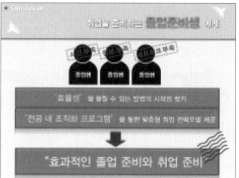

16

17

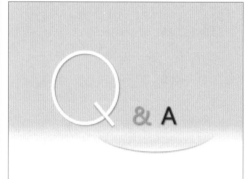

18

제6부
실용적 글쓰기

이력서

이력서는 말 그대로 이력을 적는 문서이다. 그러니까 학업·직업·경험 등 특정 개인이 밟아온 삶의 주요 국면을 작성하는 양식이다. 이러한 이력서는 자기소개서와 더불어 취업이나 진학을 위해 제출해야 하는 필수 서류의 하나라 할 수 있다. 특히 기업체에서 요구하는 이력서는 지원자가 해당 회사에 부합하는 자질과 능력을 지니고 있는지를 판별하는 기초자료로 활용된다는 점에서 그 중요성은 결코 간과될 수 없다. 이력서는 자기소개서와 달리 정형화된 서식에 따라 간명하게 작성하면 된다. 따라서 작성자의 개성과 독창성이 발휘될 여지는 별로 없다. 덧붙이자면, 요즘은 기존의 공인된 이력서 형식보다 각 기업체의 특성이 반영된 독자적 서식을 선호하는 추세다. 때문에 자신이 적을 두고 있는 회사의 이력서 양식을 미리 점검, 대비할 필요가 있다.

다음 세 가지 사항은 이력서 작성 시 지켜야 할 기본 원칙이라 할 수 있다. 첫째, 이력서는 무엇보다 간명하게 기재사항을 적어야 한다. 이력서는 자신에 대한 객관적인 데이터이기 때문에 심사자가 지원자의 이력을 한눈에 파악할 수 있도록 기술해야 한다. 둘째, 당연하겠지만 허위 사실을 기재해서는 안 된다. 원칙적으로 이력서에 기재되는 모든 사항은 서류로 증빙될 수 있는 것이어야 한다. 입사 후 허위가 드러날 경우 낭패를 볼 수 있다. 더불어 과장된 내용과 표현도 삼가는 것이 좋다. 지나치게 튀는 이력서는 오히려 역효과를 초래할 수 있다. 마지막으로 자격증, 봉사활동 경력, 지원분야, 희망연봉 등 이력서에 기재할 것을 요구받은 사항은 빠짐없이 적는 것이 좋다. 이 밖에 이력서의 구체적 항목을 기술할 때의 주의사항은 아래와 같다.

사진

사진은 이력서에서 인사담당자의 시선이 가장 먼저 머무는 곳이다. 뿐만 아니라, 지원자의 사진은 실질적으로도 채용에 적잖은 영향을 미치는 것으로 알려져 있다. 최근 취업전문 사이트 인쿠르트(http://www.incruit.com)에서 실시한 국내 기업 인사담당자들을 대상으로 한 설문조사에 따르면, 사진 미부착자의 경우 서류전형에서 무조건 탈락시킨다는 응답이 59%였다. 아울러 서류전형을 통과하는 데 사진이 커다란 영향을 끼친다는 답변이 절반 이상으로 나타났다. 이런 사례가 확인시켜주듯이, 사진은 예상 외로 당락에 민감한 영향을 끼친다. 때문에 이력서에 부착할 사진은 신중하게 택할 필요가 있다. 최근 3개월 이내의 사진을 사용해야 하며, 가급적 단정한 인상을 주는 사진을 택하는 것이 좋다. 오래된 것이나 포토샵을 지나치게 활용한 사진도 피해야 한다.

인적 및 학력사항

인적사항에는 성명, 주민등록번호, 주소, 연락처, 이메일 주소 등을 적어야 한다. 학력은 보통 고등학교부터 기록한다. 입학 또는 졸업한 시기는 양식에 맞추어 정확하게 밝힌다. 대학교 학력사항을 기재할 때는 전공을 밝히도록 하며, 부전공을 이수했다면 함께 기재한다. 남자의 경우 정확한 군복무 기간을 학력 사이의 해당 기간에 기재하도록 한다. 어학연수를 했을 경우도 기간과 장소를 포함, 가급적 상세히 적는다.

경력사항

경력자는 이전의 근무처와 근무 부서, 담당 업무와 근무 기간 등 세목에 이르기까지 정확히 기재해야 한다. 경력 작성 시 주의해야 할 대목은 현재부터 이전 경력 순으로 작성해야 한다는 점이다. 인사 담당자가 중시하는 것은 지원자가 최근 무엇을 하고 있었는가 하는 데 있기 때문이다. 신입의 경우 적어도 지원업체와 유관한 것이라면 인턴활동이나 아르바이트 경력, 공모전, 동아리 활동 등을 기재하는 것이 좋다.

수상경력 및 특기사항

자격증과 면허증은 국가가 공인하는 것을 위주로 하되, 지원 회사의 업종과 관계있다면 비공인 기관의 것도 적는다. 그리고 업무 관련 자격증이 아니어도 본인의 능력과 개성을 특화시켜 보여줄 결정적 증거라고 판단된다면 반드시 적도록 한다.

지원하는 분야와 유관한 수상 경력은 소소한 것이라도 빠짐없이 기재하는 것이 좋다. 수상 경력은 교내외 행사나 각종 대회에서 입상한 경력을 기록한다. 그 밖에 대학시절 동아리나 사회봉사 활동, 여타 유관 활동을 했다면 그 내역과 동아리 이름을 간결하게 적시하면 된다.

📋 이력서 작성 체크리스트

- 지원 분야·부서를 정확히 기재하였는가
- 입사지원용에 적합한 이메일 주소를 적었는가
- 오탈자는 없게 적었는가
- 사진은 3개월 내에 찍은 것인가
- 전공, 부전공, 취득학점을 정확히 적었는가
- 자격사항에 발행기관은 빠짐없이 적었는가
- 병역사항을 정확하게 기재하였는가
- 첨부하는 증빙서류들과 일치하게 적었는가

- 연락이 가능한 연락처를 기재하였는가
- 날짜 표기가 통일성 있게 되었는가
- 제시된 유의사항을 준수하여 작성하였는가
- 정장을 입고 사진을 찍었는가
- 단과대학명, 학과명을 정식명칭대로 적었는가
- 외국어 시험 성적은 기준에 맞게 적었는가
- 경력사항의 근무기간은 정확하게 적었는가
- 작성일과 서명을 빠뜨리지는 않았는가

chapter 02 자기소개서

이력서가 자신의 객관적인 내력에 대한 요약서라면, 자기소개서는 자신이 어떤 부류의 사람이고 그간 어떻게 살아왔는지를 좀더 소상히 알리는 글이다. 이력서가 그렇듯이 자기소개서 또한 대개의 제출처가 기업이기 때문에 현실적으로 요구받는 자기소개서는 일종의 자기홍보서(Self-Marketing Information)라 할 수 있다. 무엇보다 자기소개서는 주로 기업에서 인재를 채용할 때 면접을 위한 기초 자료로 활용된다는 점에 유념할 필요가 있다. 면접관의 질문은 통상 소개서를 토대로 하고 있기 때문이다.

자기소개서의 실질적 목적은 서류심사를 통과, 면접의 기회를 얻는 데 있다. 이 말은 곧 자기소개서는 기업체가 요구하는 자질과 역량, 잠재성을 두루 갖추고 있다는 점을 보여주는 데 초점을 맞추어야 함을 뜻한다. 일반적으로 자기소개서라면 별 고민도 없이 자신의 삶에 대한 진솔한 고백서로 여기고 작성하는 경우가 허다하다. 자기를 드러낸다는 점에서는 그리 문제될 건 없으나 이는 소개서의 핵심 용도를 이해하지 못한 안일한 접근이라 할 수 있다. 이런 점에서 자기소개서는 철저하게 인사 담당자의 시선에 맞춰 작성될 필요가 있다.

통상 인사 담당자들이 소개서를 훑어보는 데 채 30초가 걸리지 않는다고 한다. 자신의 소개서가 면접관의 눈길을 사로잡기 위해서는 가급적 자신의 개성과 두드러진 경력을 소개서 앞머리에 배치하는 것이 현명하다. 아울러 각 항목별 소개에서도 독창적이고 핵심적인 사항은 처음 한두 줄에 담아내는 것이 요령이다. 물론 지원하는 회사나 해당업무를 숙지한 후 자기소개를 철저히 거기에 부합시키는 방향으로 작성하는 것은 기본에 속한다. 더불어 간결한 문장으로 과장 없이 진솔하게 기술해야 한다. 적극적으로 자신을 홍보한다는 것과 과장한다는 것은 전혀 다른 의미다. 기업체마다 차이가 있을 수 있으나 자기소개서는 보통 성장 배경 및 과정, 성격의 장단점, 지원동기, 입사 후 포부 등의 항목으로 구성된다. 일반적인 경우를 염두에 둔다면 자기소개서 작성 시 주의할 점은 아래와 같다.

성장 배경 및 과정

성장 배경과 과정은 소개서의 필수적인 항목이다. 그러나 대개의 심사자들은 그리 눈여겨보지 않는 것으로 알려져 있다. 때문에 가급적 간결하게 적는 게 좋다. 예외적으로 관련 기업체나 업무와 관련된 사항이 있다면 좀 더 구체적으로 기술할 수는 있다. 언제 태어나고 부모는 누구이고 하는 등의 내용은 이미 이력서와 중복되기도 하거니와 상투적이어서 과감히 축약하는 편이 좋다. 독창성이 요구되는 항목이 아니라면 평이하게 접근하는 게 옳고, 연대기식 서술이나 식상한 표현도 삼가는 것이 좋다.

> 📖 **성장배경 및 과정 작성 요령**
> – 직무에 필요한 성격과 재능을 어떻게 길렀는가를 구체적으로 증명할 수 있도록 기술
> – 성공과 실패 경험을 통해 배운 것은 무엇인가를 기술

성격의 장·단점

해당 기업이나 분야에 적합한 면이 있다면 자신의 개성과 성격을 일화를 통해 생생히 부각시킬 필요가 있다. 예컨대, 성격의 경우 막연히 차분하다, 활동적이다, 책임감이 있다, 대인관계가 원만하다 식으로 기술하기보다는 아르바이트와 교내활동, 봉사활동 등 구체적 경험을 통해 성격과 품성의 일단을 내비치는 것이 효과적이다. 사례와 일화 없는 성격 제시는 공허한 수사나 근거 없는 선언으로 비치기 쉽다. 또 하나 주의할 대목은 단점 항목을 기술할 때이다. 이 경우, 단지 자신의 약점을 고백하는 선에 머물지 말고 이를 극복하기 위해 자신이 어떠한 노력을 기울였는가 하는 데까지 기술해야 한다. 가령, 자신의 부정적 면모나 성격을 어떻게 개선하고 극복해 나갔는지를 설득력 있게 기술해서 타인의 공감을 불러일으킬 수 있어야 한다.

학창시절 및 동아리 · 해외활동

요즘 채용 시장에서 중시하고 있는 것 가운데 하나가 바로 동아리 활동 분야이다. 예를 들어 2005년 두산그룹의 자기소개서를 보게 되면 동아리 활동에 대한 별도 항목이 있을 정도이다. 동아리 활동은 먼저 지원회사나 직무 분야의 전문 지식 확보와 실천을 알아보는 데 있다. 그러나 동시에 동아리 활동의 와중에 표출된 인간관계나 리더십 등도 인사담당자들이 눈여겨보는 대목임을 유념할 필요가 있다. 해외연수는 그 경험을 통해 배우거나 느낀 점을 언급하면 된다. 만일 경험이 없다면 상대적으로 불리한 것을 감수해야겠지만 반드시 불이익을 받지는 않는 것으로 알려져 있다. 이 경우 주의할 대목은 그 연유를 집안 형편이 어렵다거나 하는 등의 타인에게 떠넘겨서는 안 된다는 점이다. 대신 학내에서 영어 스터디 등을 통해 모자란 부분을 채우려고 노력한 점을 강조하면 된다.

지원 동기 및 포부

내가 왜 이 회사에 지원하고, 왜 이 직종을 택했는지에 대한 이유를 적고 그렇게 하기 위해 노력한 구체적 흔적들을 내보여야 한다. 지원 동기 항목 작성은 숙고의 과정을 요한다. 면접관의 질문이 곧잘 자기소개서의 지원 동기 항목을 걸고넘어진다는 것은 익히 알려진 것이기도 하거니와, 그 동기가 모호하면 입사 후 동기부여가 안돼 근무성적이나 업무성취욕이 떨어질 것이라는 인상을 주기 때문이다. 지원 동기는 자신의 적성과 비전이 지원 분야와 얼마나 부합하는지에 맞춰 제시해야 한다. 가령 해당 기업체의 핵심 가치나 비전과 지원자 본인의 성향 및 가치관, 그리고 희망 직무를 원활히 수행하기 위해 준비해온 과정을 학교나 사회활동 등의 사례와 결부시켜 '어떻게'를 자연스럽고 구체적으로 보여주어야 한다. 포부는 입사 후 열심히 노력하겠다거나 필요한 인물이 되겠다는 상투적 진술은 피하고, 구체적 업무내용을 예로 들어 생동감 있게 진술하는 것이 좋다. 가령 취업을 가정하고 구체적 목표와 비전을 실현시키기 위해 분투하는 열정적인 자신의 미래 어느 날을 그려보는 것도 방법 가운데 하나이다.

> **🗒 지원 동기 및 포부 작성 요령**
> – 명확한 목표를 갖고 이 회사에 오래 근무할 것인가를 밝혀 기술
> – 우리 회사에 대해 관심을 갖고 분석한 내용을 구체적으로 밝혀 기술
> – 왜 하필 우리 회사에 지원하게 되었는가를 구체적으로 설명되도록 기술
> – 회사가 당신을 뽑지 않으면 안 될 이유를 과장되지 않는 범위에서 자신감 있게 기술

서술방식과 표현, 기타

　문장은 짧고 간결하게, 그리고 주된 내용은 앞머리에 제시한다. 심사자들은 수백수천의 소개서를 검토해야 한다. 따라서 장황하게 쓴 것이나 진부하고 상투적인 내용에 눈길이 머물 리 없다. 가령 자상한 부모님이나 화목한 가정 등 고리타분한 표현이 그러하다. 내용이 반복되거나 어휘가 중복되면 표현력이 부족하다는 인상을 준다. 아울러 에세이나 일기 투의 소개서 또한 이제는 식상하다. 당연하겠지만 오타나 비문 등 사소한 실수는 없도록 해야 한다. 주어진 분량을 반드시 지키는 것 또한 중요하다. 분량을 초과하면 성실한 자라기보다는 기본적인 요구사항도 준수하지 못한다는 인상을 줄 수 있다. 한편 자기소개서는 면접관의 질문 자료가 될 수 있기에, 면접에 참가할 때는 자기소개서의 여분을 준비해둘 필요가 있다. 이는 지원자 스스로 참고하기 위해서도 필요하지만 혹 면접관이 서류를 분실했을 경우를 대비하는 차원이기도 하다.

10초 안에 버려지는 자기소개서	1분 이상 보게 하는 자기소개서
• 빈약한 내용에다 두서없는 자기소개서 • 맞춤법과 띄어쓰기가 엉망인 자기소개서 • 흐리멍덩하고 애매모호한 자기소개서 • 같은 말을 여러 번 반복하는 자기소개서 • 장황한 미사여구로 포장된 자기소개서 • 진부한 표현, 짜깁기형 자기소개서	• 개성 만점, 독창성이 돋보이는 자기소개서 • 지원 분야, 업무 핵심을 찌르는 자기소개서 • 실제 업무경험과 실무 위주의 자기소개서 • 과장 없는 담백한 자기소개서 • 지원하는 회사를 잘 알고 있는 자기소개서 • 지루하지 않으면서 진솔한 자기소개서

자기소개서 작성·제출 시 스스로 점검하기

[기본사항]
- 자유양식의 경우 양식이 깔끔하고 보기 좋은가
- 지정양식의 경우 분량과 조건을 준수하였는가
- 항목별로 구분하여 내용을 작성하였는가
- 해당 회사에 알맞은 맞춤형으로 작성하였는가
- 직무에 합당한 맞춤형으로 작성되었는가
- 에피소드는 자신에게 어떤 영향을 주었는가를 중심으로 기술하였는가
- 문장이 지나치게 길게 작성되지 않았는가
- 비문이나 맞춤법·띄어쓰기 오류는 없는가
- 1인칭 대명사가 너무 많이 사용되지 않았는가
- 상투적인 표현을 사용하지 않았는가
- 불필요한 영어나 한자는 없는가
- 쉽게 읽히도록 의미가 전달되는가
- 상대가 알고 싶고 궁금한 내용으로 작성되었는가
- 적절한 소제목과 항목을 달았는가
- 각 단락은 두괄식으로 명료하게 작성하였는가

[항목별]
- 성장과정은 연대기별로 경험만 나열하지 않았는가
- 성장과정의 에피소드를 통해 나의 역량이 충분히 드러나도록 작성되었는가
- 성장과정에서 해당 기업과 직무에 관심을 가지게 된 계기가 잘 표현되었는가
- 성격의 장점을 경험을 통해 증명하고 있는가
- 성격의 단점을 보완하려는 노력을 구체적으로 언급하였는가
- 성격의 장점을 근거 없이 나열하지는 않았는가
- 성격의 단점부터 적지는 않았는가
- 직무 수행에 치명적인 단점을 적지는 않았는가
- 기업에 대한 내용을 신문 기사나 홈페이지에 나열된 대로 나열하거나 추상적으로 적지 않았는가
- 자신의 목표는 구체적이고 실현가능한 것인가
- 회사에 어떻게 기여할 것인가를 구체적으로 적었는가
- 나만의 직업관, 독창적 역량이 드러나게 적었는가

연습문제

1. 다음은 자기소개서의 실례들이다. 아래 소개서들의 문제점을 각각 세 가지 이상 지적해 보자. 아울러 장점이 있다면 이야기해 보자.

1) 커플매니저 지원자

▲ **참신한 커플매니저, 거기에 승부를 걸겠습니다!**

"결혼은 번창하는 자손만대의 시작이다"라는 말이 있습니다. 이 말은 어떻게 보면 조금 구태의연해 보이고 진부해 보일 수도 있습니다. 그러나 결혼은 그만큼 한 사람의 일생에 있어서나 한 집안의 미래에 있어 중요한 일이라고 생각됩니다. 제가 이제까지 하던 일과는 조금 방향이 다른 커플매니저의 일을 하고자 하는 것도 단순히 취업을 하고 생계를 유지하는 목적보다는 뭔가 특별한 의미가 있는 일을 해보고 싶다는 생각에서였습니다. 커플매니저는 제가 처음으로 도전하는 분야이지만 어느덧 승부를 걸고 싶은 일로 자리잡았습니다. 배우는 자세로 늘 최선을 다하겠습니다.

▲ **성장과정**

제가 기억하는 아버지는 언제나 흰 와이셔츠와 양복차림의 깔끔한 모습이었습니다. 그 때문에 저는 아버지와 그에 못지않은 단아한 모습의 어머니를 늘 자랑스럽게 생각하곤 했습니다. 비록 지금은 두 분 다 유명을 달리셨지만 제가 항상 행동의 기준으로 삼을 수 있는 많은 가르침을 주셨습니다. 저는 그 가르침에 단 한 번도 어긋남 없이 성장해왔습니다.

초등학교 때는 부모님의 남다른 사랑으로 제가 하고 싶은 일들을 거의 모두 해보았습니다. 그래서 저는 미술대회나 백일장 등 교내 및 교외에서 개최하는 많은 대회에 참여하여 성과를 낸 바 있으며 언제나 주목 받는 학생이었습니다. 반면 중고등학교 때는 친구들과의 관계를 가장 중요한 문제라고 생각했고, 그때 사귄 친구들은 지금도 제게 무슨 일이 있을 때마다 많은 도움을 주곤 합니다.

▲ **성격의 장단점**

제가 ○○세 되던 해에 어머님의 갑작스런 별세로 혼자 힘으로 생활을 꾸려나가게 되었는데 처음에는 모든 것이 어설프고 낯설기만 했으나 차츰 적극적이고 능동적으로 제게 주어진 일을 해나갔습니다. 그 때문인지 지금은 생활력이 강하다는 얘기를 듣기도 하고, 2남 3녀 중 막내임에도 불구하고 장녀 같은 적극성이 있다는 주변의 평을 곧잘 듣기도 합니다.

사실 저는 겉으로 보이는 모습과는 달리 조금은 소심하기도 하고 내성적인 면이 있기도 합니다. 그렇지만 사회생활에서는 저의 평소 모습과는 다른 면이 많습니다. 그것은 제가 부단히 노력하는 것도 있고 어려서부터 혼자 힘으로 생활을 하다 보니 자연스럽게 익혀진 습성 때문이기도 합니다. 그러나 때로는 너무 정에 약하다는 평가를 받기도 하고, 또 어떤 경우는 너무나 냉정하다는 소리를 듣기도 합니다. 하지만 그러한 평은 일면적인 것에 불과하며 오랫동안 저를 지켜본 사람들은 감성적이고 의리가 있다고 평가합니다.

▲ 지원동기 및 입사 후 포부

제가 학교를 졸업하고 해왔던 일들은 커플매니저와는 전혀 연관성이 없었습니다. 그러나 저의 견해로는 무엇이든 최선을 다하겠다는 자세로 임한다면 못해낼 일이란 없다고 봅니다. 저의 이러한 자세는 과거 직장에서 터득한 경험에서 비롯하는 것입니다. 비록 커플매니저와 관련이 없었다 할지라도 저의 이력은 제가 가고자 하는 이 길에 분명 도움을 줄 것이라 확신합니다.

앞에서도 말씀 드렸듯이, 저는 인륜지대사인 결혼을 단순한 직장이 아닌 보람 있는 직업으로 생각하는 커플매니저가 되고자 합니다. 경험은 없지만 제가 가진 결혼에 대한 인식과 일에 대한 열정을 능히 짐작할 수 있었을 거라 생각됩니다. 제게 면접의 기회가 주어지길 바라는 바입니다. 최선을 다하여 이상적이고 적합한 결혼을 성사시킬 수 있는 커플매니저가 되겠습니다.

1) 은행 지원자

당행이 지향하는 다섯 가지 중요한 가치는 신뢰, 창의, 개척정신, 신속·적극성, 국제성입니다. 여러분의 지금까지의 학교생활과 기타 사회 경력을 통하여 저희의 가치와 부합하는 실제적인 삶의 모습과 경험을 기술해 주시기 바랍니다.

▲ 개척정신

고등학교 때 탁구대회 출전 제의를 받았습니다. 시험 일정과 겹친 탓에 담임선생님께서는 학업과의 병행은 무리라며 포기하라 하셨고, 저도 첫 시험에 대한 욕심이 컸기에 고민에 빠졌습니다. 하지만 저만의 특기를 계발할 기회라 생각해 도전하는 자세로 출전을 결정했습니다. 3주 동안 방과 후와 주말에 훈련을 하며 학업과 병행을 하느라 몸이 녹초가 되었습니다. 하지만 잠을 4시간으로 줄이면서 두 마리 토끼를 놓치지 않으려 했습니다. 귀가 후에는 훈련 내용과 게임 전략 등을 다시금 되새겼고, 수업 내용을 이동 시간에 정리하는 등, 학업도 게을리 하지 않았습니다. 그 노력의 대가는 결국 우승이라는 값신 열매였고, 성적 또한 전교 1등이었습니다.

▲ 신속·적극

한일사회연구회 활동 당시 졸업생들의 참여율이 저조해졌습니다. 홍보부장으로서 책임감을 느낀 저는, 서로간의 격차를 줄이고 유대감을 강화시키기 위해 새로운 시스템을 도입했습니다. 선배님의 직장을 찾아가 '선배와의 만남'을 기획해 대화의 시간을 마련하고, 세미나 사진 등을 보여드리며 지속적으로 후배들과의 유대감을 유지할 수 있도록 했습니다. 또한 온라인 카페의 닉네임을 '학번+실명'으로 전환해 서로의 이름을 기억할 수 있도록 했습니다. '1:1 멘토제'를 기획해 파트너를 정하여 상호간의 세미나 참석 여부를 챙기도록 했습니다. 이러한 적극적인 대처의 결과, 기존의 문자 메시지로 고지했을 때보다 훨씬 많은 회원들의 참여를 이끌어 냈고, 회원들 간의 유대감 또한 눈에 띄게 강화되었습니다.

귀하가 당행에 입행한 10년 후에 기대하는 모습을 구체적으로 서술해 주시고, 그 목표를 위한 자기 자신의 계발 계획(연수 및 교육 등)을 기술해 주시기 바랍니다.

▲ 네트워크에 강한 세계금융인

10년 후 저는 많은 고객들과의 네트워크를 자랑하는 고객지향형 금융전문가가 되어 있을 것입니다. 초파리의 두세 배 정도의 유전자 수를 가졌음에도 불구하고 인간이 훨씬 고등할 수 있었던 이유는 유전자끼리의 상호작용이 활발했기 때문입니다. 이것은 금융시장에 있어 인적 네트워크의 중요성에 비유할 수 있습니다. 금융권 간의 경계가 허물어지면서 영업담당자의 역량 강화가 요구되고 있습니다. 학창시절 동아리나 세미나, 학회 등 다양한 활동을 통해 능동적으로 인맥을 쌓아 온 저의 경험을 이용해 고객과의 긴밀한 네트워크를 형성해 나가겠습니다.

제 가슴속에는 세계지도가 있습니다. 글로벌 인재의 꿈을 키우며 익힌 외국어 실력과 열린 사고방식은 글로벌 경쟁력 확보가 필수불가결한 ○○○은행의 미래에 반드시 발휘될 기회가 있을 것이라 믿고 있습니다. 저의 작은 능력이나마 사용될 기회가 있다면, 입행 후에도 꾸준히 영어, 일본어를 비롯한 외국어 학습을 게을리 하지 않을 것입니다. 저는 결국 ○○○은행이 글로벌 은행으로 성장하는 데 핵심 재원이 될 것입니다.

짧은 인생을 살아왔지만 제게 흔들림 없는 발전을 가져다 준 것은 분명한 목표의식과 그곳을 향한 적극적인 도전이었습니다. 수동적으로 행동하는 것은 스스로를 이류로 규정짓는 것임을 되새기며, 한결같은 도전정신으로 급변하는 금융시장에 촉각을 곤두세우고 변화에 민감하게 대응하는 능동적인 인재가 되겠습니다.

오늘은 귀하가 ○○○은행에 입행하여 발령받은 소매영업점으로 첫 출근하는 날이라고 가정해 보겠습니다. 귀하의 하루를 기술해 주시기 바랍니다.

일 분을 십 분처럼 이용할 줄 알아야 현명한 은행원일 것입니다. 지하철에서 휴대폰 전화번호부를 검색하여 지인들을 정리하며 출근길을 알차게 보냅니다. 드디어 설레는 첫 출근! 상사들에게 하루가 상쾌해 지는 인사를 큰 소리로 건네고 자리에 앉아 준비해 온 책과 명함집, 향수를 정리합니다.

두둥! 첫 고객을 맞이합니다. 자동이체 신청을 위해 오신 앳된 여자고객이었습니다. 저는 오늘이 첫 출근임을 밝히며 고객을 만나게 되어 반갑다며 인사를 건넵니다. 고객님께서도 구직을 앞두고 있어 걱정이 많다고 하시기에 미리 준비해 둔 한비야의 책 「지도 밖으로 행군하라」를 건넵니다. 감사하다는 말을 하는 고객에게 무엇이든 친절한 상담원이 될 것을 약속하며 명함을 드립니다. 저의 첫 고객은 분명 1~2년 뒤 취업을 하고 저를 다시 찾아 올 것이라는 확신이 듭니다.

고객을 대하는 동안 영업시간이 훌쩍 지나가고, 이제 본격적으로 아침에 정리한 지인들에게 전화로 안부를 묻습니다. 좋은 상품을 부담 없이 소개해서인지 여섯 명을 고객으로 만들 수가 있었습니다. 전화를 마친 후 막내의 상큼함을 어필하며 함께 저녁을 먹습니다. 그러고 나서 사수에게 지금까지의 실적분석 자료를 받아 봅니다. 목표가 얼마나 달성되었는지, 내가 해야 할 몫은 얼마 만큼인지 가늠해 보고, 저의 목표치와 앞으로의 각오를 적어 책상에 붙이며 나날이 발전하는 내가 되기를 다짐합니다. 퇴근길에 태블릿 PC로 일본 드라마 한 편을 보고, 귀가 후 뉴스를 시청하고 상쾌한 내일을 꿈꾸며 잠이 듭니다.

2. 이야기하기 혹은 글쓰기는 자아를 발견하고 성찰하는 도구이며, 치유의 힘까지 내포하고 있다. 취업에 필요한 자기소개서 작성이 아니더라도 자신의 삶을 바탕으로 한 자서전 쓰기 혹은 자기기술지 작성은 매우 중요한 글쓰기 경험이 될 수 있다. 다음 항목에 맞춰 자신의 삶의 과정을 글로 작성해 보자.

1) 절정기
　: 내 인생 최고의 순간은 언제였는가.
2) 침체기
　: 자신의 인생에서 최악의 상황은 언제였는가.
3) 전환기
　: 자신의 삶을 변화시킨 중대한 사건 혹은 삶의 전환점이 됐던 사건은 무엇이었나.
4) 유년기의 인상적 기억
　: 어린 시절에 체험한 인상적인 사건은 무엇인가. 나는 왜 그 사건을 기억하고 있는가.
5) 청소년기의 잊지 못할 기억
　: 청소년 시절의 특별한 체험이 현재의 나와 어떤 연관을 맺고 있는가.

3. 다음에 제시된 양식에 맞추어 이력서 및 자기소개서를 작성해보자. 현재 시점으로 작성해도 되고, 대학을 졸업할 시점에 맞추어 가상으로 작성해도 좋다.

이력서

사진 최근 3개월 이내 3cm×4cm	성명	한글		지원분야	
		한자		주민등록번호	
		영문		생년월일	. . . (양 · 음)
	현 주소		(–)		
	연락처	자택/직장		핸드폰	
		E-mail		긴급연락처	

이력사항

학력사항	기간	학교명	전공/학위	졸업구분	학점	비고
	~				/	
	~				/	
	~				/	

경력사항	기간	근무처	주요직무/직위	특기사항
	~			
	~			
	~			

어학능력	취득일	종류	점수	발행기관

교육훈련	기간	프로그램명	교육기관
	~		
	~		
	~		

기타활동	기간	봉사활동명 및 내용	봉사기관
	~		
	~		
	~		

수상경력		
일시	수상내용	발급기관

수상경력		
자격명	발급기관	취득년월일

운전면허	면허유형(취득일)	(. . .)
	취득 후 실제운전경력	

병역사항

필 ( )	미필 ( )	역종		계급		기간	
면제 ( )	비대상 ( )	면제 사유 :					

특기사항

취미	1.	2.
특기	1.	2.

가족사항

관계	성명	연령	직업 (근무처)	직위	동거여부(O/X)

위의 기재사항은 사실과 틀림없음을 확인합니다.

년 월 일

지원자 　　　　　　(서명)

자 기 소 개 서

제　목

성장과정 및 배경　소제목 :　　　　　　　　　　　　　　　　　(300~500자)

성격 장·단점　소제목 :　　　　　　　　　　　　　　　　　(300~500자)

학창시절 및 동아리·해외활동   소제목 :   (300~500자)

지원동기 및 입사 후 포부   소제목 :   (300~500자)

기타   소제목 :   (100~200자)

chapter 03 기획서

'업무의 꽃은 기획이다'라는 말이 있듯이, 기획일은 직장인이라면 누구나 한번쯤 도전해 보고픈 분야일 것이다. 아마도 기획자들이 해당 분야 전반의 전략과 청사진을 설계하고 기업을 이끌어나가는 주역으로 인식되는 때문일 터이다. 실상 출판과 광고, 공연 등 각 회사의 기획팀은 해당 분야에서 핵심 브레인들이 몰려 있는 곳이기도 하다. 그렇지만 어렸을 때부터 남다른 재질을 보였던 자들만이 '발명가'가 될 수 있는 것은 아니듯이, 기획을 하고 그 안을 작성하는 일은 특정 팀이나 분야에 소속된 자들이나 전문가들만의 몫으로 받아들일 필요는 없다. 참신한 아이디어는 실생활에서의 불편함이나 장애에 민감하게 반응하고 대처하는 것에서 온다. 기획 분야도 마찬가지다. 기획 작업은 기업체의 구성원이라면 누구나에게 열려 있다. 관건은 자신의 업무와 현실의 문제에 예민하게 반응하는 태도에 있다.

기획서는 크게 기업환경 개선이 목적인 '개선형 기획서', 신제품이나 신규 사업과 관련된 '개발형 기획서', 영업마케팅과 판로개척에 쓰이는 '영업형 기획서', 기획 자체가 상품인 '상품형 기획서'로 나누어 볼 수 있다. 그러나 기획서 일반의 형식은 딱히 없다. 해당 분야에서 통용되는 기획안에 걸맞은 다양한 형식이 있을 따름이다. 그러나 기획서를 구상, 작성하고 검토할 때 다음과 같은 일반적 사항들을 고려할 필요는 있다.

먼저, 좋은 기획은 현실에 대한 꾸준한 관심과 세심한 관찰력에서 나온다. 해당 분야의 흐름과 소비자 취향의 변화 등에 대한 지속적 관심이 결국 창의적인 발상을 낳는 법이다. 평소 생각도, 관심도 없었다면 좋은 발상이 떠오를 리 만무하다. 기획자는 무엇보다 자신의 전공·전문 분야에 대한 각별한 관심과 일상에 대한 세심한 시선이 필요하다. 또한 문제와 의문이 발생하면 대수롭게 넘기지 말고 민감하고 진지하게 받아들이는 자세가 필요하다. 아울러 좋은 아이디어가 떠올랐을 때 미뤄두지 말고 즉시 구체화시킬 방안을 고민해야 한다. 당장 붙들고 씨름

하지 않는다면 대개는 놓치기 십상이다.

참신한 아이디어는 직장 상사를 설득하기 위해 기획서로 문서화해야 한다. 따라서 기획서를 작성할 때는 자신의 기획안을 채택할 사람이 누구인지 명확히 의식하고 있어야 한다. 업무 분야에 따라 달라질 수 있겠지만, 상사의 취향 또한 무시할 수 없다. 가령 상사가 직감에 의존하는 성향이 짙다면, 기획서는 핵심을 곧장 짚어가는 방식이 효과적이다. 하지만 납득할 만한 근거와 논리를 중시하는 상사라면 객관적이고 차분하게 접근하는 것이 낫다. 물론 해당 분야의 기획서 양식이 있다면 그것을 따르면 될 것이고 상사들의 성향은 대면해서 보고할 때 탄력적으로 적용할 수 있겠다.

모든 글이 그러하듯이 기획서 또한 목적이 분명해야 한다. 기획서의 존재 이유는 결국 현실적으로 채택되느냐 마느냐에 달려 있다. 이 채택 여부에 결정적 영향을 끼치는 것 가운데 하나가 기획의 목적이다. 분명하고 생산적인 목적이 있은 다음에야 상사의 성향이나 기획안의 효율적 형식에 대한 고려가 있을 수 있고, 좀 더 구체적인 실행과 실천 방안도 나올 수 있다.

기획서의 목적이 '왜'에 해당한다면, 다음으로 그것을 어떻게 실현시킬까 하는 실천방안이 있어야 한다. 참신한 발상을 실현시킬 방안이 뒤따르지 않는다면 그 기획서의 가치는 반감될 수밖에 없다. 문제의식이나 발상에는 동의하더라도 '그래서 어쩌라고' 하는 질문에 능히 대처할 수 없다면 무용지물이 된다. 따라서 문제의식에는 반드시 실행방안이 뒤따라야 한다.

좋은 기획자는 평소 시장 분석과 정보 수집을 게을리 해서는 안 된다. 해당 분야에 대한 충분한 소양이 없다면 발상과 기획안의 가치를 알 수 없기 때문이다. 기획서의 구체적인 실행 방안은 결국 현재의 시장에 대한 면밀한 분석 끝에 도출될 수밖에 없고, 합리적인 전략과 전술 방안도 거기서 나올 것이다. 그렇지 않다면 주먹구구식 대처방안이 되어 누구도 확신할 수 없는 기획서가 되고 말 수도 있다.

육하원칙에 근거해 작성하는 것도 좋은 방법이다. 목적(what), 왜(why), 언제(when), 어디에서(where), 대상(who), 방법(how)에다 비용(how much)만 추가하면 충실한 기획서의 한 방식이 될 수 있다.

이제 기획안 작성 요령을 구체적으로 살펴보자.

① 기획서를 쓰기 위한 준비

우수한 기획서를 쓰기 위해서는 다음과 같은 사항을 준비단계에서 점검해야 한다.

① 의도와 목표: 왜, 기획을 입안하는가? 기획의 목표는 무엇인가? 이를 통해 어떤 효과를 기대하는가?

② 내용: 무엇을 기획하는가?

③ 방법: 어떻게 진행, 수행하는가?

④ 주체 및 관계자: 누가 행하는가?

⑤ 시기와 기간: 기획은 언제 시행되는가?

⑥ 장소: 어디에서 시행되는가?

⑦ 예산: 어느 정도의 돈이 드는가?

② 기획서 작성 절차

① 기획 내용과 방향 결정

② 관련 정보와 자료 수집

③ 기본구상(항목의 순서 정하기—주요한 항목부터 덜 중요한 항목 순으로 나열)

④ 기획서 작성

⑤ 글 다듬기

③ 기획서 작성 요령

다음은 모든 내용을 한 장 정도 분량에 담아내는 것이 좋다고 주장한 패트릭 라일리의 「강력하고 간결한 한 장의 기획서」(을유문화사, 2002)의 내용을 요약한 것이다.

(1) 제목, 부제목: 기획서 전체의 성격을 규명하는 역할을 한다.

제목은 기획서의 맨 위에 쓰며, 내용을 한 줄로 요약한 것이다. 기획서의 전체 틀을 잡아주는 역할을 한다. 부제목은 제목 바로 아래 적는다. 2차 정보와 설명을 덧붙여 흥미를 불러일으키는 역할을 한다.

(2) 목표, 2차 목표: 기획서의 목적을 기술한다.

목표에서는 기획서가 성취하려는 바를 적는다. 2차 목표에서는 좀더 구체적으로 서술하면서 1차 목표를 보완한다.

(3) 논리적 근거: 제안이 실행되어야 하는 근거를 제시한다.

한 장짜리 기획서에서 분량이 가장 많은 부분으로 설득력 있게 써야 한다. 1~3단락 정도로 기술한다. 목표가 불러일으킨 의문을 예상하고 이에 답변할 수 있어야 한다.

(4) 현재 상태: 제안과 관련된 현재 진행사항을 서술한다.

현재 상태에 대해 설명한다.

(5) 실행: 기획서를 작성한 사람이 읽는 사람에게 원하는 행동을 직접 명시한다.

내가 원하는 것이 무엇인지 상세히 밝히도록 한다.

④ 기획서 작성 시 유의사항

① 핵심 메시지가 정확히 도출되었는지 확인한다.
　　무엇을 위한 기획서이고 내용은 참신한가.
② 상대의 상황을 고려해 작성한다.
　　상대가 어떤 기획을 요구하는지 파악했는가. 설득력이 있는가.
③ 목차 구성에 신경 쓴다. 분량이 많을 경우 반드시 필요하다.

④ 핵심 내용의 표현에 신경 쓴다.

중요한 내용이나 문구는 서체를 달리 하거나 밑줄을 긋는다.

⑤ 표와 그래프가 정확하고 적절하게 활용되었는지 확인한다.

⑥ 문장을 동사의 명사형으로 끝맺는 것이 일반적이다.

일반 글과 달리 서술형 동사로 끝맺지 않아도 된다.

⑦ 깨끗하고 산뜻하게 만든다.

항목별 글자체는 통일시킨다. 용지에는 어느 정도 여백을 둔다.

⑧ 인용한 자료의 출처가 정확한지 확인한다.

 예문

한 장짜리 기획서

이제는 롤도 테이크아웃 시대
— 맛있는 롤! 저렴하고 간편하게 먹자

1. 현황

바쁜 현대인들은 테이크아웃 음식을 애용한다.

테이크아웃이 트렌드로 자리잡고 있다.

롤은 주문 후 음식이 나오기까지 시간이 오래 걸린다.

가격이 비싸다.

수요가 높은 데 비해 점포는 별로 없다.

2. 제안

롤을 파는 테이크아웃 점포의 기획.

학원가나 회사가 밀집해있는 곳, 유동 인구가 많은 지역에 시범 운영.

3. 기획안

① 1~2평 정도의 점포 필요

→ 테이블이 필요 없으므로 조리와 서빙을 위한 공간만 있으면 된다.

② 주력 메뉴 지정

→ 미리 만들어 놓아 주문이 들어오면 바로 제공할 수 있도록 한다.

몇 가지 종류의 롤을 모듬 식으로 제공

(예를 들어 김밥+떡볶이+순대를 김떡순이라 하여 파는 것처럼)

③ 테이크아웃 음식은 시간이 생명이므로 음식을 최단시간에 만들기위해 레시피 공식화

　　→ 브랜치를 내는 데 용이하다.

　　　맛을 변함없이 유지

④ 적은 양을 만들 수 있는 규격 틀 개발

　　→ 테이크아웃 하기에 적정한 양을 만들어야 한다.

⑤ 적정 가격 책정

　　→ 테이크아웃 음식의 경쟁력은 시간과 가격이라 할 수 있다.

　　　3000원 내외가 적당

⑥ 로고 및 디자인 공모

　　→ 일반인(특히 디자이너, 디자이너 지망생 등)을 대상으로 공모

　　　자연스러운 홍보 효과

4. 비용

　- 첨부파일 참조

◎ 예문 분석

1. 전체적으로 제목과 소제목이 참신하고, 기획의도와 내용도 적절하다.

2. 현황은 현황과 문제점으로 고치는 것이 적절 (3~5번째 항목은 문제점에 해당)

3. 현황과 제안 소항목에 번호가 빠져 있다.

4. 적정 가격 3000원은 가격 산출의 근거가 제시되어야 한다(다른 테이크아웃 제품, 테이크아웃이 안 되는 롤 제품의 가격 등 자료 제시).

연습문제

1. 한 가지 주제를 정해 '한 장짜리 기획서'를 작성해 보자. (예시 주제 : 학내 시설 이용 시 불편 사항 개선 방안)

2. 자신을 화장품 회사에 근무한다고 가정해 보자. 특정 계절을 선택하여 화장품 마케팅에 대한 기획서를 작성해 보자.

3. 요즘 대학교의 축제는 학생들의 적극적인 참여가 부족하다는 지적이 있다. 이러한 원인에 대한 정확한 진단과 처방이 필요할 듯하다. 이를 토대로 실현 가능하고 참신한 축제 활성화 방안을 기획해 보자.

chapter 04 제품설명서

제품설명서는 새로 출시된 상품에 대한 사용법이자, 그 상품을 구매하고자 하는 고객에게 상품 정보를 주는 것을 목표로 한 글이다. 최근에는 전자제품을 중심으로 최첨단의 복잡한 상품이 지속적으로 출시되면서 그에 비례하여 사용설명서의 중요성 또한 한층 부각되고 있다. 그렇다면 요즘의 제품설명서는 출시된 신상품의 작동과 기능을 말끔하게 설명해주고 있는가? 별반 그런 것 같지 않다. 제품설명서의 분량은 갈수록 늘어나 거의 책 한 권에 달하는 것도 있으며, 그 내용 또한 전문가가 아니라면 알기 어려운 수준이어서 고객의 당혹감을 초래하는 경우도 비일비재하다. 사용설명서를 이해하기 위한 또 다른 설명서가 필요한 것은 아닌가 하는 의문이 들 정도이다. 제품설명서를 대할 때 부딪혀야 하는 이러한 문제는 일차적으로 고객에 대한 배려가 부족했던 데에서 찾을 수 있을 것이다. 제품설명서를 작성할 때의 유의점과 원칙은 아래와 같다.

제품설명서를 쓰기 전 구상 단계

① 누가 언제 어디에서 어떤 목적으로 어떻게 이용할지를 따져본다.

② 고객이 그 물건을 사용하기 위해서는 무엇을 어떤 순서로 알아야 할지 사례들을 상상해 본다.

③ 사용설명서를 읽는 독자들은 될 수 있으면 내용을 주의 깊게 읽지 않으려는 경향이 있다. 따라서 꼭 알아야 할 사항을 한눈에 파악할 수 있는 레이아웃과 시각자료를 숙고해 보아야 한다.

④ 분량이 많으면 사용자의 입장에서는 숙지해야 할 것이 많아 부담을 갖는다. 따라서 가급

적 핵심 정보 위주로 작성해 고객의 부담을 덜어줄 필요가 있다.

제품설명서 작성 원칙과 요령

① 기본적인 소양을 갖춘 사람이라면 누구나 이해할 수 있도록 쉽고 분명한 문장으로 작성한다.

② 제품 자체를 완벽하게 이해한 후 작성해야 한다.

③ 사용하는 제품의 특징이 잘 드러나도록 작성한다.

④ 제품설명서는 설명문의 하위 양식이라 할 수 있다. 따라서 기술적 설명과 묘사적 설명을 곁들이는 것이 좋다.

⑤ 주의사항은 설명서 앞쪽에 배치하며, 작성 시에는 발생할 가능성이 있는 모든 경우의 수를 포함시킨다.

⑥ 사용자의 이해를 돕기 위해 그림과 도표, 그 밖의 시각적 자료를 함께 사용한다.

⑦ 가급적 이해하기 쉬운 용어를 사용해야 한다. 그리고 피할 수 없는 전문적인 용어는 사용자가 이해하기 쉽게 설명을 병기한다.

⑧ 맞춤법에 어긋나는 표현이나 비문을 써서는 안 된다. 어법에 맞게 쓰도록 주의한다.

⑨ 한 항목에 한 가지씩만 설명한다.

⑩ 제품설명서의 기본 구성은 '주의사항→목차→구성품 확인→제품의 명칭과 기능→사용방법→제품보증서' 순이다.

연습문제

//

1. 아래 예는 의약품의 사용설명서이다. 소비자의 입장에서 수정, 보완해야 할 점이 무엇인가.

신속한 알레르기 치료제	**일반의약품**
알○○[2] **정**	

약 리 작 용	1. 알○○**[2]**정은 초기 알레르기 발생기 전에서 비만세포의 히스타민 유리를 억제하고 H1-수용체를 효과적으로 차단하며, 후기에서는 염증반응에 관여하는 호중구가 염증부위로 이동하지 못하도록 막아 호중구의 활성화를 억제시켜 만성적으로 알레르기가 진행되는 것을 예방합니다. 알○○**[2]**정은 알레르기 반응의 전과정에 관여하여 강력한 항알레르기 작용을 나타내어 각종 알레르기 질환을 효과적으로 개선시켜줍니다. 2. 알○○**[2]**정은 혈액 뇌관문을 통과하지 않고 선택적으로 말초성 H1-수용체에만 작용하므로 중추억제작용에 의한 졸음 및 진정의 부작용이 없어 운전자, 기계조작자 등에도 투여할 수 있으며 세로토닌이나 콜린 수용체에 작용하지 않아 구갈, 배뇨곤란, 위장장애 등의 부작용을 나타내지 않습니다. 3. 알○○**[2]**정은 1일 1회 복용으로 복용 후 70%이상이 위장관에서 빠르게 흡수되어 30분만에 효과가 나타나며 투여 후 1시간이면 최고 혈중농도에 도달합니다. 또한 약효가 24시간 지속되어 급성기는 물론 장기간의 치료를 요하는 환자들에게도 적합한 빠르고 강력한 약물입니다.
효능 · 효과	1. 계절성 및 다년성 알레르기성 비염, 만성 특발성 두드러기, 피부소양증 2. 하이드로코타손 외용제와 병용에 의한 습진, 피부염
용법 · 용량	성인 및 6세 이상의 소아: 염산세타리진으로서 1일 12회 10㎎ 취침 전에 경구 투여하십시오. 이상반응에 민감한 화장의 경우는 5㎎씩을 아침, 저녁에 분할 투여하십시오. 연령, 증상에 따라 적절히 증감하십시오.

| 사 용 상 의
주 의 사 항 | 1. 다음 환자는 투여하지 마십시오.
　1) 이 약 및 히드록시진에 과민증 및 그 병력이 있는 환자 2) 신부전 환자 3) 임부 및 임신하고 있을 가능성이 있는 부인, 수유부 4) 6세 미만의 유아
2. 다음 환자에는 신중히 투여하십시오.
　1) 신장애 환자(높은 혈중 농도가 지속될 수 있습니다) 2) 간장애 환자(높은 혈중 농도가 지속될 수 있습니다) 3) 고령자(높은 혈중 농도가 지속될 수 있습니다)
3. 이상반응
　1) 정신신경계: 졸음, 때때로 권태감, 두통, 마비감, 드물게 일시적인 나른함, 피로, 어지러움, 흥분이 나타날 수 있습니다.
　2) 소화기계: 때때로 구갈, 구순건조감, 식욕부진, 림프구 증가, 호산구 증가, 드물게 단구 증가, 혈소판 증가가 나타날 수 있습니다.
　3) 순환기계: 드물게 빈맥, 부정맥, 혈압상승, 때때로 심계항진이 나타날 수 있습니다.
　4) 혈액: 맥관염, 때때로 백혈구 감소, 호중구 감소, 드물게 단구 증가, 혈소판 증가가 나타날 수 있습니다.
　5) 과민증: 광과민증, 아나필락시 쇽, 때때로 부종, 드물게 발진이 나타날 수 있습니다.
　6) 눈: 드물게 흐린 시력, 결막충혈이 나타날 수 있습니다.
　7) 간: 때때로 AST, ALT, ALP, 총빌리루빈, LDH의 상승 등 간기능 장애 초기증상
　8) 기타: 인두염, 기침, 비출혈, 기관지경련, 시각이상, 이명이 나타날 수 있습니다. |

2 아래의 그림 (가)와 그림 (나)는 자동차의 특정 장치에 대한 사용설명서의 일부이다. 무엇이 문제인지 짚어보고 대안을 강구해 보자. 그리고 타사의 동일 제품설명서와 비교해 보자.

[그림 (가)]

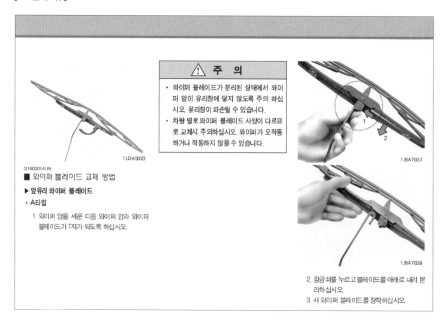

[그림 (나)]

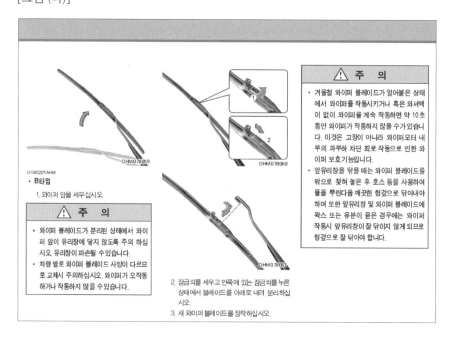

chapter 05 서평

① 서평과 서평자의 역할

서평(書評)은 책을 읽고 난 후 그 책에 대해 소개하고 비평하는 글이다. 서평을 쓰기 위해서는 책에 대한 온당한 이해와 객관적 시선, 책에 대한 통찰력을 바탕으로 자신만의 가치평가가 전제되어야 한다. 서평은 책을 읽지 않은 독자들에게 텍스트의 내용을 소개하고 객관적인 평가를 통해 독자들의 책읽기에 지침서 역할을 해야 한다.

서평은 우리가 유년 시절, 책에 대한 주관적 느낌과 생각을 서술한 독서감상문, 책의 논점 파악에 주력하는 독서보고서와는 구별된다. 가령, 독서감상문, 일명 독후감은 대상에 대한 개인의 주관 및 개성적 인상을 표현하는 데 초점을 둔 글이다. 즉, 해당 텍스트에 대한 소개와 작성자의 느낌과 생각을 주로 서술한 글이라고 볼 수 있다. 반면, 독서보고서는 대상 도서의 내용을 정리, 소개하면서 이에 대한 자신의 견해를 나타내는 글쓰기 유형이다. 독서보고서는 독서감상문이 갖추어야 할 요건과 함께, 해당 텍스트에 대한 논지 파악과 비판적 분석이 필요하다. 결국, 독서보고서는 독서감상문보다 내용적, 형식적 체제를 갖춘 글이라고 할 수 있다.

서평을 쓰기 위해서는 먼저 책에 대한 타당한 이해가 선행되어야 한다. 서평자는 책을 읽는 후속 독자를 위해 충실하고, 명확하게 책을 소개해야 한다. 서평자는 일차적으로 독자인 동시에 책의 의미를 세심하게 판별하여 다수 독자에게 책의 가치를 제시해야 할 의무가 있다. 결국, 서평자는 책의 내용에 대한 객관적 이해를 토대로 텍스트에 대한 심층적 소개는 물론, 나아가 텍스트의 층위를 확장하여 사회문화적 맥락 속에서 해당 책을 독자들이 읽고 구입할 가치가 있는지의 판별에 도움을 줄 수 있어야 한다.

서평은 지금까지 주로 도서 및 출판 관련 담당자, 일간지 문화면 담당기자, 문학평론가, 교수 등 전문가들의 몫으로 알려져 왔다. 그러나 최근 SNS의 보급으로 개인 블로그, 밴드(Band), 인터넷 서점 서평란과 같은 창구를 통해 독자들이 자발적으로 서평을 올리고 자신의 생각을 공유하고 정보를 공유하는 사례가 많아졌다. 즉, 책에 대한 소개와 평가가 전문가들의 영역을 넘어 일반인들로 확장된 것이다.

서평은 어떤 책이 읽을 만한가를 식별해주는 데 일차적인 의의가 있다. 짧은 서평은 대략 200자 원고지 7-10매, 긴 서평은 20-30매 정도로 쓴다. 서평은 또한 우리가 신문이나 인터넷 매체에서 자주 접하는 리뷰(review)는 책, 연극, 영화 등에 대한 비평, 논평 등을 아우르는 개념으로 통용되고 있다. 서평은 서평자의 서평 수준과 관계없이, 책읽기의 완성은 글쓰기로 귀착된다는 점에서 일반인의 서평 쓰기는 독자라면 누구나 도전해 볼 만한 독서 실천 과정이다.

② 서평 작성 방법

서평은 대상 텍스트의 내용과 가치를 분석하여 무엇보다 해당 책이 가치가 있는지에 대한 평가를 담고 있어야 한다. 텍스트에 대한 온당한 이해를 토대로 심층적이고 충실한 책 소개와 균형 잡힌 가치 평가가 서평을 구성하는 핵심 항목이라고 할 수 있다. 여기서 가치 평가란 해당 책을 독자가 구입해 읽을 필요가 있는 지에 대해 스스로 판별할 수 있도록 가늠하는 장치이다. 서평자는 책을 매개체로 저자와 독자 사이의 중개자 역할을 해야 하며, 이때 서평자는 해당 텍스트에 대해 객관적 관찰과 분석을 토대로 자신의 책에 대한 가치 평가를 충분히 담아 내어야 한다.

좋은 서평을 쓰기 위해서는 서평자는 책의 내용에 대한 객관적 거리를 확보하고 비판적인 시각으로 접근해야 한다. 이러한 요건을 갖추기 위해서는 서평자는 책의 논지에 대한 단순한 발췌, 맹목적 추종, 평면적인 내용 전달에 머물러서는 안 된다. 서평자의 이러한 태도는 서평이 책에 대한 온당한 소개와 이해, 객관적 준거에 의한 가치 판단이라는 균형 감각을 유지해야 한다는 원칙에 부합하지 않는다. 서평은 공정하고 객관적이어야 하며, 특정 이해관계나 입장, 취향에 치우쳐 근거 없는 비난을 해서는 안 된다. 즉, 서평자는 책에 대한 충실한 소개, 책의 장·단점을 충실히 짚어내는 균형 잡힌 역할을 해야 한다.

서평도 일반적인 형식의 글과 마찬가지로 서론, 본론, 결론 형식을 갖추어야 한다.

<신평의 서론·본론·결론쓰기 핵심 방법>

1. 서론에서는 책을 선정한 이유, 책과 작가에 대한 간략한 소개 및 텍스트가 생성된 사회·문화적 맥락, 저자의 생각에 대한 서평자의 견해, 본론에서 글을 어떻게 전개할 지에 대한 기준을 제시해야 한다. 또한 텍스트의 문제의식과 그것에 대한 관점을 언급하는 것도 방법이다.

2. 본론에서는 책의 체제와 구성방식, 내용 등을 요약하여 소개하고, 저자의 주장을 객관적으로 분석하여 체계적으로 서술한다. 각 단락의 첫 문장에서 포괄적인 주장을 먼저 제시하고, 이어 근거를 제시하는 것도 한 방법이다.

3. 결론에서는 책이 지닌 의의와 한계를 제시하고, 서평자의 결론을 종합 정리한다. 아울러 서론에서 설정한 문제의식과 관점을 유지하면서 본론에 제시한 이론, 근거가 저자의 의견을 평가하는 데 어떤 기여를 하는지 검토하면서 서술한다. 해당 텍스트의 가치를 평가하면서 책이 담고 있는 사회·문화적 영향력을 언급하는 것도 방법이다.

그렇다면 서평을 잘 쓰기 위해서는 어떻게 해야 할까?

첫째, 주체적인 책읽기가 선행되어야 한다. 텍스트에 제시된 저자의 견해를 그대로 받아들이기보다는 저자의 의견에 문제제기를 하며 책을 읽는 태도가 필요하다. 서평은 저자의 생각과 책의 내용, 서평자의 생각과 평가를 구분하여 기술해야 한다.

둘째, 다른 사람의 글을 표절하지 말고 자신의 주체적인 평가를 담아내야 한다. 서평에는 서평자의 객관적인 책 소개와 비판적 평가가 담겨 있어야 한다. 전문가의 서평을 모방한 그럴듯한 글보다는 자신의 지적 수준에 맞는 진정성 있는 글을 쓰는 것이 바람직하다.

셋째, 자기만의 고유한 문체로 표현해야 한다. 서평을 쓸 때에는 1) 해당 책의 체제와 내용을 그대로 따르지 말고 서평자의 관점으로 재구성하여 서술한다. 2) 요약은 내용을 평면적으로 기술하는 것이 아니라 책을 읽은 후 감상, 저자의 견해에 대한 서평자의 생각을 구분하여 서술한다. 3) 서평의 어조는 비난이 아니라 객관적이어야 한다.

서평 작성의 구체적인 방법을 제시하면 다음과 같다.

1) 서평의 제목에는 주제가 드러나야 한다.

　　예) 다시, 문제는 정체성이다/은유로서의 하이퍼텍스트/담론과 권력의 역학/구체성과 신
　　　　중함의 조화/체험의 진정성과 거리 두기의 사실성/징후로 읽히는 여주인공들

2) 서평의 주제는 책의 주제가 아니라 책에 대한 서평자의 시각이 반영된 것이어야 한다. 서
　평에는 서평을 쓰는 이유, 저자와 서평자의 메시지가 무엇인지 분명하게 드러나야 한다.

3) 서평 작성을 위해서는 (1) 인상 깊은 부분 발제 (2) 자신의 생각 기록, (3) 서평 개요 작성,
　(4) 서평 초고 작성, (5) 퇴고 과정 순서로 작성하는 좋다.

4) 인상 깊은 부분 발제 대상은 책의 주제가 드러난 곳, 저자가 강조하는 핵심어와 문장, 저
　자의 고유한 메시지가 드러난 부분, 전문 서평가, 독자들이 의미 있다고 평가한 부분 등이
　다.

5) 서평의 비평 항목은 집필의도, 주제, 논지전개 방식, 글의 구성, 저자의 가치관과 문제의
　식, 설득력, 가독성 등이다.

6) 서평은 일반적으로 5단락 내지 7단락으로 쓴다. 5단락 서평 작성을 기준으로 작성 방법을
　제시하면 다음과 같다.

　　(1) 1단락은 서평 집필동기, 책 및 저자에 대해 간략하게 소개한다.

　　(2) 2단락은 책의 체제와 구성방식, 내용 등을 핵심적으로 요약한다.

　　(3) 3단락은 텍스트의 장점 및 인상적인 부분을 소개한다.

　　(4) 4단락은 텍스트의 단점 및 저자 논지에서 아쉬운 점을 제시한다.

　　(5) 5단락은 책의 의의와 한계를 제시하고 결론을 제언한다.

7) 서평의 주어는 책은, 작품은, 소설은, 작가는, 저자는, 독자는, 주인공은 등으로 한다.

8) 책의 내용을 소개하는 방법은 다음과 같다. 이때 중요한 것은 저자의 논지와 핵심내용이
　다.

　　예1) 김00의 『00000』는 이러한 사회적 관념을 문제제기하는 _____ 책이다.

　　예2) 『00000』은 『000』 출간 이후부터 1970년대 사이에 생물학계에서 어떤 일이 일어났 지
　　　　일차적으로 다루고 있다.

9) 책의 장점을 소개하는 방법은 다음과 같다.

　　예1) 이 책이 돋보이는 이유는 _____, 이 책은 동시에 _____ 강한 메시지를 전하
　　　　고 있다.

예2) 저자의 독창성은_____에서 엿볼 수 있다.

10) 책의 단점을 소개하는 방법은 다음과 같다.

예) 이 책에서 다소 아쉬운 점은_____이다. 이 책에서는 OOO이론의 문제점을 지적했지만, 제시한 대안에 문제가 있음은 인지하지 못하고 있다.

11) 책의 의의 및 책의 가치를 제시하는 방법은 다음과 같다.

예) 이 책의 의의는 신자유주의 경제학의 문제점을 비판하고 있으며,_____이유에 대해서는 이론보다는 실제 사례를 통해서 접근하고 있다는 점이다.

서평은 다음과 같은 기준으로 평가할 수 있다.

서평 평가의 기준은 ① 텍스트 이해능력: 텍스트를 능동적으로 읽고, 객관적으로 이해하였는가, ② 텍스트 요약능력: 텍스트를 효과적으로 요약하였는가 ③ 텍스트 비판적 해석능력: 텍스트를 비판적으로 해석, 비평하였는가, ④ 서술의 객관성: 주제를 균형 잡힌 시각으로 사회 현실과 접목하여 객관적으로 논의하였는가 ⑤ 글의 구성 및 글쓰기 기본 소양 : 글 및 단락 구성, 문장, 한글맞춤법 등이 적절한가 등이므로, 서평자는 평가 기준을 고려하여 서평을 집필하면 된다.

위에서 제시한 서평 평가 기준을 도표로 작성하면 다음과 같다.

〈서평 평가 기준〉

서 평 평가항목	텍스트 이해능력	텍스트를 효과적으로 읽고, 능동적, 비판적으로 이해하였는가
	텍스트 요약능력	텍스트를 효과적으로 요약하였는가
	텍스트 해석능력	텍스트를 비판적으로 해석하였는가
	서술의 객관성	균형 있는 시각으로 사회 현실과 접목, 객관적 논의가 이루어졌는가
	글의 구성 및 글쓰기 기본 소양	글 및 단락, 문장, 한글맞춤법 등이 올바른가

③ 서평의 실제

지금까지 서평의 개념과 서평자의 역할, 서평 작성 방법 등을 살펴보았다. 그렇다면 다음에서는 앞서 언급했던 서평의 이론이 실제 어떻게 적용되고 있는지 살펴보기로 하자. 예문으로 제시할 서평은 인문사회 계열 전문가 서평 1편과 자연과학 계열 전문가 서평 1편이다. 아래 제시된 서평 예문이 각각의 학문적 특색에 따라 책을 어떻게 이해하고 있으며, 어떤 기준으로 해석되었는지 살펴보자. 아울러 만약 내가 서평자가 된다면 나는 이 책을 어떻게 또 평가하여 집필할 것인지 생각하면서 검토해보자.

다이어트의 성정치: 가부장적 몸의 승인을 거부하는 젊은 여성주의자의 제안

여성에 관한 역사적 문헌들은 그리고 여성을 재현하는 거의 모든 현대의 대중매체는 여성이 누구인가 그리고 어떤 존재인가를 설명하는 가장 중요한 기준을 여성의 외모에 둔다. 백설공주에서부터 시작하여 신데렐라, 잠자는 숲속의 공주, 하늘나라의 선녀, 그리고 권력자나 부자의 부인이 되는 미인들의 이야기들은 말할 것도 없고, 최근 사회·정치적으로 유명해진 여성들의 능력이 사회적으로 평가되는 방식 역시 그들이 여성적이고 아름답다는 것이 전체적인 틀을 구성한다. 여기서 아름다운 외모는 남성과는 다른 존재인 여성이 되는 가장 중요한 존재론적 차별화의 기재이다. 그래서 여성이라는 생물학적 존재의 자연스런 외모는 아름다워지면 질수록 더 '진정한 여성'에 가까워지는 근거가 된다. 이럴 때 아름다움을 추구하는 여성의 욕망은 모든 인위적인 사회적, 정치적인 것과는 무관한 자연스러운 여성의 본능으로 이해되고, 아름다움을 추구하는 여성은 '무죄'라는 문화적 관념이 창출된다. 이렇게 외모는 곧 여성을 의미하게 되고, 여성 정체성의 핵심이 되어 왔다.

한서설아의 「다이어트의 성정치」는 바로 이러한 사회적 관념에 문제제기를 시작하는, 작지만 중요한 책이다. 이 작은 책에서 저자는 외모가 여성의 가장 중요한 존재론적 토대가 되는 사회적·문화적·경제적 기재들을 젊은 여성들의 다이어트 실천 사례들을 통해 드러낸다 그러면서 여성들이 외모의 아름다움을 추구하는 행위가 본능적이고 여성 자신의 자기만족적인 행위라는 논리를 강하게 비판하면서 여성의 몸에 작용하는 가부장적 권력을 드러내고 있다. 저자는 자신의 20대 때의 체험을 성찰하면서 다이어트가 한국의 젊은 여성들이 '아름다운 몸=마른 몸=건강한 몸'이라는 새롭게 부상하는 여성의 몸에 대한 사회적 기준을 성취하기 위한 가장 일반적인 것을 외모관리 방식이라고 제시한다. 또한 다이어트는 이미 젊은 여성들의 일상의 담론이고 일상적인 삶의 한 부분이 되어 있다고 지적한다. 또 이러한 담론 체계를 지원하고 재생산하는 강력한 제도체인 다이어트 산업과 소비문화 산업이 여성들의 삶의 환경의 구성적 요소임을 지적하고 있다.

이 작은 책이 돋보이는 가장 큰 이유는 그것이 여성의 다이어트와 외모 관리를 둘러싼 한국 사회의 여러 논쟁들에 시사점을 주기 때문이기도 하지만, 더 중요한 것은 젊은 여성들이 이 책을 읽는 이유에 있다. 그것은 이 책이 '왜 한국의 젊은 여성들은 외모 중심주의에서 벗어날 수 없을까' 하는 질문을 아주 구체적이고 경험적으로 제기하면서, 그 해답을 동시대적인 감각으로 성실하게 모색하는 데 있다. 젊은 여성들이 알고 싶은 것은 그 이유가 외화되지 않는 자신들의 행위를 이해하는 것인데, 「다이어트의 성정치」가 던지는 질문들이 바로 그것이다. 그것은 '왜 한국의 젊은 여성들은 끊임없이 다이어트를 시도할까', '다이어트와 여성의 일상은 어떠한 관계에 놓여 있는가', '다이어트를 실천하는 것은 여성들에게 어떠한 삶을 요구하고, 또 다이어트의 효과는 여성들에게 어떠한 사회·문화적 지식 그리고 가치들을 체화하게 하는가', '여성의 외모가 구속적이지 않는 삶을 만들기 위한 저항, 외모의 대안적 가치관은 어떻게 가능한가' 등에 대한 것이다. 젊은 여성들이 이와 같은 질문을 탐구하는 여성학도의 고민에 동감하는 것, 이것이 바로 여성들이 이 책을 읽고 힘을 받게 되는 이유이다.

(중략)

동시에 이 책은 강한 메시지를 전달하고 있다. 즉, 외모에서 해방되지 못하는 젊은 여성들에게 새로운 가능성으로 관심의 초점을 옮기고 몸이 주는 사회적·문화적 권역에 저항할 것을 제안한다. 그러나 여전히 많은 젊은 여성들은 동료 여성주의자의 메시지보다 더 강력한 권력의 메시지와 말에 귀를 기울인다. 2001년에 실시한 한 대학 내의 조사는 대학생들의 70%가 몸의 이미지가 곧 자신을 의미한다고 대답하였으며, 동시에 85%의 대학생들이 몸은 이미 자신의 통제 밖에 있는 사회적 의미에 의해 규정되며, 80% 이상의 대학생들이 자신의 외모를 능력이라고 간주하며 사회적 표준형 또는 이상형에 맞춰 자신의 외모를 바꾸고 싶다고 응답했다. 이러한 젊은 대학생들의 외모에 대한 생각은 몸과 이미지, 자아, 그리고 이른바 '사회적'인 것과의 관계가 무엇인지에 대한 좀더 본격적인 질문을 요구한다. 다시 말해서 그들은 자신들이 사회적인 기대 또는 사회적으로 구성되는 의미에 종속된 자임을 이미 안다는 것이다. 동시에 이러한 조사는 여자만이 아니라 남자도 외모를 중시한다는 의견을 제시한다. 애국하기 위해서라도 소비를 해야 하는 소비문화 속에 살고 있는 우리는 현실을 재현하는 대중 및 다중매체들이 지구화되면서 아름답고 날씬한 외모에 대한 압력이 더 강화되는 것을 체험한다. 거기에 또 다양한 인종적 요소들이 모방되고 여성적 측면들을 남성들이 차용하는 성별놀이 등이 재현되면서 아름답고 매력적인 외모와 자아 정체성, 사회적 성원권을 둘러싼 몸의 위계화 그리고 정치학이 전개되고 있음을 인식한다.

　이러한 맥락 속에서 외모 중심의 문화적 권력을 수용하는 고통과 그것의 문제점을 제기하는 여성주의자들의 노력은 엄청난 실패의 사례들과 마주하게 될 것이다. 이럴 때 이 책의 저자와 그것을 읽고 영향을 받은 독자들은 그 다음 작업을 어떻게 할 것인가? 나는 여성들이 겪는 고통을 말하는 만큼 새로운 몸의 정치, 새로운 외모의 정치가 만들어지는 저항의 공간에 대한 발굴과 생산 그리고 그것을 가시화하는 노력들이 강하게 제기되어야 한다고 본다. 「다이어트의 성정치」의 출간으로 이미 그 작업은 시작되었다.

　　　　　김은실(이화여대 여성학과 교수), 한서설아 『다이어트의 성정치』에 대한 서평

　이 글은 이화여대 여성학과 김은실 교수가 한서설아의 「다이어트의 성정치」를 읽고 쓴 서평으로, 서평의 기본 구조에 잘 맞게 작성된 글이다. 서평자는 여성학을 전공하고 있는 여성학자로서 현대인의 최대 이슈인 다이어트의 문제를 전문적, 다각적으로 명쾌하게 풀어가고 있다. 특히, 외모가 여성의 중요한 존재론적 토대가 되는 사회적·문화적·경제적 기재들을 젊은 여성들의 다이어트 실천 사례 분석을 토대로 외모와 사회적, 정치적 상관성, 다이어트와 문화 권력과의 관계 등을 문제제기하며, 독자들에게 스스로 답을 찾아가게 하는 묘미가 있는 인상적인 서평이다.

이기적 유전자: 진화와 전략

창조론과 진화론의 싸움은 아직 끝난 일이 아니다. 적어도 우리나라와 미국에서는 그렇다. 우리나라의 한 종교 단체에 교육과학기술부에 진화론의 상징처럼 여겨졌던 시조새와 말의 진화를 과학 교과서에서 삭제해 달라는 청원을 한 일이 있다. 이에 교과부는 과학 교과서에서 삭제하거나 표현을 완화하겠다고 답했다. 이는 세계적인 과학저널 네이처와 사이언스에 의해 전 세계에 알려졌다. 그러자 생물과학협회는 그와 같은 청원을 기각해 달라는 청원서를 다시 교과부에 제출하였다. 불과 2012년 7월의 일이다.

1987년 미연방 법원이 '공립 학교에서는 창조론을 과학 이론으로 가르쳐서는 안 된다'는 판결을 내렸음에도 불구하고, 루이지애나 주지사 바비 진달이 '창조미 지적설계론'을 공립학교에서 가르쳐야 한다고 주장한 것이 2013년 4월의 일이다. 영국을 비롯한 유럽 국가들은 80%에 가까운 인구가 진화론을 인정하고 있는데 반해, 미국 사회 저변에는 기독교 근본주의적 시각이 광범위하게 뿌리내리고 있기 때문에 벌어진 일일 것이다. 이에 맞게 진화의 투사 도킨스가 진화를 인상적으로 설명한 「이기적 유전자」는 출판될 때부터 큰 인기를 끌었다. 백만 부 이상이 팔렸으며, 25개 이상의 국어로 번역되었다. 1976년 초판, 1989년에 2판, 2006년에는 30주년 기념판이 출판되었다.

도킨스는 1941년에 태어난 영국 국적의 동물행동학자이자 진화생물학자이다. 영국 옥스퍼드 대학교에서 노벨 수상자이자 저명한 동물행동학자 틴버겐의 지도 하에 석박사 학위를 마쳤다. 그는 저술가이자 교수로서 과학에 대한 대중의 이해를 높이는 활동을 하였다. 1976년에는 「이기적 유전자」로 유전자 중심의 진화론을 대중화시키며 유명세를 타게 되었다. 2006년의 저서 「만들어진 신」에서는 '초자연적인 창조주란 없으며 종교적 신앙심이란 한갓 망상에 불과하다.'라는 과격한 주장을 펼쳤다. 이후 TV에 출연하거나, 일간지에 기고하는 등으로 '창조론' 및 '지적설계론'과 맞서 싸우며 대중을 상대로 활발한 활동을 계속하고 있다.

진화론과 창조론 사이의 마찰은 1859년부터 시작되었다. 이 해에 다윈이 「종의 기원」, 자세하게는 「생존경쟁을 통한 유리한 종의 보존 즉, 자연선택이란 수단에 의한 종의 기원에 대하여」란 책을 펴내 진화의 개념을 본격적으로 설명하였다. 그러나 다윈의 자연 선택설이 널리 받아들여진 것은 1950년대에 들어서였다. 무엇보다 멘델유전학 및 집단유전학에 대한 이해가 사전 지식으로 필요했다. 1953년 왓슨과 크릭이 발표한 DNA 이중나선 논문이 DNA가 유전의 원인 물질임을 밝혀짐에 따라 비로소 철학자 스펜서가 주장한 '진보식 진화'가 아닌, 다윈의 '방향 없는 진화와 그 메커니즘으로서의 자연선택'을 인류가 가감 없이 인정하게 된 것이다.

이 책 「이기적 유전자」는 「종의 기원」 출간 이후부터 1970년대 사이에 생물학계에서 어떠한 일이 일어났는지를 일차적으로 다루고 있다. 도킨스는 DNA를 유기물질이 많이 녹아 있는 국물(soup) 속에서 출현한 원시 복제물질이라고 언급함으로써 진화에 대한 일반인의 관심을 '종의 기원'에서 '생명의 기원'으로까지 끌어올렸다. 그 DNA가 이기적이라고 말함으로써 대중의 흥미를 단번에 사로잡았다. 그러나 책의 내용은 복제능력을 가진 물질이 불멸성을 띠게 된다는 것이었으므로, 제목을 「이기적 유전자」가 아니라 '불멸의 유전자'로 붙이는 것이 좋았을 것이라는 비판을 받게 되었다.

동물행동학자인 저자는 이 책에서 행동의 이유에 대한 설명으로 '이타성'과 '이기성'의 문제로 다루고 있다. 그는 친척 관계 사이에서의 이타성을 '이기적 유전자'의 개념으로 설명할 수 있다고 하였다. 그러나 동물행동학자로서 저자의 혜안이 돋보인 것은 많은 지면을 할애하여 '진화적 안정화 전략(Evloutionarily Stable Strategy)', '게임이론', '죄수의 딜레마' 등을 소개한 일이다. 이는 오늘날 인간 행동의 근거를 설명하는 '전략'의 개념으로 널리 받아들여지게 되었다.

저자의 독창성은 '밈(meme)'이라는 개념에서 엿볼 수 있다. 그는 인간 문화의 진화 단위로서 '밈'을 제안하였다. 사람들이 흔히 갖고 있는 생각은 타인으로부터 전파된 것이고, 매력적인 생각일수록 전파력이 강하여 유전자처럼 선택되는 것이라고 보았다. 생각 전체나 문화가 개체에 해당한다, 요소 생각인 '밈'은 유전자처럼 독립된 선택 단위가 될 수 있을 것이다. 틀린 생각임에도 특정인이 그 생각을 버리지 않는 경우를 우리는 드물지 않게 볼 수 있다. 개체에 이익을 가져다주는 것이 유전자 하나라기보다 유전자의 집합인 것처럼, 요소 생각 사이의 조화와 그 생각 전체가 개인에게 이익을 가져다 준다면, 불량 요소 생각이라고 해도 쉽게 제거되지 않을 것이라는 저자의 설명이 흥미롭다.

도킨스의 지지자들은 '유전자가 선택의 단위'라는 저자의 주장이 유전에 대한 제대로 된 지식 없이 서둘러 만든 다윈의 자연선택론을 완성했다고 생각했다. 반면, 비평가들은 유전자와 개체의 관계를 지나치게 단순화시킨 것이라고 보았다. 유전자가 선택의 단위인지 개체가 선택의 단위인지는 생물학자들 사이에도 논란거리로 남아 있다. 유전자를 선택의 단위로 보기보다 진화의 단위라고 말했으면 좋았을 것이라는 일부 생물학자의 의견도 있으며, 선택의 대상은 유전자나 인자형이기보다는 표현이라는 생물학자의 주장도 있다.

이 책은 출판 당시 '시의에 맞는 책'이었다. 도킨스의 과격한 주장과 지나친 단순한 문체 때문에 '그 사람이 젊었을 때 쓴 책'이란 혹평을 듣기도 했지만, 그것은 도킨스가 '진화론 투사'로서 취할 수 있는 하나의 행동 전략일 수도 있을 것이다. 아무려면 그는 전략을 다룬 동물행동학자였으니까.

정정남(동아대 발생생물학 교수), 리처드 도킨스의 『이기적 유전자』에 대한 서평이 서평에서는 영국의 진화생물학자 리처드 도킨스의 「이기적 유전자」를 바탕으로 1857년부터 대립되었던 진화론과 창조론의 문제를 발생생물학자의 시각으로 서술하고 있다. 서평자는 「이기적 유전자」는 진화에 대한 일반인의 관심을 '종의 기원'에서 '생명의 기원'으로 끌어올렸다고 평가하고 있다. 또한, 도킨스의 '진화적 안정화 전략(Evloutionarily Stable Strategy)'은 오늘날 인간 행동의 근거를 설명하는 '전략'의 개념이 되었으며, '밈'이론은 다소 과격한 주장, 지나친 단순화로 혹평을 받은 이 책에 가치를 부여하고 있다. 이렇듯 서평은 서평자의 관점, 평가기준에 따라 책에 대한 의미와 가치평가가 달라질 수 있다. 결국 서평자는 내가 읽은 책에 대한 온당한 이해를 통해 이 책을 어떻게 의미 있게 소개하고 가치 평가할 것인지가 핵심이라고 볼 수 있겠다.

연습문제

1. 위에서 제시한 〈서평 1~2〉를 읽고, 이 서평에서 서평자가 제시하고자 한 핵심 메시지를 파악해 보자.

2. 본문에서 제시한 〈서평 평가 기준표〉를 토대로 〈서평 1~2〉에 대하여 팀별로 분석, 평가해 보자.

참고문헌

강석우 외. 「대학생을 위한 과학글쓰기」. 아카넷, 2009.

고종석. 「으르렁말과 가르랑말」. 『국어의 풍경들』. 문학과지성사, 1999.

고종석. 「표준어의 폭력」. 『말들의 풍경』. 개마고원, 2007.

김동택. 「국가 없는 정치는 가능한가?」. 『한국의 교양을 읽는다』. 휴머니스트, 2006.

김상봉. 「학벌 없는 사회가 바람직한가?」. 『한국의 교양을 읽는다』. 휴머니스트, 2006.

김영주. 「블로그: 1인 미디어의 가능성과 한계」. 한국언론재단, 2005.

김은실. 「가부장적 몸의 승인을 거부하는 젊은 여성주의자의 제안」. 「다이어트의 성정치」. 책세상, 2004.

김인규. 「시론: 성형 권하는 사회」. 「조선일보」. 2007.12.11.

김종철. 「자동차 없는 세상을 꿈꾸며」. 『간디의 물레』. 녹색평론사, 1999.

마크 트레메인 엮음. 이동훈 역. 「블로그와 시민권 그리고 미디어의 미래」. 커뮤니케이션북스, 2008.

박태해. 「사회 지도층 입양 기피 여전」. 「세계일보」. 2007.5.9.

손홍규. 「아름다운 막말」. 『경향신문』. 2010.8.24

심보경. 「대학인에게 한자가 필요한 이유」. 「어문생활」 제140호. 한국어문회, 2009.7.

심 훈. 『한국인의 글쓰기』. 파워북, 2007.

안수찬. 「나를 춤추게 하는 정치야 나와라」. 『한겨레21』 843호. 2011.1.10.

양유성. 「이야기치료」. 학지사, 2004.

유대근·조희선, 「비만의 양극화 심화」. 『서울신문』. 2014. 1.16.

윤오영. 「글을 쓰는 마음」. 장하늘 편. 「소리 내어 읽고 싶은 우리문장」. 다산초당, 2005.

윤지영, 「교차로」, 「굴광성 그 여자」. 다층, 2007..

이은희. 「인간의 마음은 뇌에 존재하는가, 심장에 존재하는가?」. 『하리하라의 과학블로그2』. 살림, 2005.

이은희. 『하리하라의 과학고전카페』. 글항아리, 2008.

정정남. 「진화와 전략」, 「청춘의 탐독」. 동아대학교 출판부, 2014.

정희모. 「대학글쓰기」. 삼인, 2009

최성민. 「원 소스 멀티 유즈라는 판타지」. 「중앙대 대학원신문」 제279호. 2011.4.20.

패트릭 G. 라일리. 안진환 역. 「강력하고 간결한 한 장의 기획서」. 을유문화사, 2002.

프란시스 베이컨. 「학문에 대하여」. 종이와 펜, 2004.

한서설아. 「다이어트의 성정치」. 책세상, 2014.

한국경제 논설실. 「사설: 군 복무 가산점제 부활 망설일 이유 없다」. 「한국경제」. 2010. 12. 30.

한국인터넷진흥원·방송통신위원회 편. 「2010 인터넷이용실태조사」. 한국인터넷진흥원, 2010.

한국출판마케팅연구소 편. 「글쓰기의 힘: 디지털 시대의 생존전략」. 한국출판마케팅연구소, 2005.

한림대학교 교양작문편찬위원회. 「글읽기와 글쓰기」. 한림대학교 출판부, 2001.

홍성욱. 「잡종, 그 창조적 존재학」. 「잡종, 새로운 문화읽기」. 창비, 1998.

EBS ≪동과서≫ 제작팀 김명진. 『EBS 다큐멘터리-동과 서』. 예담, 2008.

KBS한국어진흥원. 「한국어 필수어휘 해설」. 형설출판사, 2008.

▲ 방송자료

EBS 지식채널e 제작진, 왼손에 관한 짧은 진실. EBS-TV. 2007.10.8.

▲ 인터넷 자료

국립국어원. 「한글맞춤법」. http://www.korean.go.kr/09_new/dic/rule/rule01.jsp, 2011.7.13.

원용진. 「가수 벗거나, 죽거나」. 블로그 「원용진의 미디어이야기」. http://airzine.egloos.com/2710319. 2010.11.12.